데일리 크리에이티브

하루 한 장, 내 삶을 바꾸는 질문

데일리 크리에이티브

토드 헨리 지음 | 지소강, 양소하 옮김

INFLUENTIAL
인 플 루 엔 셜

창의력이란 문제를 해결하는 능력이다. 만약 당신이 매일 마주하는 문제들을 해결해내고 있다면 창의적인 사람이라는 뜻이다. 디자이너든, 작가든, 기업가든, 기술자든 혹은 사자 조련사든 직업이 무엇인지는 중요하지 않다. 의뢰인이나 고객 또는 자신이 속한 조직을 위해 가치를 창출하고자 하루하루 마음을 다해 일한다면 '창의적 프로'라고 할 수 있다. 창의적 프로란 자신만의 방법으로 일터에서 만나는 과제를 해결하고 세상에 새로운 발상이나 결과물을 보이는 사람, 나아가 그런 능력으로 삶과 세상을 발전시키는 사람을 말한다.

아마 당신은 창의력이 필수적으로 요구되는 상황이나 즉각적으로 탁월함을 발휘해야 할 순간들을 자주 맞닥뜨릴 것이다. 하지만 우리 대부분은 그 과정에서 만나는 장애물과 어려움이 무엇인지 정확히 진단하지 않고 넘어가는 경우가 많다. 뭔가 잘못됐다는 것은 알지만 무엇 때문인지 콕 집어 말하지 못한다. 어떤 날은 마치 세상 꼭대기에 올라 있는 기분이고 자신의 입에서 흘러나온 모든 말이 마치 셰익스피어의 문장처럼 심오하게 들린다. 그러나 바로 다음 날, 예기치 않은 번아웃으로 통찰력을 잃은 채 사람들의 기대에 부응하지 못해 고군분투하는 자신을 발견하기도 한다. 달리 행동한 건 하나도 없는데 바로 전날에는 애쓰지 않아도 쉽게 되던 것들이 어쩐지 잘되지 않는다.

각자의 분야에서 창의력을 발휘해 뛰어난 결과를 만드는 전문가들과 수십 년간 일해본 결과, 나는 꼭 필요한 순간에 탁월함을 발휘할 수 있도록 예비하는 최선의 방법은 스스로 생각을 매일 훈련하는 것임을 배웠다. 이 훈련은 자신을 성장시키고 일과 인생의 목표를 명료하게 해주며 늘 적극적이고 활력 있는 자세로 현재 삶에 임할 수 있도록 도와준다. 그레첸 루빈(Gretchen Rubin)이 강조했듯 "어쩌다 한 번 하는 일보다 매일 반복하는 일이 훨씬 중요하다." 일상적인 명상 훈련이 당신이 빛을 발해야 하는 비일상적인 순간에 대비해 당신을 준비시켜줄 것이다.

이 책은 창의력을 고양시키는 생각을 매일 훈련하도록 돕는다. 개인의 열정, 아이디어 창출, 사고방식, 협업과 리더십에 이르는 모든 내용을 다루고 있다. 따로 시간을 내 하루 한 장씩 읽고 페이지 마지막의 질문에 답하다 보면 앞으로 몇 년 안에 창의력과 직업적 전문성을 갖추게 될 것이다.

《데일리 크리에이티브》는 하루에 한 장씩 읽도록 구성됐다. 일정한 시간을 정해 매일 규칙적으로 실행하기를 권한다. 매 항목은 창의적 프로 살아가면서 겪게 될 삶의 양상을 하나씩 다루고 있다. 특정 항목들은 창의적인 인생을 살아가는 데 핵심적인 요소이기 때문에 일 년 내내 전략적으로 반복된다는 사실을 눈치챌 수 있을 것이다.

그날의 주제와 질문에 대해 생각할 때에는 일기장이나 공책을 활용하라. 거창하게《전쟁과 평화》를 쓸 필요는 없다. 그냥 그날의 주제에 대해 생각나는 대로 자유롭게 쓰면 된다. 뜻하지 않게 자기 자신의 새로운 면을 발견하고 놀라게 될지도 모른다.

그다음엔 그날 얻은 통찰을 실생활에 적용할 수 있도록 구체적인 실천 계획 하나를 세워라.

친구 또는 동료와 매일의 통찰을 공유하는 것도 도움이 될 수 있다. 사실 나는《데일리 크리에이티브》를 다른 사람들과 함께 보며 공동체로서 훈련하기를 권한다. 우리는 함께 성장할 때 최고의 성장을 이루기 때문이다. 만약 당신이 이 책을 소모임과 함께 읽으며 깨달음을 나누기 원한다면 DailyCreative.net을 방문해 소모임 활용 안내 사항(team discussion guide)을 참조하라.

당신이 만들 최고의 작품은 아직 탄생하지 않았다. 매일 하는 일에 전력을 다하자. 늘 생산적이고, 현명하고, 건강한 삶과 일을 영위하기 위해 이 책을 자신을 단련하는 매뉴얼로 삼았으면 좋겠다. 나는 당신이 이 세상에서 앞으로 무엇을 창조해내는지 하루빨리 보고 싶다.

자, 이제 시작해보자!

Contents

들어가는 말 · 4
이 책의 활용법 · 6

1월 새로운 가능성에 뛰어드는 시간 · 11
모든 대단한 일은 아무것도 없는 맨땅에서 시작된다.

2월 도발적인 관점을 연마하는 시간 · 45
창의적 프로는 '관점'으로 판가름된다.

3월 위험에 대한 내성을 기르는 시간 · 77
실패에 대한 두려움은 모든 것을 마비시킨다.

4월 문제를 통해 더 높은 곳으로 가는 시간 · 111
난관은 불가피하지만 그를 마주하는 태도가 중요하다.

5월 사랑하는 것들을 돌아보는 시간 · 143
당신은 지금 일과 삶의 어떤 점을 가장 사랑하는가?

6월 나만의 성공을 정확히 조준하는 시간 · 177
당신은 '성공'이라는 단어를 어떻게 정의하는가?

7월 완성보다 성장이 두드러지는 시간 · 209
어떤 비교는 시작부터 불공평하다.

8월 나를 돕는 질서를 정립하는 시간 · 243
주변 세계가 혼란스러우면 당신의 작업도 혼돈이 된다.

9월 가까운 곳에서 영감을 찾는 시간 · 277
뛰어나고 기발한 아이디어는 일관된 흐름 속에 등장한다.

10월 내 안의 숨은 가능성을 발견하는 시간 · 309
현명한 판단은 무모한 도전과 함께해야 가장 빛난다.

11월 시간과 에너지를 건강하게 규정하는 시간 · 343
아무 제약이 없어야 가장 창의적이라는 믿음은 틀렸다.

12월 더 나은 곳으로 나아가기 위해 준비하는 시간 · 375
연말은 우리에게 과거를 돌아보고 미래를 계획할 기회를 준다.

맺음말 · 408

일러두기

- 이 책은 국립국어원의 표준어 규정 및 외래어 표기법을 따랐으나 일부 명칭은 실제 발음을 따랐다.
- 저자가 언급한 도서 중 국내에 번역 출간된 경우 한국어판 제목을 표기하고, 국내 미출간 도서의 경우 원서 제목을 병기했다.
- 독자의 이해를 돕기 위한 옮긴이의 주석은 본문 내 괄호 안에 표기했다.

1월

새로운 가능성에
뛰어드는 시간

January

내가 만약 소원을 빈다면 부나 권력이 아니라
잠재력을 발현하고자 하는 열정과 언제나 가능성을 바라보는
열의에 찬 젊은이의 눈을 갖게 해달라고 할 것이다.
쾌락은 실망을 안겨주지만 가능성은 결코 배반하지 않는다.
그 어떤 와인이 가능성처럼 톡 쏘고, 향기롭고,
사람을 도취시킬 수 있을까?
– 쇠렌 키르케고르(Sören Kierkegaard)

모든 창의적인 작업은 무(無)에서 시작된다.
무에서 시작한 당신은 새 출발의 설렘과
미지의 영역에 대한 불안을 동시에 경험할 것이다.
이번 달에는 가능성, 아이디어, 이상, 꿈에 주목하고
다가올 한 해가 당신을 어디로 데려갈지 생각해보라.

가능성에 대한 믿음이 현실을 이긴다

영감이 샘솟는 순간만큼 전율을 일으키는 때는 없다. 그러나 막상 아이디어를 세상에 내놓기 위해 실질적인 조건을 고려하다 보면 현실의 벽에 부딪히게 된다. 이때 조심하지 않으면 이제 막 돋아난 부드럽고 연약한 가능성의 새싹이 실용주의의 모진 발길에 짓밟힐지도 모른다. 신선한 창의력, 경이로움과 가능성을 발견하는 시각을 잃지 않으려면 잠깐이라도 매일 시간을 내서 감각을 기르는 방법을 배워야 한다. 궁극적으로 그 감각들이 우리가 창의적일 수 있도록 활력을 불어넣기 때문이다.

15년 전, 친구 리사는 내게 꼭 이루고 싶은 커리어적 위치, 대인관계, 재정적 목표가 있다면 목록으로 기록해 주기적으로 읽어보라고 권유했다. 나는 실제로 실현된다면 정말 흥분될 만한 일들의 목록을 작성해 매일 아침 읽었다. 장난삼아 적어본 것들이었는데 놀랍게도 대부분 실제로 일어났다.

그 목록은 마법의 주문도, 비현실적 희망 사항도 아니었다. 매일 아침 시간을 쪼개 가능성을 꿈꾸는 훈련을 했던 내 의지가 나를 창의적인 야망을 향해 계속 나아가게 했다.

새해 첫날, 현실이 된다면 깜짝 놀랄 만큼 기쁠 목록을 작성해보자. 그 목록을 잘 보이는 곳에 두고 매일 아침 읽어라. 눈앞의 실리 때문에 가능성을 희생하지 마라. 가능성을 향해 기꺼이 손을 뻗는다면 당신의 가장 위대한 작업은 몇 걸음 앞에서 당신을 기다리고 있을 것이다.

가능성의 세계에 뿌리내리는 방법을 배워야 한다.

Today's Question

당신의 '깜짝 놀랄 만큼 기쁠 일들' 목록에는 어떤 것이 있는가?

때로는 불편한 질문이 해결책이다

어떤 질문을 하는지를 보면 그 사람에 대해 많은 것을 알 수 있다. 영리하고, 효율적이고, 창의적으로 일하는 사람들은 불편하고 거북한 질문을 던지는 데 거리낌이 없다. 많은 사람이 답변에 수반되는 책임을 자신이 져야 할까봐 이런 질문들을 회피한다. 그러나 기꺼이 불편한 질문을 던지는 사람은 문제의 핵심을 빨리 파악해서 보다 효율적으로 해결할 가능성이 높다.

스스로 발견한 답변에 대한 책임을 회피하려는 심리 때문에(무의식적인 경우가 많다) 다음과 같은 질문은 애써 외면하고 있을지도 모른다.

▶ 우리는 왜 이 일을 하고 있을까?
▶ 이런 방법을 시도해보면 어떨까?
▶ 만약 우리가 틀렸다면?

겁쟁이는 안전한 질문만 한다. 용감하고, 부지런하고, 창의적인 사람은 문제의 핵심을 파악하기 위해서라면 기꺼이 불편한 곳에 발을 들여놓는다.

좋은 질문을 하는 사람이 결국 승리한다.

당신은 불편한 질문을 회피하고 있지 않은가? 오늘은 어떤 식으로 불편한 질문을 던지고 답을 찾는 과정을 시작할 수 있을까?

불편한 질문을 던지는 일에 익숙해져야 한다.

Today's Question

당신이 회피하고 있는 불편한 질문은 무엇인가?

불필요한 복잡함은 과감히 버려라

창의적인 일은 기본적으로 복잡하다. 정형화돼 있지 않은 세계에서 반복되는 패턴을 찾고, 흩어져 있는 점들을 연결하고, 다른 사람들이 미처 보지 못한 가치를 발굴해야 한다. 그러므로 모든 과정이 복잡할 수밖에 없다. 설상가상으로 당신의 정신적 에너지를 빼앗아 효과적으로 집중할 수 없게 만드는 다른 종류의 복잡함까지 더해지곤 한다. 나는 이를 '불필요한 복잡함'이라고 부른다. 업무 체계, 작업 공정, 회의, 조직 구조 등이 해당된다.

이 불필요하게 복잡한 것들은 우리의 에너지를 소모시켜 창의적인 통찰을 얻는 데 방해가 된다. 업무의 흐름, 하루 일정, 작업 도구 등 당신이 업무를 수행하는 방식을 천천히 살펴보라. 불필요하게 복잡한 부분이 보이지 않는가?

오늘은 어떤 식으로든 업무를 단순화하는 데 전념해보라. 일정을 계획하는 방식일 수도 있고, 협력 업체와 소통하는 방식일 수도 있다. 아니면 당신이 씨름하고 있는 문제를 다른 관점으로 규정하는 일이 도움이 될지도 모른다.

업무 과정의 복잡함이 아니라 업무 자체의 복잡함을 해결하는 데 당신의 에너지를 사용하라.

당신이 하고 있는 일을 필요 이상으로 복잡하게 만드는 지점은 무엇인가?

기대보다 소통이 효과적이다

갈등을 경험한 순간을 떠올려보라. 상대방이 틀렸고 자신은 옳다고 확신할 것이다. 또는 업무의 세부적인 부분을 놓치거나 기한을 어기는 팀원 때문에 화가 날 수도 있다. 자, 그렇다면 이렇게 생각해보자. 그 갈등이 상대방을 향한 당신의 기대에서 비롯된 면은 없는가? 당신이 상대방에게 무엇을 기대하는지 말해준 적이 있는가?

일터에서 발생하는 갈등은 매우 높은 확률로 서로 기대하는 바가 어긋나는 데 기인한다. 팀원이나 고객, 주주에게 무언가를 기대했는데 이뤄지지 않았을 때, 마치 개인적으로 공격받은 듯이 상처받는 사람들이 있다. 자신이 기대하는 바에 대해 상대방과 명확하게 소통하지 않았고, 상대방이 동의한 적이 없는 경우에도 말이다.

여러 종류의 인간관계 속에서 이처럼 많은 상처를 입으며 살아가는 이유는 상대방이 의도하지 않았던 모욕과 상대방은 알지 못하는 적의를 마음속에 간직하고 있기 때문이다. 이런 감정들은 창의적인 작업과 협업 능력을 좀먹는다.

어긋난 기대가 당신의 일에 갈등을 일으키고 있는가? 일상에서는 어떤가? 명확한 언어와 이해심 있는 태도로 당신이 기대하는 바를 타인에게 전달해본 적이 있는가? 만약 없다면 오늘 시도해볼 것을 권한다.

다른 사람이 당신의 기대에 부응하지 못한 데에 상처받지 않도록 하라.

Today's Question

서로 기대가 어긋나거나, 무엇을 기대하는지 얘기하지 않아서 갈등이 발생한 경우가 있는가?

모든 기회가 성공의 방향타는 아니다

당신은 자신이 맡은 일의 성공, 자신이 속한 팀의 성공을 어떻게 정의하는가? 성공이 당신에게 주는 의미에 대해 정확하게 알고 있는가? 아니면 단순히 프로젝트를 완료하고 보상을 챙기면서 시간을 보내고 있는가?

눈앞의 기회를 정신없이 쫓다 보면 결국 전혀 의도하지 않은 곳에 이르기 십상이다. 성숙한 창의적 프로는 자신에게 중요한 가치가 무엇인지 알고, 명확한 성공을 향해 삶의 방향을 설정한다.

▶ 올 한해의 성공은 무엇이라고 정의할 수 있을까?

▶ 앞으로 5년간의 성공은 어떻게 정의할 수 있을까?

▶ 앞으로 10년간 어떤 성공을 이루어야 할까?

▶ 궁극적으로 커리어 전체의 성공은 어떤 모습일까?

최종적인 성공에 다다르기 위해 구체적으로 어떤 일을 할지 자신만의 원칙을 세워보라. 예를 들어 "훌륭한 협력자들과 함께 일을 해보겠다.", "창의력을 확장시키는 일을 하겠다."라는 식으로 말이다. 단순히 몇 가지 원칙을 수립하기만 해도 불필요한 기회들을 걸러내고, 자신이 지향하는 목적에 도달하기 위한 경로를 설정하는 데 도움이 될 것이다.

어떤 기회를 잡을지 판단의 기준이 되는 나만의 원칙을 설정해보라.

Today's Question

당신이 맡은 일의 성공, 당신이 속한 팀의 성공은 당신이 궁극적으로 지향하는 바에 어떤 의미를 지니는가?

오로지 나만을 위한 창작의 시간

언제 마지막으로 다른 사람에게 평가받거나 난도질당하지 않는 작업을 했는가? 제약된 예산과 시간에 구애받지 않고 작업했던 적이 있는가? 다른 사람의 요청 때문이 아니라 스스로 원해서 했던 작업은 언제가 마지막이었는가?

재능 있고 창의적인 사람은 어느 순간 다른 사람을 위해서만 일하는 함정에 빠지기 쉽다. 일의 본질을 사랑해 그 일에 종사하게 됐지만, 얼마 지나지 않아 다른 사람이 요청하는 일만 하고 있다는 사실을 깨닫는다. 이런 상황이 발생하면 스스로 창의력을 키워오며 가졌던 자부심과 기쁨을 잃어버릴 수 있다.

나는 이런 사람들에게 '스스로를 위한 창작'을 해보라고 권한다. 아무 간섭 없이 타인이 아닌 오롯이 자신의 시선으로 깊이 있는 작업을 실현해보는 시간이다. 다른 사람이 요청한 일을 수행할 때는 시도하기 어려운 모험을 감행할 수 있기 때문에 자신만의 기술을 실험하고, 확장하고, 성장시키는 데 도움이 된다. 365일 당신을 따라다니는 세상의 시선을 벗어나 마음껏 창의력을 펼쳐보라. 이번 주에는 자신만을 위해 작업하는 시간을 마련해보라.

스스로를 위한 작업을 통해 당신은 비약적으로 성장할 수 있다.

Today's Question

이번 주에 타인이 아닌 자신을 위해서 무슨 작업을 해볼 것인가?
어떻게 그 시간을 마련할 것인가?

살아 있는 동안 남김없이 쏟아내고 떠나라

약 20년 전, 한 회의에서 갑작스러운 질문을 받았다.

"세상에서 가장 가치 있는 땅이 어디라고 생각하십니까?"

맨해튼? 중동의 유전? 남아프리카의 금광? 나름대로 대답했지만 질문자는 모두 틀렸다며 마일스 먼로 목사의 말을 인용해 이렇게 말해줬다.

"세상에서 가장 가치가 높은 땅은 무덤입니다. 그곳에는 미처 쓰지 못한 소설, 실현하지 못한 아이디어, 회복하지 못한 관계, 펼치지 못한 꿈이 모두 묻혀 있기 때문입니다."

그 모든 가치와 기회가 그것을 품었던 사람과 함께 묻혔기 때문에 무덤이 세상에서 가장 가치 있는 땅이라는 것이다.

그날 나는 내 최고의 작품을 무덤에 들고 가지 않겠다고 다짐했다. 최고의 작품을 실현하기 위해 매일 내가 할 수 있는 모든 일을 다 하기로 마음먹었다. 내 작품이 '완벽'해질 때까지 망설이는 대신 유용하게 사용될 수 있는 곳에 꺼내놓을 것이다. '시간이 좀 더 생기면'과 같은 핑계를 대며 작업을 미루지 않기로 했다.

차일피일 미루면서 '내일쯤 시작하지 뭐.'라고 생각해온 일이 있는가? 만약 있다면 오늘 행동을 개시하라. 무엇이든 실행하라. 작은 것부터 시작해 조금씩 발전시켜나가라.

당신의 최고의 작품을 무덤에 가지고 들어가지 마라. 빈손으로 떠나겠다고 결심하라.

Today's Question

당신이 시작하지 못하고 계속 미뤄왔던 일은 무엇인가?

오늘과 내일은 반드시 다르다

현 상황이 영원할 것이라고 믿기 쉽다. 힘든 나날을 지나고 있을 때는 이 시간도 언젠가 끝난다는 사실을 받아들이기 어렵다. 모든 것이 순조로울 때 역시 좋은 흐름이 영원할 듯이 느껴진다.

그러나 우리의 일과 삶에서 단 하나 분명한 진실은 모든 것이 확실하지 않다는 점이다. 지금 상황이 아무리 나쁘더라도 시간이 지나면 좋게 변할 것이다. 반대로 현재 아무리 상황이 좋더라도 어떤 시점이 오면 분명 어려움을 맞이하게 된다.

사람은 자신이 처한 상황이 아니라, 그것을 대하는 태도로 규정된다. 회복력을 가진 사람은 환경이 좋든 나쁘든 자신의 자리를 지킬 수 있다. 상황 자체보다 그것이 어떤 사람의 내면에 미치는 영향이 중요하다.

일과 삶의 현재 상황을 떠올려보라. 상황이 변하지 않을 거라는 잘못된 믿음에 빠져 있지는 않은가?

모든 것은 일시적이다. 상황은 변한다. 당신은 어떻게 변화할 것인가?

Today's Question

현재 상황 속에서 변화하기 위해 당신은 어떤 자질과 능력을 개발하고 있는가?

인풋이 없으면 아웃풋도 없다

잘 단련된 프로는 압박감 속에서도 주어진 업무 목표를 달성한다. 몇 시간 동안 쉬지 않고 일하고 어떤 문제에 닥쳐도 늘 앞장서서 도전한다. 아웃풋 역시 흠잡을 데 없다. 하지만 아무리 노련한 프로라도 주기적인 인풋이 없으면 머지않아 아웃풋의 품질이 떨어지고 일과 삶의 모든 영역에 걸쳐 중대한 타격을 입게 된다. 적절하게 연료를 주입하지 않으면 엔진은 작동하지 않는 법이다.

하던 일을 잠시 멈추고 아래 항목을 점검해보라.

▶ 창의력/영감: 호기심과 질문을 유발하는 신선한 자극으로 정신을 채우고 있는가? 머릿속에 훗날 선으로 연결 가능한 새로운 '점'들을 집어넣고 있는가?

▶ 감정: 다른 사람과 깊고 의미 있는 방식으로 연결돼 있는가? 다른 사람이 당신의 우물을 채워주고 있는가? 타인의 우물만 채워주고 있지는 않은가? 항상 주기만 하는가, 아니면 무언가를 받고 있는가?

▶ 야망: 새롭게 도전할 수 있도록 자극을 주는 인생의 멘토가 있는가? 당신의 생각을 확장시키고 참신한 시각을 제공해주는 사람은 누구인가?

영감을 고무시키는 인풋을 지속하지 않으면 창의적인 아웃풋도 유지할 수 없다.

Today's Question

당신의 영감이 고갈되지 않도록 꾸준히 공을 들여야 하는 인풋은 무엇인가?

최고의 선택에 이르는 지름길, 공유

창의적인 작업이 어려운 이유는 그 결과에 대한 판단이 매우 주관적이기 때문이다. 당신은 좋다고 생각해도 당신의 주주, 의뢰인, 상사는 의견이 다를 수 있다. 당신이 정말 멋지다고 생각하는 것을 그들은 전혀 마음에 들어 하지 않을 수도 있다.

따라서 프로젝트의 결과에 중대한 영향을 미치는 결정을 내릴 때는 "이 결정에 대해 알아야 할 사람은 또 누가 있을까?"를 주기적으로 자문할 필요가 있다. 지나치게 많은 질문으로 주주를 귀찮게 하고 싶지 않은 마음은 이해하지만, 잘못된 방향이라면 경로를 많이 이탈하기 전에 수정할 수 있도록 확인해야 한다.

이 디자인 결정에 대해 알아야 할 사람은 또 누가 있을까? 이 전략 변화에 대해 알아야 할 사람은 누구인가? 팀원과 나눈 까다로운 대화 내용을 누가 알아야 할까?

꼭 필요한 순간에 자신에게 이런 질문을 던지는 것만으로 일의 능률이 오를 뿐 아니라 추후에 발생할 수 있는 많은 어려움을 예방할 수 있다.

날마다 당신이 내리는 결정에 대해 알아야 할 사람이 누구인지 고려하라.

Today's Question

최근에 내린 결정 중에 누군가가 당장 알아야 할 내용이 있는가?

당신의 정당한 자리를 위협하는 가면증후군

"내가 이렇게 말할 자격이 있는가?"

"내가 이 회의를 이끌 자격이 있는가?"

"내가 사업을 시작할 자격이 있는가?"

당신뿐 아니라 많은 사람이 종종 이런 생각을 한다. 이처럼 자신이 그 자리나 역할에 어울리는 사람이 아니며, 책을 쓰거나 의뢰인 앞에서 발표할 자격이 없다고 느끼는 불안심리를 가면증후군이라고 한다. 당신의 머릿속이 이런 불안감으로 가득하다면, 완벽한 기회가 찾아와도 자신에게 맞지 않는다고 스스로를 속이며 뒤로 물러서게 될 것이다.

자기 분야에서 독보적인 정상을 차지한 사람, 큰 기업을 경영하는 사람, 대단한 영향력을 가진 사람들과 대화해본 결과, 그들도 스스로 자격이 없다는 생각에 시달릴 때가 있다는 걸 알게 됐다. 그들의 고백을 들을 때마다 가면증후군이 얼마나 강력한지를 깨닫곤 한다.

당신은 그 자리를 차지할 자격이 있다. 당신은 그 대화를 이끌 자격이 있다. 당신은 그 책을 쓰고, 연설을 하고, 발표에 나서고, 신입사원 면접을 볼수 있는 충분한 능력이 있다. 물론 부족할 수도 있다. 하지만 시도해보지않아 자신이 무엇을 이뤄낼 수 있는지 영영 모르는 채로 사는 것보단 일시적인 실패를 경험하며 부족한 부분을 채워 나가는 편이 훨씬 쉽다.

그 자리와 그 일을 진정으로 원하고 있다면 이미 자격이 있다.

Today's Question

가면증후군이 당신의 새로운 시도를 방해하고 있는가?

어디서든 어떻게든 일단 저질러라

새로운 프로젝트를 시작할 때마다 어려움을 겪었던 한 화가의 유명한 일화가 있다. 그는 하얀 캔버스를 바라보면 온몸이 마비될 것 같았다. 깨끗한 새 캔버스를 잘못해서 망치면 어떡하지?

얼마 후 그는 마비된 듯 꼼짝 못 하는 자신의 모습에 진력이 나서 새로운 방법을 개발해냈다. 매번 새 프로젝트를 시작할 때, 캔버스 위에 무작위로 선과 도형을 그려 넣고 그것들을 작품의 시작점으로 삼는 것이다. 캔버스 위에 무작위로 펼쳐진 형태들을 통합해보겠다는 마음으로 작업을 시작하곤 했다. 어디서부터 시작할지 고민하느라 괴로워하는 대신, 임의의 시작점을 만든 것이다. 그러자 아이디어가 흘러나왔다.

나는 이 이야기를 좋아한다. 거의 모든 종류의 창의적인 작업에 적용되기 때문이다.

빈 지면은 우리를 마비시킨다.

빈 제안서는 우리의 아이디어를 막아버린다.

빈 프레젠테이션 화면은 우리를 두렵게 한다.

최고의 전략은 어디서든 그냥 시작하는 것이다. 형편없다고 생각되더라도 단어 몇 개를 쓰거나 슬라이드 몇 장을 만들면 시작점으로 삼을 수 있다. 우선 캔버스에 뭔가를 그려 넣은 다음 필요한 형태로 만들어가라.

일단 시작하라. 앞으로 나아가기만 한다면 결국 원하는 곳에 도달할 수 있다.

Today's Question

어떻게 시작할지 몰라 정체된 프로젝트가 있는가?

혼자만의 시간이 필요한 이유

"창의적인 직관은 깊이 있는 사고를 필요로 한다." 이 말은 얼핏 사실이 아닌 것처럼 보일 수도 있다. 갑자기 실마리를 발견해 순간적으로 떠오르는 아이디어도 분명 많기 때문이다. 그러나 갑자기 떠오른 아이디어도 우리가 인식하지 못했을 뿐 의식의 표면 아래서 오랜 시간에 걸쳐 형성된 경우가 많다. 그러나 우리는 지나치게 바쁘다. 새로운 메시지나 이메일에 서둘러 응답하느라 많은 시간을 보내고, 일을 하는 중에도 쉴 새 없이 새로운 일이 쏟아진다.

직관을 연마하고 싶다면 문명의 이기를 멀리한 채 아무도 방해하지 않는 곳에서 홀로 고요히 생각에 잠기는 시간을 가져보자. 그러면 주변의 소음에 묻혀 사라졌던 것들이 '들리기' 시작할 것이다.

창의적인 직관은 소리치지 않는다. 속삭인다. 만약 우리가 그 소리를 듣지 못한다면 직관은 굳이 두 번 얘기하지 않는다. 그냥 사라져버린다. 그러므로 그 순간을 놓치지 않도록 고요함 속에 머물러야 한다.

아침이든, 저녁이든, 아니면 점심시간이든, 알맞은 시간을 정해놓고 매일 얼마간의 시간을 투자해 홀로 고요히 생각에 잠겨보라. 문명의 이기를 멀리하라. '띵' 하고 울리는 각종 알림 소리는 무시하라.

깊고 창의적인 생각에 접근하려면 이따금 세상을 벗어나 고요한 시간을 가져야 한다.

Today's Question

오늘은 언제 각종 기계의 알람을 끄고 고요한 시간을 가질 것인가?

폭풍우를 마주할 때 주어지는 선택

작가이자 연설가인 숄라 리처드슨(Shola Richardson)은 어린 시절 아버지로부터 이런 말을 들었다. "아들아, 나는 네가 암소가 아닌 물소가 되기를 바란다." 어린 숄라는 혼란스러운 표정으로 아버지를 쳐다보며 무슨 말인지 설명해달라고 했다.

"폭풍우가 몰아치면 암소들은 겁에 질려 달아난단다. 그렇지만 달아나도 결국 비에 젖고, 폭풍우 속에 머무는 시간만 더 길어지지." 아버지는 잠시 멈췄다 설명을 이었다. "물소들도 마찬가지로 겁을 먹지만 그들은 곧장 폭풍우를 향해서 달려간단다. 폭풍우를 빠르게 관통하면 폭풍우 반대편의 맑게 개인 곳으로 갈 수 있기 때문이지. 그래야 폭풍우 속에 머무는 시간이 훨씬 짧아지거든."

우리는 인생의 많은 시간을 괴로움을 피하는 데 허비한다. 괴로움이 다가오는 것이 보이면 반대편으로 달려가고 싶은 유혹에 흔들린다. 그러나 우리의 의도와는 정반대로 고통을 피하려는 시도가 오히려 고통을 연장시키는 경우가 많다.

괴로운 상황이 발생했을 때 도망가지 않고 괴로움을 마주하면 걱정했던 만큼 상황이 심각하지 않다는 사실을 깨달을 수 있다. 더욱 좋은 것은 괴로운 상황을 맞닥뜨리지 않았더라면 이룰 수 없었을 '성장'을 맞이할 수 있다는 사실이다. 그러므로 암소가 아닌 물소의 삶을 살아라.

괴로움을 피해 달아나지 말고 괴로움을 향해 질주하라.

Today's Question

당신의 삶에서 괴로움을 피해 도망치고 있는 부분이 있는가?

영감의 순간을 계획하라

"나는 영감이 찾아올 때만 글을 쓴다. 다행히 내 영감은 매일 아침 9시 정각에 찾아온다."

미국 작가 윌리엄 포크너(William Faulkner)의 말이다. 이 문구에는 놀라운 지혜가 담겨 있다. 많은 사람이 창의력은 열광적으로 갑자기 떠오르는 것이며, 즉흥적인 황홀경의 순간이라는 감상적인 생각에 사로잡혀 있다. 우리는 영감이 마치 야생 동물처럼 통제할 수 없고 제멋대로 움직이는 존재라고 믿는다.

그러나 창의적 프로들은 매우 다른 접근방식을 갖고 있다. 그들은 창의력이 즉흥적이고 신비한 방식으로 찾아오기를 기다리는 대신, 창의력을 계획한다. 시간을 정하고 작업에 깊이 몰두하는 가운데 자신에게 필요한 영감을 발견해낸다. 미성숙한 사람들이 영감을 기다리는 동안 창의적인 사람들은 영감을 쫓아간다. 노련한 프로들은 충분한 시간을 들여 작업에 몰두하다 보면 결국은 눈부신 영감을 발견할 수 있음을 안다.

최고의 아이디어, 최선의 돌파구는 작업에 몰두하는 가운데 나타난다. 기다리지 말고 불러들여라.

당신에겐 주로 언제 영감이 찾아오는가?
영감을 불러들이기 위해 오늘은 언제 작업에 몰두할 것인가?

타인의 통찰을 빌려라

창조는 혼자만의 싸움이라는 고리타분한 생각이 만연하다. 많은 이가 창조하는 사람은 어느 오두막에서 완전히 고립된 상태로 홀로 작업에 열중할 거라고 상상하곤 한다.

물론 대부분 혼자 작업하겠지만 그것이 창의력이 혼자만의 싸움이라는 의미는 아니다. 오히려 우리가 씨름하고 있는 문제에 대해 한 걸음 떨어져 전체를 바라볼 수 있도록 도와주는 다른 사람이 반드시 필요하다. 타인의 관점과 지혜를 빌리지 않는다면, 최선의 결과물에 도달하기까지 더 많은 시간과 노력을 들여야 할 것이다.

당신은 작업에 다른 사람들을 초대하는 편인가, 아니면 모두 혼자 하려하는가? 다른 사람들에게 다음의 몇 가지 질문을 해보라.

▶ 당신이 내 입장이라면 어떻게 하겠습니까?
▶ 이와 비슷한 것을 전에 본 적이 있습니까?
▶ 당신이 내 입장이라면 어떤 점을 주의하겠습니까?

이 질문들을 던지며 그들이 당신의 작업에 대해 자유롭게 말하도록 허용해야 한다. 당신은 이 과정을 통해 그들의 지혜를 활용할 수 있다. 종종 깊이 있는 통찰을 발견할 것이다.

큰 그림을 보려면 타인의 시선이 필요하다.

Today's Question

오늘은 당신의 작업에 누구를 초대하겠는가?

그 아이디어는 간결한가, 단순한가

누구나 빠른 해결책을 원한다. 그런 까닭에 첫 번째 아이디어에 안주하고 싶어 한다. 이런 유혹은 시간의 압박이나 임무를 달성하지 못할 것 같은 불안감에서 벗어나 확실한 무언가를 붙잡고 싶은 심리에 기인한다. 그러나 맨 처음 떠오른 해결책은 겉보기에는 그럴듯하지만, 문제의 미묘한 특수성을 반영하지 못하고 지나치게 단순한 경우가 많다.

간결한 아이디어란 효과를 저해하지 않는 선에서 최대한 불필요한 부분을 제거한 상태를 말한다. 반면 단순한 아이디어는 표면적으로는 흥미롭지만 당신이 해결하고자 하는 문제를 완벽하게 다루고 있지 못하다. 경력이 쌓이면서 간결함과 단순함에 대한 변별력이 생기는데 그 기준은 다음과 같다.

▶ 이 아이디어로 해당 문제를 해결할 수 있는가?

▶ 문제의 중요한 요소를 간과하고 있지는 않은가?

▶ 아이디어에 심취해서 약점을 보지 못하는 것은 아닌가?

▶ 요소를 하나 추가하면 결과물이 향상될 수 있을까?

이와 같은 질문들은 아이디어를 효과적으로 평가할 수 있도록 돕고, 과도한 단순함의 덫에 걸리지 않도록 지켜준다.

항상 간결함을 추구하되 지나치게 단순한 해결책을 경계하라.

Today's Question

당신이 진행하고 있는 아이디어를 점검하라. 과도하게 단순해 내용이 제대로 갖춰지지 않은 상태는 아닌가?

타인의 의도를 마음대로 판단하지 마라

어느 조직에서든 갈등이 발생하는 건 자연스럽고 정상적이다. 창의적인 작업은 대부분 주관적인 성격을 띠기 때문에 어느 방향이 최선인지, 누가 적격자인지에 대해 다양한 의견이 있을 수 있다.

이런 환경에서 일하다 보면 톱니바퀴 사이에 끼어 있는 기분을 느끼게 마련이다. 어떤 사람은 정말 상대하기 쉽지 않다. 세상에는 기본적으로 대하기 힘든 사람이 있다. 그러나 우리는 간혹 누군가의 무능함을 악의로 오해하곤 한다.

관리자들은 자신의 커리어가 염려될 때 팀원들을 무시한다. 당신이 동료의 아이디어에 의견을 제시했을 때 그가 화를 내는 것은 자신의 아웃풋에 대해 확신하지 못하기 때문이다.

다른 사람과 갈등이 생겼을 때 주저앉아 상황을 곱씹으면서 사람들이 의도적으로 당신을 괴롭힌다고 생각하기 쉽지만, 사실은 그 이면에 다른 사실이 숨어 있는 경우가 많다. 다른 사람의 행동을 분별력 있게 파악하고 건강한 경계를 유지하며 타인의 의도를 마음대로 판단하지 않도록 각별히 유의해야 한다.

무능함을 탓해야 하는 상황에서 상대방이 악의를 품었을 것이라고 넘겨짚어서는 곤란하다.

함께 일하기 힘들다고 생각되는 사람들을 떠올려보자.
그들은 악의적인가, 무능한가?

의견을 표현하는 가장 고급스러운 방법

우리는 자기 의견을 대중에게 공유하라고 권하는 세상에서 살고 있다. 어떤 문제에 대해 자신만의 의견을 갖는 건 좋다. 하지만 세상 곳곳에서 일어나는 모든 일에 의견을 가져야 한다고 압박받을 필요는 없다. 무엇보다 자신의 의견을 굳이 공유하지 않아도 된다. 그냥 혼자 간직해도 괜찮다고 말해주고 싶다. 참신한 발상 아닌가!

당신이 특정한 의견을 가졌고, 그것을 타인과 공유해야 할 필요성을 느낀다면 SNS에 쏟아낼 것이 아니라 뭔가를 만들어보라. 예술작품을 만들거나, 에세이를 쓰거나, 노래를 만들거나, 이벤트를 여는 등 자신의 의견을 창의적으로 표현할 수 있는 무언가를 시도하라. 의견은 흔하지만 예술은 귀하다.

지금 세상에서 벌어지고 있는 사건 중에 당신의 마음을 움직이는 뭔가가 있는가? 당신의 생각과 감정을 사람들에게 이야기하고 싶은가? 그렇다면 사람들이 당신의 의견에 주목할 수 있도록 예술을 활용하라. 훨씬 더 세련되고 강렬하게 당신의 의견이 전달될 것이다.

세상이 잘못됐다고 불평만 하지 말고 뭔가를 만들어라.

Today's Question

당신의 마음속에 꿈틀대는 것을 예술로 표현할 수 있는가?

현재에 온전히 몰입할 근육을 키워라

당신은 내일 일어날 일을 통제할 수 없다. 10분 뒤에 일어날 일조차 통제할 수 없다. 직장 상사나 의뢰인이 당신의 최근 작업에 대해 어떤 반응을 보일지 통제할 수 없다. 특히 그 작업이 보다 넓은 시장에 진출했을 때 어떻게 받아들여질지는 철저히 당신의 통제 밖의 문제다.

당신이 통제할 수 있는 것은 바로 지금, 그 작업에 참여하는 당신의 태도다. 당신이 지금 무얼 하고 있든 그 일을 대하는 태도만큼은 통제할 수 있다는 뜻이다.

글을 쓰고 있다면 열정적으로 글을 써라. 디자인을 하고 있다면 온 마음을 바쳐 디자인을 하라. 누군가와 회의하는 중이라면 그들과 함께 있는 그 순간에 오롯이 집중하라. 현재에 온전히 몰두하는 훈련을 하라. 훈련을 반복하면 습관이 된다. 시간이 지나면서 현재에 온전히 집중할 수 있는 근육이 발달할 것이다. 그 어느 때보다 현재가 가장 중요하다.

우리는 '다가올 무엇'을 염려하느라 너무 많은 시간을 낭비한다. 그 결과 지금 하고 있는 일에 능력을 온전히 발휘하지 못한다. 우리는 효율성뿐 아니라 삶 자체를 도둑맞고 있다.

당신이 이 글을 다 읽고 난 뒤 무슨 일을 하든, 그 일에 온전히 집중하고 자신이 할 수 있는 최고의 기량을 발휘하라. 현재에 집중하다 보면 유익한 미래는 저절로 주어진다.

바로 지금 당신의 눈앞에 펼쳐진 일에 집중하라.

이 글을 다 읽고 무엇에 온전히 집중할 것인가?

어느 순간에도 도망보다 전진을 선택하라

당신은 지금도 현재 하는 일을 그만두고 싶다는 바람을 가지고 있을 것이다. 상사의 사무실로 걸어 들어가 미리 생각해뒀던 몇 마디 말을 뱉은 뒤 사직서를 던지고 문을 쾅 닫고 나오는 구체적인 상상을 했을지도 모른다.

직장에서 힘든 상황을 맞닥뜨릴 때 바깥세상 어딘가에는 당신의 바람에 꼭 들어맞는 완벽한 곳이 있을 거라는 망상에 빠지기 쉽다. 심지어 지평선 위에 굉장히 희미하게 비치는 희망의 빛줄기에 홀리거나, 얼른 그만두고 다른 일을 찾아보라는 친구들의 무책임한 조언에 호기롭게 사직서를 던지기도 한다.

대부분, 그런 결정은 큰 실수다.

많은 사람이 불편함과 좌절을 피해 도망가는 데 엄청난 시간을 낭비한다. 그들은 완벽한 상황을 찾아 이 일 저 일 옮겨 다닌다. 혹시 완벽한 곳을 찾는다 해도 잠시 정착할 뿐 그곳도 결국 완벽하지 않다는 사실을 깨닫는다. 그러면 그들은 또다시 옮길 것이다.

뭔가를 피해 달아나지 말고 뭔가를 향해 달려가야 한다. 불편과 좌절을 줄이는 것을 목표로 삼지 마라. 이루고 싶은 꿈을 목표로 삼아라. 당신을 좌절시키는 대상에서 멀어지는 방향이 아니라 당신이 추구하는 비전의 방향으로 움직여라.

좌절을 피해 도망가지 말고, 야망을 향해 전진해야 한다.

Today's Question

당신은 뭔가를 향해 전진하고 있는가, 아니면 뭔가를 피해 도망치고 있는가?

프로젝트를 시작할 때 고려할 두 가지

창의적인 작업을 단숨에 마비시키거나 망가뜨리는 두 가지 요소가 있다.

▶ 프로젝트가 하늘로 비상하는 데 필요한 활주로의 부재
▶ 프로젝트의 생존을 위협하는 간접비

활주로는 프로젝트 초반의 불확실한 시기를 통과하는 데 필요한 여분의 자원을 의미한다. 경제적인 활주로(작업 방향이 잘못됐을 때 몇 번이고 다시 할 수 있는 시간을 벌어준다), 인적 자본의 활주로(작업을 감당할 수 있는 충분한 인력을 확보한다), 신뢰의 활주로(영향력 있는 사람에게 지지받으면 해당 작업이 계속 우선순위에 들 수 있다) 등이다. 프로젝트를 성공적으로 이끌려면 충분한 활주로가 보장돼야 한다.

마찬가지로 간접비 역시 프로젝트에 추진력이 붙기도 전에 목을 조여올 수 있는 요소다. 인력 소모나 부채 때문에 빨리 성공해야 한다는 압박이 심하면 잠재력을 충분히 발휘하기 어렵다.

새로운 프로젝트에 착수할 때는 활주로가 얼마만큼 필요한지 진지하게 고려하라. 그리고 항상 간접비를 최소화하기 위해 노력하라. 그래야 여유를 가지고 현명한 결정을 내릴 수 있다.

창의적인 작업을 성공시키려면 충분한 활주로를 마련하고, 감당할 수 있는 수준의 간접비를 유지해야 한다.

Today's Question

어떻게 하면 활주로를 늘리고 간접비를 최소화할 수 있을까?

창의 패턴에 귀 기울이기

어렸을 때 우리 집은 기찻길 바로 옆에 있었다. 밤중에 침대에 누워 있으면 매트리스에서 희미한 진동이 느껴지곤 했다. 처음에는 미약하다가 기차가 가까워지면 양 다리가 떨릴 정도였다. 가만히 눈을 감고 있으면 덜컹거리는 엔진 소리, 레일 위로 바퀴가 구르는 소리 그리고 마침내 '뿌우우우우우' 하고 우리 집을 지나가는 기차의 시끄러운 경적이 들렸다.

우리는 흔히 창의적인 돌파구를 갑자기 들리는 기차의 경적처럼 여긴다. 어디선가 불현듯 '아하!' 하는 깨달음이 튀어나온다고 생각하는 것이다. 하지만 창의적인 아이디어는 기차가 실제로 움직일 때처럼 뭔가가 다가오고 있다고 알리는 미세한 진동에서 시작되는 경우가 많다. 이러한 희미한 울림을 느끼는 사람을 '예언자' 혹은 '선구자'라고 일컫지만 사실 그들은 단지 패턴에 귀 기울이는 사람일 뿐이다.

어떻게 패턴을 들을 수 있을까. 밤중에 침대에 누워 있을 때처럼, 먼저 조용해야 한다. 대화의 단편, 직관적인 예감, 영감의 불꽃에 집중해야 한다. 그리고 그것들을 의미 있는 패턴으로 연결하고자 노력해야 한다. 창의적인 과정 대부분은 의식의 표면 아래에 있는 패턴에 귀를 기울이는 것이다. 침묵하며 패턴에 집중하라.

창의성을 강제로 끌어낼 수는 없지만, 창의성에 귀를 기울일 수는 있다.

Today's Question

어렴풋이 감지하고는 있지만 완벽하게 인식하지 못한 어떤 패턴이 있는가?

현실의 제약을 원망하지 마라

"만약 예산과 시간이 무제한으로 제공된다면 이 프로젝트를 어떻게 발전시키고 싶나요?"

의뢰인에게 이런 질문을 받은 적이 있다. 분명 좋은 의도였겠지만, 정말 무의미한 질문이었다. 근본적으로 실현 불가능한 가정이기 때문이다. 어떤 프로젝트든 현실적인 제약이 있고, 반드시 그것을 고려해 작업을 진행해야 한다. 사실 생계를 위한 창작활동에서 창의력이란 대부분 작업 자체보다 어떻게 시간과 예산에 맞출 것인가가 관건이기 때문이다.

압박이 몰려오거나, 최선의 아이디어를 실현할 자원이 부족할 때 현실의 제약을 원망하겠지만, 그래서는 안 된다. 당신은 프로이기 때문이다. 배수관에서 물이 샐 때 배관공에게 "자, 만약 당신에게 돈과 시간이 충분하다면, 이 문제를 어떻게 해결하겠습니까?"라고 물을 리 없다. 그냥 잘 고쳐달라고 말할 것이다.

프로젝트를 통해 구현하고 싶었지만 포기해야 했던 부분이나, 현실적인 제약 때문에 타협해야 했던 부분에 대해 불평하지 않도록 노력하라. 창의적 프로의 일은 결과물을 제출하는 것이고, 이는 곧 현실적인 제약을 잘 다뤄야 한다는 뜻이다. 그것이 프로가 일하는 방식이다.

다른 사람에게 요청받은 창작활동은 언제나 현실성을 바탕으로 진행되어야 한다.

Today's Question

이상과 현실 사이에서 씨름하고 있는 프로젝트가 있는가?

불필요한 갈등 뒤엔 불완전한 대화가 있다

일하다 보면 오해가 발생하기 마련이다. 특히 다수와 협업하거나 팀을 이끌어야 하는 상황에서는 더욱 그렇다. 같은 날 너무 많은 대화가 오가면 누가 누구에게 무슨 말을 했는지 파악하기 어려울 수 있다.

그래서 고수해야 하는 원칙 중 하나는 항상 대화를 완결하는 것이다. 대화 내용에 대해 상호 이해에 도달하고, 이를 바탕으로 다음 할 일을 명확히 인지하고, 누가 언제까지 완수할 것인지 책임 소재를 분명히 할 때까지 절대 대화를 끝내선 안된다. 너무 당연한 말이라는 걸 안다! (어쨌든 우리는 모두 성인이니까.) 하지만 조직에서 발생하는 갈등 중 상당수는 불완전한 대화로 인해 생긴 오해의 결과다.

"이 일을 제가 할 거라 생각했나요? 저는 당신 일로 여겼는데요."

"금요일까지 제출하라고요? 저는 다음 주로 알고 있었는데요."

단순한 오해 때문에 나머지 팀원들에게 대혼란에 빠질 수 있다. 매번 대화를 완결한다는 간단한 원칙을 지키면 이런 고통스런 상황을 충분히 예방할 수 있다. 오늘은 누군가와 상호작용을 마무리할 때 대화를 완결했는지 확인하라.

열린 고리를 제대로 닫지 않아 불협화음을 만들지 마라.

Today's Question

최근 당신이 했던 대화 중 불완전하게 종료된 대화는 없었는가?

반드시 '왜'에 대해 이야기하라

짐 콜린스(Jim Collins)는 자신의 책《위대한 기업은 다 어디로 갔을까》에서 회사가 쇠퇴하고 있음을 보여주는 주요 지표들을 제시했다.

초기 신호 중 하나는 조직에서 일상적으로 발생하는 일의 원인을 잘 모른다는 것이다. 팀원들은 어떤 방법이 효과가 있는지 알고 있지만 왜 그 방법이 효과가 있는지는 잘 알지 못한다. 이는 상황이 변했을 때 새로운 문제에 대응해 전략을 조정할 능력이 없다는 뜻이다. 그들은 새로운 문제가 생겨도 계속 기존 전략을 사용할 것이다.

이런 이유로 나는 정기적으로 팀원들과 '왜(Why)'에 대해 대화하는 시간이 중요하다고 믿는다. 왜 그런 결정을 내렸으며, 왜 그런 시스템을 설치했고, 왜 그 전략이 효과적이었는지를 이야기하는 것이다. 프로젝트에 관한 것이든, 조직에 관한 것이든 큰 결정을 내릴 때마다 결정의 이유에 대해 짤막하게 대화하는 시간을 가지면 업무가 어떻게 돌아가는지 전반적인 상황을 이해할 수 있을 뿐 아니라 연대감도 향상된다.

의뢰인과 함께 일할 때도 동일한 원리가 적용된다. 단순히 어떤 제안을 제시하기보다 왜 이 제안이 효과적인지를 설명하자. 무엇보다 결과와 원인 사이에 틈이 벌어지는 것을 허용하지 마라. 결과와 원인이 긴밀하게 정렬되도록 하라.

결과 뒤에 숨겨진 원인을 분명히 이해했는지 확인하라.

Today's Question

당신의 작업에서 결과와 원인 사이의 틈을 메워야 하는 부분은 무엇이 있는가?

권태를 이기는 가장 좋은 방법

자전거 타는 법을 배웠을 때를 기억하는가? 나는 아주 겁에 질렸던 기억이 난다. 내가 통제할 수 없는 기계에 내 건강과 안녕을 맡겨버린 기분이었다. 자전거를 타는 내내 죽음이 임박했다고 느꼈다.

균형 감각과 자전거를 다루는 기술이 늘면서 평범하게 타는 것은 재미없어졌다. 부모님이 까무러칠 만한 속도로 내리막길을 내려가거나 여동생의 바비 인형 위로 점프하면서(그녀는 이에 대해 모른다) 도전의 수위를 높였다. 안전에 대한 의식은 내 능력치에 따라 달라졌다.

같은 원리가 업무에도 적용된다. 당신이 처음 일을 배우기 시작할 때는 모든 것이 새롭고, 모든 프로젝트가 어렵다. 이제 당신이 능숙해지고 나니, 그 일은 익숙하게 느껴지고 흥미는 덜하다. 초반에 느꼈던 흥분은 더이상 없다.

이럴 때 어떻게 하면 앞으로 나아갈 수 있을까? 새로운 일을 시도해보자. 당신을 불편하게 만드는 새 기술을 익혀보자. 아이디어를 표현하는 새로운 방법을 고안해보자. 마지막으로 새로운 기술을 배우거나 하던 일에 다른 방식으로 접근한 적이 언제인가? 정체돼 있다고 느낀다면 바로 오늘이 스스로를 흔들어 깨우기에 좋은 날이다.

틀에서 벗어나는 가장 좋은 방법은 새로운 배움이다.

Today's Question

당신의 일에 다시 활력을 불어넣어줄 새로운 기술은 무엇인가?

무엇이든 될 수 있다는 말의 함정

부모가 아이에게 앵무새처럼 되풀이하는 이야기 중 매우 위험한 서사가 있다. 그것은 우리 사회에 불안의 전염병을 퍼뜨리고 있다.

"너는 네가 원하는 무엇이든 될 수 있어."

아이들이 꿈을 위해 노력할 수 있도록 용기를 주려는 조언임은 잘 알지만, 사실 이 말은 전혀 진실이 아니다. 아무리 열심히 연습해도 키 170센티미터 소년이 NBA에 진출할 가능성은 희박하다. 불가능하지는 않지만 극히 드물고, 운동능력이 특출나게 뛰어난 극소수의 사람만 성취할 수 있다. 그 외 록스타, 인기 영화배우, 문단의 거물이 될 가능성도 마찬가지로 매우 희박하다. 이런 조언의 문제는 과정이 아닌 최종 결과에만 집중한다는 점이다. 그곳에 어떻게 갈지보다 마지막에 어디에서 끝날지를 생각하게 만든다.

우리가 선택한 서술 기법은 세상을 경험하는 방식을 규정한다. 결과에만 집중한다면 점점 자신의 꿈이 시야에서 멀어지는 모습을 지켜보며 환멸을 느끼게 될 것이다. 그러나 그런 자리에 합당한 사람이 돼가는 과정에 초점을 맞추면 어떤 식으로든 성취감을 느낄 수 있다.

무언가를 달성하는 데 집중하지 말고 능력을 계발하는 데 집중하라. 다른 사람이 당신을 주목하지 않을까봐 걱정하지 말고 주목받을 만한 가치가 있는 작품을 만드는 데 집중하라.

도착지가 아닌 성장과 발전에 관한 서사를 믿어라.

Today's Question

어떻게 당신의 서사를 결과 중심이 아닌 과정 중심으로 전환할 수 있을까?

시작을 생각하며 끝내라

세계적인 리더십 권위자 스티븐 코비(Stephen Covey)는 "끝을 염두에 두고 시작하라."라고 말했다. 새로운 계획에 뛰어들 때는 어디에서 끝낼지 먼저 고려하라는 충고다. 그렇지만 나는 창의적인 작업과 관련해서는 이 조언을 뒤집곤 한다. 즉, 항상 시작을 염두에 두고 끝내라는 것이다.

많은 경우 창의적인 작업에서 가장 힘든 부분은 시작이다. 빈 문서에 깜빡이는 커서를 쳐다보면 우리는 생각이 마비되곤 한다. 어떻게든 초기에 추진력을 얻는 것이 중요하다. 그러므로 매일 작업을 마무리할 때 다음 날 어디서부터 다시 시작할지 정확히 정해놓을 것을 권한다.

내 작업을 예로 들어보겠다. 나는 책을 쓸 때 하루에 500단어씩 쓴다. 500단어를 채우면 생각이 한창 진행 중이라도 글쓰기를 멈춘다. 그래야 다음 날 어디에서 시작해야 할지 정확하게 알 수 있기 때문이다. 어제 멈췄던 생각을 새로운 추진력을 얻기 위한 시작점으로 삼는 것이다. 한번 앞으로 나아가기 시작하면 계속 나아가기는 훨씬 쉽다.

프로젝트를 마무리하거나 일과를 마무리할 때마다 내일 다시 시작할 방법을 구체적으로 정해놔라. 그러면 작업이 지체되는 것을 예방하는 데 큰 도움이 된다.

창의적인 작업을 끝낼 때는 항상 다음 시작을 염두에 둬라.

Today's Question

그날의 작업을 언제 마무리해야 할지 어떻게 정할 것인가?

아프더라도 문은 열어둬라

창의적인 작업을 하다 보면 상처받기 쉽다. 자신의 생각, 관점, 기술을 다른 사람에게 평가받아야 하기 때문이다. 결과물을 평가받을 때 마치 자신의 가치를 평가받는 것처럼 느낄 가능성이 크고, 그 결과 자존감을 지키기 위해 방어적이 되는 경향이 생긴다. 선택된 사람만 자기 세계에 들여놓고 다른 모든 사람들에게 문을 닫는 것이다.

물론 사적인 영역에 누군가를 초대할 때는 신중해야 하지만 처음부터 지나치게 경계하지 않도록 주의해야 한다. 자신을 둘러싼 세계를 회의적으로 받아들이면 새로운 통찰을 향한 마음의 문이 닫히게 된다. 반면 가능성을 바라보는 희망찬 태도로 세상을 맞이하면 예상치 못한 곳에서 숨겨진 눈부신 영감을 발견할 수 있다.

경계심과 회의주의에 빠져 당신이 세상과 맺는 관계 또는 세상을 경험하는 방식이 빛을 잃게 두지 마라. 다른 사람들에게 열린 태도를 유지하고, 많이 질문하고, 호기심을 품고, 가장 평범하고 일상적인 것 속에서도 경이로움을 찾기 위해 노력하라. 당신의 마음과 직관이 매 순간 창의적인 통찰을 발견할 수 있도록 훈련하라.

경계심과 회의주의는 점점 마음을 닫게 만든다. 반면 희망찬 태도와 호기심은 경이로움과 창의적인 돌파구로 당신을 인도한다. 열린 태도를 선택하라.

다른 사람들에게 마음의 문을 닫으면 창의성의 문도 닫힌다.

Today's Question

어떻게 하면 오늘 하루 동안 경계심 대신 열린 태도를 보일 수 있을까?

당신의 오늘 하루가 후세에 전해진다면

종종 이런 구절이 선의의 조언으로 쓰이곤 한다. "매일매일을 당신의 마지막 날인 것처럼 살라." 표면적으로는 좋은 조언이다. 그렇지 않은가? 어쨌든 이 문구는 하루를 소중히 여기고, 위험을 감수하고, 안전지대를 벗어나 도전하는 것의 중요성을 강조하고 있기 때문이다.

하지만 나는 이 조언에 문제가 있다고 생각한다. 만약 오늘이 세상에 머무는 마지막 날이라면 나는 미래에 어떤 영향을 미치든 현재에만 집중하고, 먹고 싶은 음식은 무엇이든 먹고, 마음 한편에서 들려오는 내 생명을 건강하게 유지해야 한다는 작은 목소리 따위는 무시할 것이다.

나는 오늘이 마지막 날인 것처럼 살라고 말하는 대신 매일을 세상에 남기는 유산이라고 생각하며 살라고 말한다. 기자가 하루 종일 당신을 따라다니면서 당신이 하는 모든 일을 기록하고 있다고 상상해보라. 당신이 하는 모든 행동과 대화, 결정, 상호작용이 후세를 위해 기록되고, 당신이 그날 하루를 살아가는 방식이 영원히 남는다. 이런 생각이 오늘 당신이 삶을 대하는 태도를 어떻게 바꿀 것인가? 무엇이 정말 중요하다고 말할 것인가? 이런 마음가짐이 '마지막 날' 개념보다 일과 삶을 대하는 훨씬 귀중한 태도라고 생각한다.

오늘을 당신의 마지막 날인 것처럼 살지 마라. 오늘을 당신이 후대에 남겨주는 유산이라는 마음가짐으로 살아라.

Today's Question

오늘 하루의 삶에서 무엇을 유산으로 남기고 싶은가?

2월

도발적인 관점을
연마하는 시간

February

예술가는 훈련으로 만들어질 수 없다.
특정한 기능이나 기교를 습득한다고 예술가가 될 수는 없지만,
예술 행위에는 그 어떤 기능이나 기술도 다 활용된다.
창의성은 놀랄 준비가 된 사람에게서 발견된다.
이런 사람이 예술가가 되기 위해 학교에 다닐 필요는 없지만,
예술가로서 학교에 다닐 수는 있다.
– 제임스 카스(James P. Carse)

창의적으로 일하고 싶다면
세상을 새로운 방식으로 바라보는 능력을 길러야 하고,
흩어진 점들을 연결하는 기술을 개발해야 하며,
직관의 도약을 위해 자신을 단련해야 한다.
이번 달에는 안전지대를 벗어나 새롭고 도발적인 방식으로
세상을 경험하는 방법에 집중해보자.

영감을 충전하는 아티스트 데이트

삶은 끝없는 임무와 프로젝트의 연속으로 순식간에 변질될 수 있다. 아이러니한 점은, 생산성을 높이려고 애쓸수록 오히려 생산성이 떨어지는 경우가 생긴다는 것이다. 아웃풋을 짜내고 또 짜내다 보면 인풋에 소홀해져서 업무의 질이 떨어질 수 있다.

작가 줄리아 캐머런(Julia Cameron)은 영감이 충만한 상태를 유지하고 온전히 작업에 전념하며 외적인 집중력을 향상시키고 싶다면 매주 '아티스트 데이트'를 해보라고 권한다. 우물에서 물을 끌어올리기만 하지 말고 우물을 채울 시간을 마련하라는 것이다.

"우물을 채울 때는 마법을 생각하라. 기쁨을 생각하라. 재미를 생각하라. 책임을 생각하지 마라. 해야 하는 일을 하지 마라. 흥미를 끄는 일을 하고, 관심사를 탐험하라. 통달하려고 들지 말고 그저 신비로움을 즐겨라."

당신의 호기심을 자극하는 장소를 방문하라. 새로운 도시를 탐험하라. 깊은 숲속의 개울가에 앉아 물소리에 귀 기울여보라. 세 시간을 운전해서 시골 지역을 달려보라. 무엇을 하는지는 중요하지 않다. 무엇이든 당신을 매혹하는 일을 하라. 텅 빈 우물에서는 물을 끌어올릴 수 없다.

당신이 우물을 채우는 방법은 옆 사람이 우물을 채우는 방법과 매우 다를 수 있다. 다른 사람을 따라 하지 마라. 자신의 고유한 관심사를 탐험하라. **당신 안의 아티스트와 데이트 약속을 잡아라.**

Today's Question

이번 주에 당신은 어떤 '아티스트 데이트'를 하겠는가?

수렁에 빠진 일을 견인하는 질문

시골에서 자란 나는 친구 집에 놀러 갔을 때 흙길로 된 진입로를 비롯해 어디든 공간이 있는 곳에 주차하는 일이 흔했다. 보통 때는 괜찮았지만 비가 오면 문제가 생기곤 했다. 차가 진흙탕에 빠져버렸기 때문이다.

흔히 자동차가 진흙탕에 빠졌을 때 액셀을 더 세게 밟으면 진흙탕 밖으로 빠져나올 수 있으리라고 생각한다. 하지만 액셀을 밟으면 차가 더 깊숙이 파묻힐 뿐이다. 이때는 바퀴를 열심히 돌리기보다 견인력을 제공해야 한다. 합판이든, 큰 돌이든 차를 앞쪽으로 움직여 수렁에서 벗어날 수 있도록 돕는 무언가가 필요하다.

열심히 바퀴를 굴리고 있지만 아무 데도 가지 못하는 듯한 느낌을 받은 적이 있을 것이다. 열심히 노력하면 할수록 더 깊이 파묻히는 것 같아 당혹스럽지 않았는가? 이럴 때 당신에게 필요한 것은 약간의 견인력이다.

내가 의뢰인과 함께 일할 때 견인력을 얻기 위해 자주 사용하는 방법 중 하나는 "우리가 진짜로 하려는 일이 무엇인가?"라는 질문으로 문제를 재정립하는 것이다.

진흙탕에 빠진 기분은 의미 있는 진전에 대한 인식이 부족해서일 뿐 대부분 그 이상의 문제는 아니다. 문제를 재정립하기만 해도 앞으로 나아갈 빠른 추진력을 얻을 수 있다.

진흙탕에 빠졌을 때는 문제를 재정립하라.

Today's Question

고군분투하고 있는 프로젝트를 떠올려보라. 당신이 하려는 일의 진정한 목표는 무엇인가?

삶의 질서를 회복하고 싶다면

삶이 앞에 펼쳐지는 대로 그냥 내버려 두면 안 된다. 삶을 정말로 살아내야 한다. 그렇지만 맡겨진 작업과 책임의 무게가 당신을 압도할 때는 외부 힘에 끌려다니는 무력감을 느낄 수밖에 없다. 자신의 현 상태를 확인하고, 삶의 질서를 회복하려면 무엇이 필요한지 점검하는 질문들을 소개한다.

▶ 내 외부 세계는 질서 있게 정리돼 있는가?(프로젝트와 주변 환경이 혼돈에 빠져 있지 않은가?)

▶ 오늘 내게 무엇이 필요한지 명확하게 파악하고 있는가?

▶ 오늘 안에 완수해야 할 임무가 있는가?

▶ 내가 제출하지 못한 무언가를 기다리는 사람이 있는가?

▶ 내 인간관계는 질서 있게 정리돼 있는가?

▶ 오늘 내 기분은 어떤가? 그 이유를 아는가?

▶ 내 생각은 정리돼 있는가, 혼란스럽다면 어떻게 침착해질 수 있을까?

▶ 오늘 어떤 방법으로 내 감정을 보살필 수 있을까?

▶ 몸의 상태는 어떤가? 오늘 어떤 방법으로 내 몸을 돌볼 수 있을까?

이 점검표를 눈에 잘 보이는 곳에 두고 읽어보자. 일과 삶의 폭풍 한 가운데서 평정심을 찾는 데 도움이 될 것이다.

삶을 무작정 헤쳐 나가려 하지 마라. 삶을 관리하라.

Today's Question

체크리스트 질문의 답변 중에 오늘 행동으로 옮겨야 할 것이 있는가?

짐짝으로 둔갑한 축복

"일이 너무 많아서 어떻게 해야 할지 모르겠어요."

"친구들은 많이 만나기를 바라는데, 다 만날 시간이 없어요."

"제가 관리하는 새로운 고객들은 전부 기대치가 아주 높아요. 혹시라도 실수할까봐 걱정돼요."

좋은 기회를 만났을 때 스트레스와 부담감이 따르는 것은 자연스러운 일이다. 일은 스트레스를 동반하고 기대치는 좀처럼 떨어지지 않는다. 이럴 때 스트레스로 인해 지나치게 마음이 부정적으로 흐르지 않도록 자신의 감정을 보호해야 한다. 창의적인 사고와 리더십 능력이 저하될 수 있기 때문이다.

우리 가족은 유난히 스트레스가 심했던 몇 년 전에 주문을 만들었다.

"당신의 축복을 짐짝 취급하지 마라."

우리는 지금도 서로에게 이 주문을 말해주곤 한다. 기회에는 책임과 스트레스가 따르지만, 세상에는(혹은 당신의 회사나 업계에는) 그런 기회를 간절히 바라는 사람이 무수히 많다. 축복을 짐처럼 여기면 시야가 좁아져서 앞으로 펼쳐질 가능성이 아닌 자신의 힘든 내면에 집중하게 된다. 그러면 창의력에 제약이 생긴다. 맞다. 일은 스트레스를 유발하고, 풍요의 시기에는 그것을 유지하기 위한 책임이 따르기 마련이다.

축복을 짐짝 취급하지 않도록 항상 주의해야 한다.

Today's Question

축복인 줄 모르고 짐으로만 여기고 있는 일이 당신에게 있는가?

열정에도 포트폴리오가 필요하다

당신이 모든 돈을 주식 한 종목에 투자하려고 한다면 대부분의 투자 자문가가 지나치게 위험하다고 말릴 것이다. 물론 당신의 투자가 굉장한 성과를 낼 수도 있지만, 큰 이익을 얻기는커녕 전부 잃을 가능성이 월등히 크기 때문이다. 투자 자문가들은 이런 '올인' 전략보다는 위험을 여러 종목으로 분산해 한 종목이 떨어져도 다른 종목에서 보상받을 수 있는 균형 있는 투자를 권한다.

어떤 사람들은 창의적 프로로 성공하는 열쇠가 한 가지 일에 '올인'하는 것이라고 믿는다. 모든 자원을 단 한 가지 아이디어에 투자해 승리를 거둔 사람들을 동경하면서 이런 신화를 부추긴다. 하지만 한 가지 일에 모든 것을 던졌으나 끝내 성공하지 못한 사람이 훨씬 더 많다는 사실을 간과해서는 안 된다.

당신의 열정 역시 주식 투자처럼 분산해 관리하라. 정규직에서 일하고 있더라도 비영리 단체에서 봉사활동을 하거나, 부업을 하거나, 자신이 속한 조직에서 타부서의 사람들과 함께 작업하는 등 다른 영역에서 열정을 발휘할 방법을 고려해보라. 열정 포트폴리오를 잘 관리하면 커리어가 탄력을 받는다. 또한 새로운 능력을 발견할 수 있는 계기가 돼 당신이 앞으로 무슨 일을 하든지 도움이 될 것이다. 본업에 대한 열정을 일깨울 가능성도 있다. 열정을 분산하라.

당신이 열정을 쏟을 분야가 '한 가지'일 이유는 없다.

Today's Question

당신의 열정 포트폴리오는 균형 잡혀 있는가? 열정 포트폴리오 안에 포함시킬 항목은 무엇인가?

인생 계기판을 늘 주시하고 관리하라

장기적 관점에서 자신의 커리어를 생산적이고, 건강하고, 탁월하게 운용하려면 늘 개인 계기판의 눈금을 잘 살펴야 한다. 운전할 때 자동차 계기판에 주의를 기울이지 않으면 기름이 떨어지거나, 과열되거나, 과속하거나, 배터리가 방전돼도 모를 수 있다. '엔진 점검' 표시등을 너무 오랫동안 무시하면 혼잡한 도로 한가운데나 모든 차가 빠르게 달리는 고속도로 등 매우 위험한 순간에 고장이 날지 모른다. 마찬가지로 삶의 계기판에 주의를 기울이지 않으면 당신도 고장 날 위험이 있다. 결정적인 순간에 자원이 바닥나 작업을 수행할 수 없을지도 모른다.

당신의 연료는 얼마나 남아 있는가? 연료가 곧 떨어진다면 어떻게 연료를 공급할 수 있을까?

배터리는 어떤가? 창의의 불꽃은 어떤가? 어떻게 재충전할 수 있을까?

당신의 온도는 어떤가? 동료나 팀을 향한 마음 자세를 조정할 필요가 있을까?

속도는 적당한가? 속도가 빠르면 당장은 효율적으로 느껴지지만 기회를 간과하거나 실수를 유발할 수도 있다.

인생 계기판에 주의를 기울이고 자신의 에너지를 잘 관리하라.

늘 건강하고 생산적인 상태를 유지하려면 모든 주요 지표에 주의를 기울여야 한다.

Today's Question

당신의 인생 계기판에서 점검해야 할 내용은 무엇인가?

바로 다음에 해야 할 일이 무엇인가

막연한 생각을 가치 있는 아이디어로 발전시키는 일은 어려운 과제다. (때로는 사람을 미치게 만든다!) 손에 잡히는 대로 일을 해나가다 보면 생각이 멈춰버리거나 더 이상 무엇을 해야 할지 알 수 없는 순간에 맞닥뜨릴 수 있다. 장거리 운전 중에 막다른 길에 들어선 상황과 같다. 모든 것이 잘 돼가는 줄 알았는데 갑자기 계획이 틀어져버린 것이다.

이런 순간에는 "지금 상황에서 당장 어떤 조치를 취해야 할까?", "의미 있는 진전을 이루기 위해 내가 실행할 수 있는 바로 다음 행동은 무엇일까?"라고 질문해보는 것이 도움이 된다. 이 과정에서 결정을 내리는 데 필요한 정보가 부족하다거나, 임무를 완수하는 데 필요한 자원이 부족하다는 식으로 당신이 벽에 부딪힌 이유를 깨달을 수 있다. 지금 가고 있는 길을 계속 가도 된다는 확신을 얻으려면 누군가와 대화를 해야 한다는 사실도 알게 된다. 잠시 멈춰 어떤 조치가 다음에 필요한지 숙고해보라. 당신을 가로막고 있는 장애물이 무엇인지 알아낼 수 있을 것이다.

길을 잃었다고 당황하거나 괴로워할 필요는 없다. 프로젝트를 진행하다 벽에 부딪힌 기분이 든다면 자문해보라.

"상황을 진전시키기 위해 내가 실행해야 할 다음 행동은 무엇인가?"

다음으로 어떤 행동을 해야 할지 밝혀내는 것만으로 이미 절반은 수렁에서 빠져나온 것이다.

Today's Question

현재 진행 중인 각각의 프로젝트에 필요한 다음 조치는 무엇인가?

승부를 보려 하지 말고 길게 즐겨라

뉴욕대학교 역사학 및 문학 교수인 제임스 카스가 인생의 본질에 대해 한 가지 이론을 제시한 바 있다. 그는 이 세상에는 유한 게임과 무한 게임이라는 두 종류의 게임이 존재한다고 말했다. 유한 게임에는 스포츠나 보드 게임처럼 명확한 규칙과 일정표가 있고, 승자와 패자가 정해진다. 사람들은 타이틀을 따거나 승리하기 위해 이 게임에 참여한다.

반면 무한 게임의 목적은 단지 게임을 계속 즐기는 것이다. 많은 사람이 참여할수록 게임에 참여한 모든 사람에게 유익하다. 목표는 게임을 지속하는 것이다.

우리는 종종 무한 게임에 참여하는 중에 고객 확보, 계약 달성, 이직과 같은 유한 게임에 참여할 때와 같은 스트레스를 받곤 한다. 게임을 즐기지 못하면 시야가 좁아져 실패의 길로 들어설 가능성이 커진다.

다음 고객, 다음 월급, 다음 성과에만 몰두하지 말고 시야를 넓혀 자신이 지금 어떤 게임을 하고 있는지 생각하라.

작고 편협한 유한 게임보다 영원히 이어질 무한 게임에 집중하라.

Today's Question

당신은 지금 어떤 무한 게임에 참여하고 있는가?

작품이 당신에 대해 알려주는 것

당신이 만드는 작품이 당신을 만든다. 내가 내 작품을 만들어가듯 내 작품이(또는 작품을 통한 자기 인식이) 나를 만들어간다는 사실을 깨닫기까지 오랜 시간이 걸렸다. 창작활동을 하는 과정에서 이전에는 몰랐던 자기 모습을 발견하게 된다. 하지만 우리는 항상 다음 할 일을 향해 바쁘게 달려가느라 이러한 자기 발견의 순간을 놓칠 때가 많다.

당신은 압박감을 느낄 때 어떻게 반응하는가? 공격하는가, 아니면 후퇴하는가? 그 압박감이 다른 사람과 협업할 때 어떤 식으로 나타나는가? 본능적인 반응을 어떻게 누그러뜨리는가?

자기 관점이 도전받을 때는 어떻게 행동하는가? 개인적인 공격으로 받아들이는가, 아니면 성장의 기회로 받아들이는가?

최고의 아이디어를 언제 어디에서 얻는가? 혼자 일에 몰두하고 있을 때인가, 아니면 다른 사람들과 가능성에 대해 함께 논의할 때인가?

아일랜드 출신의 극작가 조지 버나드 쇼(George Bernard Shaw)는 이런 말을 남겼다. "얼굴을 보기 위해 거울을 사용하듯, 영혼을 보기 위해 예술작품을 사용한다."

일을 통해 스스로에 대해 알게 된 내용들을 다시 한번 잘 살펴보고 면밀히 조사하라.

Today's Question

당신이 일을 통해 자신에 대해 깨달은 것은 무엇인가?

55

뮤즈는 준비하고 기다릴 때 등장한다

그리스 신화에서 영감을 담당하는 아홉 명의 뮤즈는 신들의 왕 제우스와 기억의 여신 므네모시네의 후예다. 즉, 창의력은 에너지에 기억을 적용한 결과다. '창의'의 정의로 딱 맞는 이야기가 아닌가! 생각해보라. 우리는 무언가를 창작할 때 머릿속의 점들을 서로 연결해 문제를 해결할 수 있는 새로운 패턴을 만들어낸다.

메이슨 커리(Mason Currey)는 자신의 책《리추얼》에서 작곡가 조지 거슈윈(George Gershwin)의 작업 방식을 다음과 같이 묘사했다. "거슈윈은 자기가 뮤즈를 기다렸다면 기껏해야 1년에 세 곡 정도 썼을 것이라며 영감을 무시했다. 영감이 찾아오기를 손 놓고 기다리기보다 마치 권투 선수처럼 치열하게 매일 작업하는 편이 낫다는 것이다. 작곡가는 항상 링 위에 있어야 한다."

그 어떤 예술가도 영감이 찾아올 때까지 기다리라고 조언하지 않는 점에 주목하라. 영감은 노력을 쏟을 때 비로소 '나타난다'. 소설가 잭 런던(Jack London)이 작가들에게 남긴 조언 중에 이런 재담도 있다. "빈둥거리며 영감을 기다리기만 해서는 안 된다. 몽둥이라도 들고 찾아나서라. 영감 비슷한 것이라도 얻을 것이다. 매일 자신의 '할당량'을 정하고, 정확히 해내라. 한 해가 끝날 무렵이 되면 설령 뮤즈가 찾아오지 않는다고 해도 뮤즈의 그림자라도 밟을 수 있을 것이다."

뮤즈는 당신이 일하는 도중에 찾아온다. 넋 놓고 기다리지 마라.

Today's Question

영감을 얻기 위해 매일 꾸준히 시간과 노력을 투자해야 할 일은 무엇인가?

새로운 도구로 새로운 열정을 불러일으켜라

대학 졸업 후 20대 초반에 나는 떠돌이 음악가로 활동했다. 음악을 만들어 십여 명이 모인 연기 자욱한 술집부터 7만 명의 관중으로 가득 찬 야외 음악 축제까지 어디에서나 공연했다. 많은 곡을 썼고 항상 요구에 따라 '기계가 음악을 찍어내는' 것처럼 일했다.

그러다 공연을 그만두고 '진짜' 직업을 갖기로 결심했다. 내 기타는 생각보다 오래 케이스 안에 처박혀 있게 됐다. 기타를 들고 새 음악을 만드는 일은 드물었다. 대신 나는 칼럼이나 책을 쓰는 등 다른 방식으로 창의성을 표현했다.

그러다 몇 년 전 악기점에서 마음에 쏙 드는 전기 기타를 발견했다. 그렇게 멋진 기타를 손에 쥔다는 게 믿기지 않았다. 그 기타를 꼭 가지고 싶었던 나는 바로 그것을 사서 집으로 가져왔다. 그리고 놀라운 일이 일어났다. 다시 곡을 쓰기 시작한 것이다. 약 6개월 동안 수십 곡을 만들었다. 지난 20년 동안 작곡한 것보다 더 많은 양이었다.

새로운 도구를 손에 쥐는 것만으로 열정에 새로운 불꽃을 지필 수 있다. 도구가 마법을 부리는 건 아니다. 단지 일에 대한 당신의 생각과 느낌을 바꾸고, 가지고 있던 기술을 다시 불러낼 뿐이다.

새로운 열정이 필요하다면 한번쯤 도구를 업그레이드해보라.

Today's Question

어떤 새 도구가 당신의 창의력에 불꽃을 지피게 하는가?

팀원의 몫과 리더의 몫은 다르다

만약 당신이 창의적인 일을 하는 팀을 이끄는 리더라면 유감스럽지만 여태까지 당신의 모든 커리어는 거대한 속임수에 불과하다. 커리어 초기에는 일만 제대로 하면 보상받았다. 업무를 잘 관리하고 이해관계자들을 만족시키며 인정도 받았다. 그 덕에 승진도 할 수 있었다.

아마 당신은 이제 일에 책임이 있는 다른 사람들을 이끌고 있을 것이다. 이것은 굉장히 중요한 전환점이다. 일을 직접 하는 것과 일을 이끄는 것은 전혀 다른 기술을 요구한다.

팀원들의 어깨 너머를 흘낏거리고 정확히 뭘 해야 하는지 알려준다며 계속 일을 통제하려 하면 팀의 역량은 절대 당신 개인의 역량 범위를 뛰어넘을 수 없다. 모든 결정에 당신이 관여해야 하며 그렇지 않으면 일이 진척되지 않는 상황이 온다.

반면에 팀원이 스스로 일과 씨름해 해결하도록 풀어주고 그에 필요한 자원을 공급해주며 팀의 발전에 초점을 맞춘다면 당신 팀의 능력에는 한계가 없어진다. 당신은 팀의 무한한 능력에 종종 놀라게 될 것이다.

리더로서 당신의 책임은 작업을 이끄는 것이지 작업을 하는 게 아니다.

당신은 직접 일하는 데 시간을 소비하고 있는가, 아니면 일하도록 팀을 이끄는 데 초점을 맞추고 있는가?

과거로 시선을 돌려보라

벽에 부딪혔고 길이 보이지 않는다. 할 수 있는 모든 일을 해봤지만 명쾌한 돌파구는 여전히 묘연하다. 이제 어떻게 할 것인가?

내가 사용했던 효과적인 방법은 "이런 비슷한 경우를 겪어본 적이 있는가?"라고 질문하는 것이다. 정확히 똑같을 필요는 없다. 유사한 지점이 있거나 방향이 같으면 된다. 완전히 다른 업계에서 일어난 혁신, 이전 직장에서의 경험, 책이나 잡지에서 얼핏 봤던 글에서 힌트를 얻을 수도 있다.

이것들이 어떤 해결책을 주는가? 이런 식의 시선 전환은 문제를 한 차원 높은 지점에서 바라볼 수 있도록 시야를 넓혀준다. 특정한 장소와 시간이라는 폐쇄적인 시각을 벗어나, 보다 확장된 관점에서 문제를 검토하게 해준다. 그 결과 이전에 보이지 않던 새로운 패턴을 찾고 아이디어와 관련된 네트워크를 떠올릴 수 있다. 기능적으로 생각하기보다 체계적으로 생각하게 되는 것이다.

일하다 막다른 길에 다다랐을 때 당신이 과거에 경험했거나 해결했던 문제 중에 이와 유사하거나 공명하는 사례가 있는지 생각해보라. 그리고 당신이 지금 씨름하는 문제에 어떻게 적용할 수 있을지 고민해보라. **번뜩이는 아이디어를 원한다면 당신의 과거를 뒤져보면 된다.**

Today's Question

당신에게 지금 닥친 문제와 유사한 사례가 과거에 있었나?

작업 과정 자체가 예술임을 기억하라

당신은 당신이 만들어낸 작품으로 평가받게 될 것이다. 당신의 노력을 대변하는 실체가 바로 그 작업물이기 때문에 평가는 피할 수 없다. 하지만 당신의 인생에 있어서는 최종 결과물보다 그것을 생산하는 과정이 훨씬 실제적이고 중요한 의미를 지닌다.

오로지 최종 결과물만 사랑한다면, 특히 결과물이 다른 사람에게 인정받는 데에만 열중한다면 남에게 인정받기 위해 무엇이든 하게 될 것이다. 작업 과정의 값진 땀방울을 무시하고 결과에만 집착하면 머지않아 당신의 작품에서 진정성이 사라질 수 있다.

당신이 과정을 사랑하려고 노력하면 작업 과정에 더욱 능동적으로 에너지를 쏟게 되고, 더 좋은 결과물을 생산할 수 있게 된다. 당신이 과정을 사랑한다면 작업은 그 자체로 동기부여가 된다. 작업을 위한 모든 발걸음이 당신을 창의적으로든, 다른 방식으로든 새롭게 만들 것이다.

이런 단순한 방향 전환만으로 당신의 미래는 달라질 수 있다. 평생 작업에 더 깊이 몰두할 수 있으며 당신의 노력은 풍성한 결실을 맺게 될 것이다. 또한 더 좋은 결과물을 생산할 가능성도 커진다.

결과만 사랑하지 말고 과정과도 사랑에 빠지도록 노력해야 한다.

Today's Question

작업 과정에서 어떤 부분이 가장 즐거운가?

옆을 보지 말고 뛰어라

내 큰아들은 고등학교 때 장거리 달리기 선수였다. 아들은 늘상 무리의 중간쯤에서 경주를 시작했고 선두 무리에서 뒤처질 위험에 처한 것처럼 보였다. 그러나 레이스 중반쯤 되면 선두 그룹의 선수들은 서서히 뒤처지기 시작했고, 중간 무리가 앞쪽으로 이동했다. 결국 레이스 막바지에는 내 아들처럼 중간 무리에 있던 누군가가 승리를 거머쥐곤 했다.

이런 상황이 발생하는 이유는 경험이 적은 선수 대부분이 출발선에서부터 치고 나와 선두를 유지하려 들기 때문이다. 경험이 많은 선수들은 절대 서두르지 않는다. 그들은 자신에게 맞는 최적의 페이스에 따라 좋은 경주를 하는 방법을 잘 알고 있다. 그들은 전략만 잘 따르면 결국에는 좋은 결과를 거둔다는 사실을 경험을 통해 깨달았다.

우리는 모두 자신만의 경주를 해야 한다. 자신의 작업이 얼마나 생산적인지, 커리어가 어떻게 발전하고 있는지, 회사에서 능력을 얼마나 인정받고 있는지 옆 사람과 비교해서는 안 된다. 이것은 끝이 없는 게임이다. 위대한 육상선수 칼 루이스(Carl Lewis)는 이렇게 말했다. "나는 자신에게 이렇게 말합니다. 나만의 경주를 하자. 긴장하지 말고 나만의 경주를 하면 결국 승리할 것이다."

옆을 보지 말고 자신만의 소명, 자신만의 커리어, 자기가 만들고 있는 작품에 집중하라.

누군가를 이기려고 하지 말고 자신만의 경주를 해야 한다.

언제 당신의 경주를 다른 사람과 비교하게 되는가?

절박한 시기의 절박한 대책은 틀렸다

"절박한 시기에는 절박한 조치가 필요하다."라는 말이 있다. 끔찍한 조언이라고 생각한다. 절박한 상황에 놓이면 희미한 희망의 빛줄기 혹은 좋은 아이디어의 단초를 찾게 마련이다. 절박한 마음에 미래의 생존 가능성을 담보로 위험한 일을 감행할지도 모른다. 절박한 순간이 지난 후 오랫동안 지고 살아야 할 짐 덩어리들을 쌓아 올리는 경우도 많다.

사실 절박한 시기일수록 신중한 대응이 요구된다. 절박한 상황에서 중요한 결정을 내려야 할 때는 잠시 멈춰 숙고하는 시간이 필요하다. 자신의 결정에 뒤따르는 모든 결과를 고려해야 한다. 일차적인 결과뿐 아니라 이차적인 결과까지 염두에 둬야 한다. 현실을 직시하되 절망감에 사로잡히지 않도록 주의해야 한다. 본능적으로 반응하지 말고, 신중하게 대응하라. 당장의 고통을 완화하기보다 지금의 결정이 목적하는 일에 어떤 영향을 끼치는지 큰 그림을 생각해야 한다.

일에 관한 것이든, 삶 전반에 관한 것이든 궁지에 몰렸을 때 서둘러 결정을 내리면 나중에 산더미 같은 후회를 불러올 수 있다. 그럴 때는 항상 멈춰 서서, 깊이 고민하고 신중하게 대응하라.

위기의 상황에서 결정을 내릴 때는 각별히 조심해야 한다.

Today's Question

현재 당신에게 절박한 결정을 내릴 위기에 처한 일이 있는가?

최고의 결과물은 뺄셈에서 나온다

당신의 작업은 매우 복잡해질 가능성이 크다. 사공이 많으면 더욱 복잡해진다. 모든 사람이 자신만의 독특한 의견을 프로젝트에 반영하길 원하기 때문에 당신은 수많은 우선순위와 관심사 사이를 항해하며 작업을 진행해야 한다.

작업은 저절로 간단해지지 않는다. 흘러가는 대로 내버려두면 갈수록 복잡해지고 까다로워질 것이다. 여기에 돌파구를 찾는 놀라운 전략이 있다. 바로 '빼기'다.

▶ 생략해도 작업이 성공하는 데 지장이 없는 목표나 대상은 무엇인가?
▶ 현재 상황에 집중하기 위해 삭제해도 되는 안건이 있는가?
▶ 팀 중심으로 작업을 진행하기 위해 제외해야 할 사람은 누구인가?

불필요한 요소를 빼내면 핵심에 집중할 수 있다. 쓸모 없이 일을 복잡하게 만드는 어수선한 잡음들을 차단하라.

오늘 일을 시작할 때 현명한 '뺄셈'으로 성취도를 높이는 방법을 생각해보라. 빼기를 통해 더하기를 달성할 방법은 무엇일까?

창의적인 돌파구는 종종 뺄셈을 통해 나타난다.

Today's Question

현재 작업량을 고려할 때, 어떤 것을 빼야 핵심 작업에 더 몰두할 수 있을까?

시간을 붙잡는 그물망

세상의 모든 시간을 가졌다면 당신은 제일 먼저 무엇을 하겠는가? 머릿속에 다양한 아이디어가 넘치겠지만, 대다수는 결국 하던 일을 하느라 시간을 다 써버리고 말 것이다. 움직이던 물체는 계속 움직인다. 바쁜 일로 가득 찬 일정표는 계속 바쁜 일로 가득 채워진다.

아주 많은 일을 해내리라 생각하면서 아무 계획 없이 오후를 맞이했다가 하루가 끝날 무렵 정확히 무슨 일을 했는지 기억이 나지 않아 허탈했던 적이 있는가? 당신이 아무 일도 하지 않았다는 말이 아니다. 당신의 시간이 꼭 필요한 일들을 해낼 수 있도록 잘 짜여 있지 않다는 말이다.

나는 시간을 주제별로 계획하는 것이 굉장한 도움이 된다는 사실을 깨달았다. 만약 자질구레한 행정 업무가 몇 가지 있다면 나는 따로 한 시간을 정해 '잡무'라고 분류할 것이다. 나는 글을 써야 할 때 45분을 떼어 '글쓰기' 시간으로 분류한다. 심지어 계획 수립, 인터뷰처럼 주기적으로 반복되는 일도 달력에 주제별로 표시해둔다. 작가 애니 딜러드(Annie Dillard)는 "일정표는 무질서와 변덕으로부터 나를 보호해준다. 일정표는 흘러가는 시간을 붙잡는 그물망이다."라고 말한 바 있다.

당신의 작업을 계획하고, 계획대로 일하라. 인생의 우선순위를 지키는 가장 확실한 방법이다.

일정표를 만들고 그것을 실행하라.

달력에 표시해야 할 정기적으로 반복되는 일은 무엇인가?
미리 계획하지 않으면 문제가 생길 수 있는 중요한 활동은 무엇인가?

비교는 남들이나 하게 내버려둬라

내 친구 로렌 롱(Loren Long)은 아동문학가이자 삽화가다. 그는 20대였을 때 동료들이 멋진 차와 집을 사고, 승진하고, 행복하고 생산적인 삶의 이정표라고 통용되는 체크리스트를 달성해가는 모습을 지켜보곤 했다. 반면 자신은 커리어가 정체돼 있다고 느꼈다. 작품이 성공을 거뒀음에도 전통적인 방식의 성공가도를 걷고 있는 사람과 자신을 비교하며 힘들어했다. 돌이켜보면 분명 자신이 사랑하는 커리어를 좇아 올바른 결정을 내리고 있었지만, 그 순간에는 뒤처진 것처럼 느꼈다.

남과 비교하기 시작하면 뒤처져 있다고 느낄 수 있다. 그러나 현실의 당신은 전혀 그렇지 않다. 단지 다른 길을 가고 있을 뿐이다.

오늘 그리고 하루하루, 당신에게 주어진 유일한 일은 스스로 선택한 그 길에 온전히 몰입하는 것이다. 다른 사람이 무슨 일을 하는지, 무엇을 선택하는지는 당신과 상관이 없으며, 오늘 작업에 참여하는 자신의 태도가 유일하게 당신과 상관있는 일이다.

당신이 중요하다고 생각하는 일에 모두 쏟아부어라. 스스로 자랑스러워할 수 있는 작품을 만들기로 결정하라. 비교는 다른 사람들이 하게 내버려둬라.

당신의 시간은 뒤처지지 않았다.

Today's Question

자신이 왜 남들보다 뒤처졌다고 생각하는가?

화살을 쏜 뒤에 과녁을 그리지 마라

한 농부가 도시에서 찾아온 사촌에게 자신의 사유지를 구경시키고 있었다. 사촌은 헛간 구석에서 화살이 완벽히 정가운데에 꽂혀 있는 과녁을 발견하고 깜짝 놀랐다.

"우와! 양궁을 이렇게 잘하는지 몰랐네요. 어떻게 중앙을 딱 맞췄어요?"

사촌이 감탄하며 물었다.

"어렵지 않아."

농부가 대답했다.

"화살을 먼저 쏘고 과녁을 그리면 돼."

불행히도 많은 이가 비슷한 전략을 사용한다. 작업이 원래 의도대로 되지 않았을 때 의도했던 결과와 다른 이유를 다급하게 만들어낸다. 화살을 쏜 뒤에 과녁을 그리듯 뒤늦게 합리화하는 것이다. 하지만 이런 행동을 반복하면 팀원과 고객의 신뢰뿐 아니라 삶에서 가장 중요한 자신감마저 잃어버릴 수 있다.

책임질 기준이 없다면 자신에 대한 책임도 흐지부지되기 마련이다. 구체적인 목표와 계량적인 업무 수행 지표를 만들고 그것을 고수하라. 부족한 결과물을 합리화하지 않도록 주의하라.

만족스럽지 않은 결과를 잘 포장하고 싶은 유혹을 경계하고, 부족한 결과를 통해서는 오직 배움만 얻어라.

Today's Question

이전에 어떤 식으로든 결과를 합리화한 적 없는가?

두려움의 끝을 미리 경험하라

스토아학파 철학자인 세네카(Seneca)는 우리를 꼼짝 못 하게 만드는 두려움이 실제보다 과장된 경우가 많다고 말했다. 그는 제자들에게 실제 위험과 상상 속 위험을 구별하기 위해 의도적으로 불편함을 연습하라고 제안했다. 예를 들어 프로젝트 실패에 대한 두려움은 직업을 잃고 결국 노숙자로 전락하는 데까지 번진다. 이에 대해 세네카는 이렇게 말했다. "최소한의 옷과 음식만으로 생활하는 며칠을 따로 정해둬라. 그런 다음 자신에게 물어라. 내 두려움의 실체가 이것인가?"

모든 두려움에 직접 맞서기를 추천하지 않지만(차에 치일지도 모른다는 두려움에 맞서기 위해 차도로 뛰어드는 것은 좋은 아이디어가 아니다) 적어도 당신을 꼼짝 못 하게 만들어 창의성과 효율성을 저해하는 심리적인 두려움을 해소하기 위해 일정하게 훈련하는 것은 유용하다. 예를 들어 회의 시간에 아이디어를 공유하거나, 잘 모르는 사람들 앞에서 공개적으로 이야기하는 것이 어떤 사람에게는 식은땀이 날 만큼 힘든 일일 수 있다. 하지만 이런 활동을 체험하면서 그 두려움이 아무것도 아니라는 실상을 깨달을 수 있다. 설령 일이 잘 풀리지 않더라도 당신이 어떤 종류든 실질적인 해를 입을 가능성은 거의 없다. 게다가 훌륭한 이야깃거리가 생기지 않겠는가!

두려움의 실체를 대면하면 그 두려움은 생각보다 쉽게 해체된다.

Today's Question

당신이 맞서야 할 두려움은 무엇인가?

성공도 두려울 수 있다

어제 글이 두려움에 맞서라는 내용이었으므로 오늘은 구체적으로 두 종류의 두려움에 대해 논의해보겠다. 첫 번째 두려움은 상당히 친숙하고 명확하다. 실패에 대한 두려움이다. 이 두려움은 당신이 위험을 감수하고, 경계를 시험하고, 회의 중에 발언하는 것을 가로막는다. 이것은 미지의 대상에 뿌리를 내리고 불확실성에 기대어 번성한다.

하지만 두 번째 두려움도 당신을 꼼짝 못 하게 만들 수 있다. 바로 성공에 대한 두려움이다.

우리는 왜 성공을 두려워할까? 성공은 기대치를 높이기 때문이다. 성공은 더 많은 관심과 더 큰 기대를 불러온다. 이번에 성공하면 다음번에는 시간과 자원이 부족해도 동일한 결과를 보여줘야 한다는 부담이 따른다. "가장 높이 자란 풀잎이 잘려 나간다."라는 말도 있지 않은가. 다시 말해 당신의 능력에 많은 관심이 쏠린다는 것은 그만큼 많은 책임이 뒤따른다는 것을 의미한다.

성공에 대한 두려움에 휩싸이면 당신은 의도적으로(혹은 무의식적으로) 기대치에 미치지 못하는 결과물을 제출한다. 더 이상의 압박감을 원하지 않기 때문이다. 이것은 바람직하지 않다. 성공에 대한 두려움이 당신을 지배하도록 두면 당신의 빛나는 잠재력이 희생될지 모른다.

어떤 형태로든 두려움이 당신을 사로잡도록 허용해서는 안 된다.

Today's Question

혹시 입으로는 성공을 원한다고 말하면서 마음 깊은 곳에서는 다른 목소리를 내고 있지 않은가?

창의성의 리드미컬한 본성을 이해하라

창의성에는 리듬이 있다. 봉우리와 골짜기, 즉 높낮이가 존재한다. 그러므로 창의적인 과정을 기계처럼 대해선 안 된다. 그런 태도로 임하면 예상할 수 있고, 요구한 바 이상은 실현하지 않는 기계 같은 결과물이 나온다. 반드시 창의성의 리드미컬한 본성을 이해해야 한다.

작업을 진행하다 보면 그 순간의 효율성을 측정하려는 유혹에 빠지기 쉽다. 일이 진행되는 방식을 재빨리 훑어보고, 무엇이 효과가 있고 무엇이 효과가 없는지 평가하려 한다. 하지만 이렇게 접근하면 전체적인 그림을 파악하지 못한다. 구간별로 효율성의 그래프는 달라진다. 상황 자체보다 상황이 어떤 추세로 전개되는지가 훨씬 중요하다.

작업을 하면서 에너지를 얻고 있는가, 아니면 에너지를 빼앗기고 있는가? 필요할 때마다 지속적으로 아이디어가 떠오르는가, 아니면 아이디어를 내기가 점점 더 어려워지는가? 집중력이 점차 강해지는가, 아니면 약해지는가?

이처럼 추세를 파악하는 질문들이 최상의 작업물을 만들어내는 데 도움을 줄 수 있다. 지금 당장, 여기에만 집중하면 자신이 어디서 왔는지, 어디로 향하는지 정작 중요한 방향을 읽지 못한다.

효율성을 측정할 때는 그 순간만 보지 말고 주기를 파악하라.

Today's Question

당신의 창의적인 작업은 지금 어떤 추세로 진행되고 있는가?

건강한 싸움이 건강한 팀을 만든다

어떤 사람은 모든 종류의 갈등을 팀워크가 부족하다는 신호로 여긴다. 이런 말을 하는 관리자도 있었다. "아마 저희 팀이 당신이 본 중 가장 팀워크가 훌륭할 겁니다. 저희는 절대 싸우지 않아요." 나는 이렇게 말하고 싶었다. "당신의 팀은 제가 본 중 가장 심각한 기능 장애를 겪고 있군요!" 하지만 나는 말을 삼켰다. 물론 팀 내 갈등이 없다는 것은 모든 일이 딱딱 맞아떨어지는 단계에 이르렀다는 의미일 수도 있다. 하지만 구성원들이 책임감을 느끼지 않거나, 자기 의견이 중요하지 않다고 생각하거나, 자기 생각을 입 밖에 꺼냈을 때 벌어질 결과를 두려워하고 있을 가능성도 있다. 건강한 갈등은 팀워크에 오히려 큰 도움이 된다.

▶ 개인적인 문제 말고 아이디어를 두고 싸워라. 개인적인 싸움으로 번지면 모두에게 손해다.
▶ 다른 사람의 생각을 추측하거나 비판하기 전에 전제를 확인하라. 같은 문제에 대해 논쟁하고 있는 게 맞다면 일단 수용하라.
▶ 의견을 피력하기에 앞서 상대의 생각을 존중한다는 점을 분명히 하라.

이 세 가지 지침을 따른다면 훨씬 더 건강한 갈등을 겪고 생산적인 대화를 할 수 있다. 갈등을 없애는 것보다 갈등은 다루는 방법이 중요하다. **팀 내에서 갈등을 겪는 것은 정상적인 일이다.**

Today's Question

당신이 직장 생활에서 겪고 있는 갈등 가운데 밀도 있는 대화를 통해 유익을 얻을 수 있는 부분은 무엇인가?

미래의 눈으로 현재를 살아라

우리는 단기적인 일을 생각할 때는 과도하게 야심을 품지만 장기적인 일은 크게 생각하지 않는 경향이 있다. 야망을 분기별, 연도별로 계획할 뿐 수십 년 뒤나 다음 세대까지는 생각하지 않는다.

당신은 10년 뒤의 삶에 대해 비전을 가지고 있는가? 뚜렷하지는 않다고 해도 10년 뒤의 삶, 일과 열정에 대해 희미하게라도 이미지를 가지고 있는가? 이에 대해 생각해볼 만한 몇 가지 질문이 있다.

- ▶ 어떻게 성장하고 변화할 것인가?
- ▶ 무엇을 생산할 것이며, 그 생산물이 세상에 어떤 영향을 미칠 것인가?
- ▶ 누가 당신의 삶에 함께할 것인가?
- ▶ 이웃, 조직, 가족에게 어떤 가치를 부여할 것인가?
- ▶ 당신이 가장 자랑스러워할 경험이나 성취는 무엇인가?

종합적인 목록은 아니지만 이 질문들에 대답할 수 있다면 대략적인 비전을 그려볼 수 있다. 일단 비전을 가지면 매일 자기 삶을 그 방향으로 조정할 수 있고 시간이 지나면서 목표한 바를 실현할 것이다.

창의적 프로들은 장기 목표를 세우고 현재 삶을 그것에 맞게 조정한다.

Today's Question

당신은 10년 뒤의 삶에 대해 어떤 비전을 가지고 있는가?

당신에게 용기를 주는 물건을 옆에 둬라

나는 고등학교 2학년 때 죽을 뻔했다. 척추에 원인 모를 염증이 생겨서 하반신이 마비됐다. 한 달 동안 24킬로그램이 빠져 192센티미터의 키에 몸무게는 고작 59킬로그램이었다. 다시 걸을 수 없을지도 모르고, 당시 내 전부였던 농구는 절대 다시 할 수 없다는 말을 들었다. 그러나 몇 달간 치료받은 후 나는 다시 걸었고, 농구를 했으며, 3학년 때는 건강을 완전히 회복해 오하이오주 남북부 올스타전에 출전했다.

몇 년 전 고등학교 체육관을 허물 때 아버지께서 체육관 바닥에서 잘라낸 나무토막을 하나 가져오셨다. 내가 슛을 가장 많이 쐈던 3점 슛 라인의 한 조각이었다. 그 나무토막은 지금 내 서재에 놓여 있다. 그 조각은 내게 아무리 어려운 상황에도 항상 길은 있다는 사실을 일깨워준다.

나는 인생의 대부분을 어려움을 극복하는 데 썼다. 그런 까닭에 엄청난 장애물이 가로막고 있거나 사람들이 절대 할 수 없다고 말할 때조차 그 상황을 이겨낼 수 있으리라는 믿음을 저버린 적이 없다. 그 조그만 나무토막이 내겐 어려움을 극복할 능력이 있고, 결국 극복해낼 것이라는 사실을 매일 상기시켜준다.

당신에게 의미가 있는 시각적인 대상물을 주변에 보관하라. 힘들고 불확실한 상황에 놓일 때 정신을 똑바로 차릴 수 있게 도와줄 것이다.

자신이 누구고, 어떤 길을 걸어왔는지 상기시키는 물건을 주변에 둬라.

Today's Question

당신에게 있어 큰 의미가 있는 상징적인 물건은 무엇이 있는가?

아침마다 글을 쓰는 리추얼

우리는 주어진 책임을 감당하느라 바쁜 나머지 자신의 무의식을 들여다보지 못할 때가 많다. 아침 글쓰기는 자신의 내면을 들여다보는 훌륭한 방법 중 하나다.

아침 글쓰기는 줄리아 캐머런이 《아티스트 웨이》에서 소개한 기술로, 매일 아침 다른 창작활동을 하기 전에 손 글씨로 세 페이지 분량을 자유롭게 쓰는 것이다. 캐머런이 설명하는 아침 글쓰기의 목적은 머릿속을 어지럽히는 모든 잡동사니를 청소하는 것이다. 그녀는 책을 통해 말했다.

"아침에 글을 쓰면 갈망이 명확해지고 목표에 시선을 집중하게 된다. 그것은 우리를 자극하고, 달래고, 위로하고, 심지어 회유할 뿐 아니라 우선 순위를 정해 곧 시작될 하루에 적용시킨다. 만약 우리가 표류하고 있다면 그 글이 길을 찾게 도와주는 나침반 역할을 하는 것이다. 매일 아침 글을 쓸 때마다 우리는 자기 자신을 만난다. 아침에 쓴 세 페이지 글은 감정과 생각을 분출할 수 있는 곳이자, 꿈꿀 수 있는 공간이다. 다른 누구의 시선이 아닌 오직 자신의 시선만을 의식하도록 한다."

마지막 내용이 매우 중요하다. 아침 글쓰기는 오직 자신만을 위한 것이다. 그 글의 유일한 목적은 당신의 마음을 지면에 쏟아내고, 당신이 이끄는 대로 자유롭게 흘러가는 것이다.

창의적인 아이디어의 흐름이 끊이지 않도록 매일 아침 당신의 마음과 생각을 지면 위에 쏟아내라.

Today's Question

언제부터 자신을 위한 아침 글쓰기를 시도해볼 수 있는가?

하지 않을 일 목록을 작성하라

인간 역사의 어느 시점에도 할 일을 정리하는 도구가 지금처럼 많이 존재한 적은 없었다. 만약 당신이 다른 사람과 비슷하다면, 할 일 목록의 길이가 1킬로미터에 달할 것이고, 완료한 일들을 열심히 체크해도 목록은 날마다 더 길어질 것이다! 우리는 해야 할 일을 처리하는 데는 능숙한 반면 하지 말아야 할 일을 안 하는 것은 어려워한다.

당신에게는 매일 집중해서 처리할, 우선순위에 놓인 일이 많을 것이다. 그러나 집중하지 말아야 할 일을 규정하는 데 더 능숙해져야 한다. 시간과 에너지는 한정돼 있어서 어떤 일에 이를 사용하면 다른 곳에서는 사용하지 못한다.

우선순위를 점검하는 효과적인 방법 중 하나는 '하지 않을 일' 목록을 만드는 것이다. 이것은 특정 시기 동안 당신의 자원을 조금도 투자하지 않기로 선택한 작업과 프로젝트의 목록으로, 정말 중요한 작업과 프로젝트를 위해 자원을 비축하는 것이 목적이다. 이 목록에는 활주로가 긴 프로젝트, 창의적인 작업의 주의를 분산시키는 행정 업무, 시간을 잡아먹는 SNS나 오락 같은 항목이 들어갈 수 있다.

'하지 않을 일' 목록을 정교하게 만들고, 남은 에너지를 작업의 집중도를 향상하는 데 활용하라.

Today's Question

당신의 '하지 않을 일' 목록에 들어갈 일은 무엇인가?

윤년을 위한 보너스, 도약의 날

창의적인 활동은 모두 직관적인 도약을 수반한다.

하지만 그것은 언제나 위험하다. 위험하지 않다면 누구나 할 수 있을 것이다. 또한 그것은 언제나 어렵다. 거의 예외 없이 자신의 정체성을 걸고 도박하는 기분이 들게 하고 늘상 실패의 가능성을 수반한다.

그럼에도 불구하고 그것이 유일한 진보의 길이다. 역사 속에 직관적인 도약이 없었다면 우리는 여전히 매일 먹을거리를 찾아 헤매고 비바람 속에서 한쪽 눈을 뜬 채 잠을 잘 것이다.

운 좋게도 오늘은 윤일(leap day, 'leap'는 도약을 뜻한다.-옮긴이)이다. 마음에 품은 일을 실행하기 딱 좋은 날이다. 직관을 따르라. 당신이 당장 실행해야 하는 직관적인 도약이 있을 것이다.

당장 진행해야 할 아이디어는 무엇인가?

당장 진전시켜야 할 프로젝트는 무엇인가?

당장 발전시켜야 할 관계는 무엇이고, 끝내야 할 관계는 무엇인가?

어떻게 오늘 하루를 공격적으로 살아갈 수 있을까?

오늘은 윤일이다. 직관적인 도약을 실행해 윤일을 기념하라.

당신이 오늘 실행해야 할 직관적인 도약은 무엇인가?

3월

위험에 대한
내성을 기르는 시간

March

"나는 수많은 결과물을 얻어냈다!
되지 않을 방법을 수천 가지나 알아내지 않았는가."
– 토머스 에디슨(Thomas A. Edison)

실패의 두려움은 사람을 마비시킨다.
목표에 도달하지 못하면 어떤 일이 벌어질까 두려워
어려운 일은 시도조차 하지 않는다.
이번 달에는 작은 것부터 점진적으로
목표를 향해 도전하는 데 집중해보라.

과거의 실패를 제대로 분석하라

한 대기업 임원이 내게 회사가 자기 아이디어를 거절해 좌절감을 느꼈다고 털어놓은 적이 있다. 나는 단순히 그의 아이디어가 적합하지 않은 것일지 모른다고 답했다. "아니요, 그런 게 아닙니다." 그가 분명히 말했다. "회사가 과거에 갇혀 있는 겁니다." 나는 자세히 설명해달라고 부탁했다. 상급자가 그의 아이디어 중 하나를 싫어했는데, 그 이유를 이렇게 설명했다고 한다. "1980년대에 그 아이디어를 시도해봤지만 효과가 없었어요." 그 말을 듣고 나는 의뢰인의 좌절감을 이해했다.

1980년대 이후에 상황이 바뀌었을까? 당연히 바뀌었다. 그런데 이 회사는 현재 상황과 약간의 관련이 있을 수도 있지만, 전혀 관련 없을 가능성이 훨씬 큰 30년 전 실패를 바탕으로 현재를 판단한 것이다.

흔히 우리는 과거의 실패를 머릿속에서 얼른 치워버리고 다른 일로 넘어가려고 하지만, 때로 실패는 돌이켜볼 가치가 있다. 어떤 실패는 아이디어보다 타이밍과 관련 있을 수 있다. 아무리 훌륭한 제품, 메시지, 시스템도 부적절한 시기에 나오면 실패한다. 하지만 몇 년 뒤에는 굉장한 성공을 거둘지 모른다.

당시의 잘못된 가정으로 실패한 것임에도 그 기억이 현재에 여전히 영향을 미치고 있지는 않은지 돌아보라.

Today's Question

과거의 실패 중에 아이디어 자체의 문제가 아니라 시기가 맞지 않았던 것이 있는가? 그 아이디어를 부활시킬 방법은 무엇인가?

미루기가 항상 나쁜 건 아니다

우리는 해야 할 일을 회피하고 다른 재밌는 일에 시간을 들이는 것을 미루는 행위라고 생각한다. 그러나 미루는 행위가 모두 나쁜 것만은 아니다. 실은 좋은 형태와 나쁜 형태가 존재한다.

당장의 불편함이나 고통을 피하고자 지금 해야 할 일을 외면하는 것은 당연히 나쁜 형태다. 올리버 버크먼(Oliver Burkeman)은 《4000주》에서 때때로 사람들은 자신의 유한성에 직면하는 순간을 회피하기 위해 할 일을 미룬다고 주장한다. 머릿속에 완벽한 아이디어를 품고 사는 것이 아이디어를 세상에 내놓아 불완전하다는 사실을 확인하는 것보다 훨씬 마음이 편하기 때문이다.

하지만 미루는 습관이 긍정적으로 작용할 때도 있다. 한동안 숙고하는 시간을 갖고 아이디어가 어떻게 발전하는지 지켜보고, 보다 나은 방향으로 진전시킬 수 있는 다른 요인이 있을지 의도적으로 기다려보는 것이다. 이런 종류의 미루기는 창의적인 직관이 보다 가시적이고 실재적으로 발현될 수 있도록 해준다. 좋은 미루기는 생산적이다. 궁극적으로 더 높은 효율을 얻기 위해 얼마간의 비효율을 감수하는 행위다.

나쁜 종류의 미루기가 얼마나 많은 시간과 에너지를 빼앗아 가는지 잊지 말되, 동시에 좋은 미루기가 아이디어를 충분히 발전하는 데 얼마나 도움이 되는지를 염두에 둬라.

때때로 미루는 습관은 효율적인 전략이 될 수 있다.

Today's Question

의도적인 미루기를 통해 유익을 얻을 수 있는 아이디어나 프로젝트가 있는가?

스스로 자기 자신의 최대 적이 돼보라

모든 사람에게는 사각지대가 있다. 최악의 사각지대는 자신이 가장 좋아하는 아이디어와 관련 있다. 아이디어와 '허니문'에 빠져 있을 때는 긍정적인 측면밖에 못 본다. 그래서 다른 사람이 자기 아이디어를 비판하면 크게 당황한다. 거의 인신공격을 받은 것처럼 말이다.

"무슨 말입니까? 당신이 무슨 말을 하는지 이해할 수 없군요."

당신은 사각지대 때문에 아이디어의 결함을 보지 못한다. 이 사각지대를 줄이기 위해 '자신의 최대 적'이 돼보라. 방법은 간단하다. 15분을 투자해 스스로 자신을 공격해보는 것이다. 자기 아이디어를 모든 각도에서 비판하고, 효과가 없을 가능성을 전부 고려하며, 시간과 에너지를 투자할 만한 가치가 없다는 논리를 세워보자. 이런 훈련을 거듭하면 이전에 보지 못했던 약점을 발견할 수 있을뿐더러 현재의 아이디어를 보다 단단하게 발전시킬 수도 있다.

다만 이 기술을 사용할 때는 주의가 필요하다. 정말 좋은 아이디어를 스스로 포기하게 될지도 모르기 때문이다. 그럼에도 불구하고 아이디어를 최상의 형태로 발전시키려면 잔인할 만큼 정직해질 필요가 있다. **스스로의 공격을 견뎌낸다면 성공에 한 걸음 더 가까워질 것이다.**

Today's Question

현재 당신이 조금 더 면밀하게 따져봐야 할 아이디어는 무엇인가?

가상의 청사진 제안하기

외부에서 주문을 받은 작업은 틀에 갇히기 쉽다. 예산, 시간, 의뢰인의 기대, 이전 작업, 협업 관계 등의 제약을 받기 때문이다. 당신은 한정된 자원을 낭비할 위험이 있는 프로젝트나 아이디어에 투자할 여유가 없으므로 원만하게 받아들여질 만한 방안만 떠올릴 가능성이 크다.

이런 구태의연한 틀을 벗어나는 방법 하나는 이따금 자체적으로 실제 혹은 가상의 의뢰인을 선택해 제품이나 서비스의 청사진을 만들어보는 것이다. 의뢰인을 선택한 후 그들의 제품군을 통째로 혁신하라. 의뢰인을 완전히 리브랜딩하라. 새로운 조직 구조를 상상해보라. 그들이 결코 자발적으로 진행하지 않을 테지만 업계를 뒤바꿀 만한 주력 제품을 개발하라.

이런 청사진 작업의 엄청난 매력이 무엇인지 아는가? 이 작업을 아무와도 공유하지 않아도 된다는 것이다! 오직 당신만의 작업이다. 아무런 위험 부담 없이 자신이 원하는 모든 것을 궁리해볼 수 있으며, 보다 나은 미래에 대한 가능성도 마음껏 상상해볼 수 있다.

이런 청사진은 앞서 언급한 제약에 구애받지 않기 때문에 이전에는 생각해볼 수 없었던 새로운 아이디어와 혁신의 길을 찾게 해준다. 이것이 핵심이다.

청사진을 만드는 작업은 혁신적인 생각을 불러일으키는 훌륭한 방법이다.

Today's Question

혁신적인 생각을 불러일으키기 위해 이번 주에 만들어볼 수 있는 청사진은 무엇인가?

허수아비 전략의 함정

진척이 되지 않아 절망적인 회의를 타개하는 방법 중에 일명 '허수아비' 전략이 있다. '허수아비'란 보완이 필요하다는 전제가 깔린 아이디어로 방 안에 있는 모든 사람에게 비판받고 해체될 목적으로 고안된 허술한 제안이다. 이론상 허수아비 전략은 효과적인 듯이 보인다. 어쨌든 문제를 논의할 기회를 제공한 듯하고 진창에 빠진 상황보다는 낫게 느껴지기 때문이다. 하지만 여기에는 몇 가지 주의할 점이 있다.

▶ 허수아비는 생각을 고착화시킨다. 허수아비를 논의하기 시작하면 그걸 분석하느라 더 이상 다른 아이디어를 생각하지 않을 수도 있다.

▶ 방 안에 있는 사람 중 일부는 허수아비 제안에 안도할 것이다. 아이디어를 생각해내야 할 의무에서 벗어났기 때문이다. 그래서 그들은 모든 방법을 동원해 허수아비 아이디어가 효과적인 이유를 합리화한다.

▶ 허수아비는 공공연한 절충안이다. 시작부터 절충안을 제시하는 것은 팀의 사기 진작에 좋지 않다.

허수아비 전략을 '이렇게 하면 어떨까' 전략으로 대체하길 권한다. 해체하기 위한 아이디어가 아니라 그 위에 무언가를 쌓아올릴 아이디어를 제안하라.

작업 과정에서 허수아비를 내세우고 싶은 욕구에 저항하라.

Today's Question

현재 당신의 프로젝트가 허수아비의 덫에 걸려 있지는 않은가?

능숙함에 이르렀을 때 미숙함으로 돌아가라

어느 시점에 되면 한때는 어렵게 느껴졌던 작업이 꽤 수월해지고, 몇 년 전만 해도 밤을 새워야 했던 프로젝트를 한결 능숙하게 처리할 수 있는 단계에 도달한다. 작업 과정 전반을 통제하고 있고, 자기 분야에 굉장히 숙달됐다고 느낀다. 멋지지 않은가?

하지만 이때 정체기에 빠질 잠재적인 위험이 있다. 운동하지 않는 근육처럼 당신의 창의 작업도 충분한 도전이 주어지지 않으면 위축될 수 있다.

벤자민 잔더(Benjamin Zander)와 로자먼드 잔더(Rosamund Zander)는《가능성의 세계로 나아가라》라는 책에서 위대한 작곡가 스트라빈스키(Stravinsky)의 이야기를 전한다. 그의 작품은 의도적으로 연주하기 어렵게 창작됐고, 뛰어난 연주 기술과 음악적인 감정을 요구한다. 스트라빈스키는 이렇게 말했다. "나는 누군가가 이 구절을 연주하는 소리를 듣고 싶은 것이 아니라, 누군가가 이 구절을 연주하려고 애쓰는 소리를 듣고 싶다." 최고의 창작품 중 일부는 자기 분야에 완전히 숙달한 사람이 아니라 자기 능력의 한계치에서 위험을 감수하고, 남들보다 조금 더 빨리 움직이며, 기술적인 한계를 뛰어넘고자 하는 사람에 의해서 만들어진다.

창의적인 성과를 측정하지 말고, 창의적인 성장을 측정하라.

Today's Question

당신은 능력의 한계를 뛰어넘으려고 노력하고 있는가?

숙달된 기술의 맥락 안에서 새로움을 시작하라

몇 년 전 아버지의 날에 가족들이 내게 만돌린을 사줬다. 멋진 선물이었다. 나는 서재 안, 눈에 잘 띄는 곳에 걸어두고 글의 다음 문장이나 특별히 안 풀리는 문제에 대해 생각할 때 만돌린을 튕긴다.

만돌린은 여덟 개의 현이 두 개씩 쌍을 이뤄 조율된 독특한 악기다. 따라서 총 네 개의 음이 있으며, 크기가 작고 타악기의 특성이 있어 연주하기가 상당히 까다롭다. 숙련된 만돌린 연주자가 연주하는 모습을 보면 언뜻 쉬워 보이지만 초보자들에게는 기타 같은 악기에 비해 훨씬 어렵다. 다행히 나는 수십 년간 기타를 연주해도 기술을 만돌린 연주에 적용할 수 있었다. 기타를 배운 덕에 이런 형태의 악기를 처음 접한 사람보다 훨씬 쉽게 만돌린 연주법을 배운 것이다. 나는 분명 숙련된 연주자는 아니지만, 연주를 즐기는 데는 문제가 없다.

모든 새로운 기술은 이미 숙달된 다른 기술의 맥락에서 배우는 것이 가장 효과적이다. 완전히 새롭고 이질적인 기술을 배우려고 애쓰지 마라. 대신 자신이 가진 다양한 기술들의 연장선에 있거나, 기존의 경험을 잘 활용할 수 있는 기술을 배워보라. 그것이 빠른 성장의 비결이다.

새로운 기술을 배울 때는 기존에 가진 기술과 연관된 것을 선택하라.

Today's Question

앞으로 몇 주 혹은 몇 달에 걸쳐 집중적으로 개발할 수 있는, 기존에 가진 기술을 응용해 배울 수 있는 새로운 기술은 무엇이 있을까?

용기 있는 자만이 시대를 바꾼다

잘 모르는 일에 발을 들여놓지 못하고 위험한 일을 시도하지 않는 것은 거부당하는 것이 두렵기 때문이다. 혹시 새로운 시도가 거부당해 자아가 훼손될까봐 겁이 나는 것이다.

이렇듯 우리 각자의 마음속에는 자신의 행동과 정체성을 동일시하는 서사가 존재한다. 우리는 위험을 무릅쓰고 자신의 한계를 발견하기보다 차라리 자신의 취약성을 모른 채 살아가는 편이 낫다고 생각한다.

하지만 불완전할지라도 자신이 보고, 만들고, 생각한 바를 기꺼이 타인과 공유하는 용감한 영혼들 덕에 우리는 앞으로 나아갈 수 있다. 회의 시간에 목소리를 내는 사람, 저항의 의미로 예술작품을 만드는 사람, 하루하루 반복되는 평범함의 중력을 거부하며 일하는 사람이 동시대인들을 험준한 산 위로 끌어올린다.

나는 의미 있는 일에 공헌할 기회를 포기하고 나중에 후회하기보다 남들에게 바보처럼 보일지언정 자신의 목소리를 내는 편이 낫다고 말한다. 당신의 모든 작업이 훌륭한 결과를 낳을 수는 없지만, 이것 하나는 확실하다. 뛰어난 사람이 되고 싶다면 용기가 필요하다.

당신이 만든 것을 다른 사람들과 공유하면 어느 시점에는 마음이 아플 것이다. 그러나 아무것도 공유하지 않으면 당신의 마음은 딱딱하게 굳어갈 것이다. 당신의 선택이다.

오늘은 남들 눈치보지 말고 용기를 내 당신에게 중요한 일을 하라.

Today's Question

오늘 어떤 면에서 용기가 필요한가?
오늘 용기를 낸다면 어떤 변화가 찾아올까?

당신의 기본 설정을 되짚어보라

대부분 스트레스를 받으면 자신의 기본 설정으로 되돌아가는 경향이 있다. 여기서 당신이 여태까지 한 번도 생각해보지 않았을 설정 하나를 이야기해보자. 당신은 어떤 사람을 신뢰하지 말아야 할 이유가 생기기 전까지 기본적으로 사람을 신뢰하는가? 만약 당신의 기본 설정이 다른 사람을 신뢰하는 것이라면 어쩔 수 없이 실망하는 상황이 생기겠지만 때로는 그 신뢰에 부응하는 사람을 만나 놀라기도 한다. 기본 설정이 불신이라면, 당신은 사람들과 관계를 맺기 위해 장애물을 뛰어넘어야 한다. 어떤 사람의 나쁜 행동을 예측할 수 있다는 장점이 있지만, 당신의 대인관계는 의심의 기운과 부정적인 에너지로 뒤덮일 것이다.

당신의 기본 설정은 땅속에 단단히 박힌 말뚝처럼, 미래의 결정을 좌우하는 기준점이 된다. 그러므로 자기 자신과 자기 팀에게 어떤 기본값을 설정했는지 반드시 숙고해봐야 한다. 자기가 만들어놓은 덫에 걸려 미래의 선택지를 제한할 수도 있다. 이것은 다른 사람을 대하는 태도뿐 아니라 시스템, 결정 방식, 일정, 개인과 팀 프로세스에도 마찬가지로 적용된다. 기본 설정은 자신의 기대치를 스스로 고정시킨다.

당신이 작업 과정, 협업 관계, 리더십에서 어떤 기본값을 설정해뒀는지 되짚어보라. 그것들이 당신의 선택지를 제한하지 않는지 점검하라.

당신의 기본 설정이 미래의 결정들을 좌우한다.

Today's Question

당신이 설정해놓은 기본값 중 재고해봐야 할 부분은 없는가?

이어폰을 빼면 보이는 것들

다음번에 마트에 가면 얼마나 많은 사람이 이어폰을 끼고 주변 소리를 차단한 채 음악이나 뉴스를 듣고 있는지 주목해보라.

나도 그런 사람 중 하나였다. 나는 장 보러 가는 시간을 팟캐스트 최신 에피소드를 따라잡고 오디오북을 들을 기회로 여겼다. 그러던 어느 날 이어폰을 깜빡 두고 나왔고, 그 덕에 마트에서 들리는 소리와 온갖 자극에 몰두하게 됐다. 다른 사람이 나누는 대화의 토막도 엿들을 수 있었다. 스피커에서 흘러나오는 음악을 들으며 대체 누가 이런 음악을 마트 안에 틀기로 결정했는지 궁금해지기도 했다.

요즘 우리는 지금 서 있는 장소에 온전히 존재하는 일이 드물다. 우리의 정신은 언제나 '저 멀리 어딘가'에 가 있고, 감각은 다른 시간과 다른 장소로 채워지고 있다. 그러나 눈과 귀를 온전히 열고 주변 상황을 자연스럽게 마주하면 심오한 아름다움과 영감을 발견할 수 있다.

진부한 얘기처럼 들리겠지만, 오늘을 충만하게 살기 위해 애써라. 이어폰을 빼고 산책하라. 당신이 지금 있는 그곳에 온전히 존재하면서 자신을 둘러싼 모든 환경의 미묘한 차이를 느껴라.

자신을 둘러싼 환경을 의식적으로 흡수하라. 딴 데 정신을 파느라 현재의 숭고함을 놓치지 말아야 한다.

Today's Question

당신을 둘러싼 환경에 좀 더 주의를 기울이기 위해 어떤 노력을 할 것인가?

세상이 당신을 부르는 순간

살면서 뭔가를 경험하고, 실행하고, 직면할 때 예상치 못한 감정이 튀어나와 놀란 적이 있을 것이다. 예를 들어, 당신은 처음으로 부당함을 경험했을 때 어떤 저항을 해야겠다는 강한 의지를 느꼈을 수 있다. 그때 당신이 취한 행동이 예상치 못한 방식으로 자신을 만족시키고, 살아있음을 느끼게 했을지 모른다. 우리는 이런 특별한 순간에도 충분히 감흥을 누리지 못한 채 순식간에 다음 일로 넘어가곤 한다. 늘 바쁘고, 처리해야 할 다른 일이 많기 때문이다. 하지만 이런 인상적인 순간에 세심한 주의를 기울이면 우리가 어떤 일을 하기 위해 이 세상에 태어났는지 어렴풋이 알게 된다.

무엇이 당신을 격노하게 만드는가?

'누군가 이 일에 대해서 뭐라도 해야만 해!'라는 생각을 들 때가 있는가? (그렇다면 아마 당신이 그 누군가에 해당될 것이다.)

주변 사람은 아니더라도 당신은 중요하게 여기는 일은 무엇인가?

당신을 계속 나아가게 해주는 소망은 무엇인가?

이런 질문들은 세상의 부름에 대한 당신만의 독특한 응답이 무엇인지 식별해내는 데 도움을 주고, 당신의 작업과 리더십에 큰 영향을 미칠 것이다. **당신이 살아가는 세계와 현재 하는 일 속에서 당신의 창의적인 소명이 무엇인지 밝혀줄 패턴을 찾아라.**

Today's Question

최근 인상적인 순간을 경험했던 적은 언제인가?

딴짓하고 싶은 욕구는 모두가 느낀다

몇 주 내로 마감되는 중요한 프로젝트에 힘을 쏟아야 할 때 갑자기 책상을 정리하고 싶어지거나, 고지서를 처리해야겠다는 결심이 서거나, 화제가 된 드라마의 첫 회를 시작할 완벽한 타이밍이라고 느끼지 않았는가?

마치 우주의 거대한 힘이 당신을 방해하는 것 같다. 그렇지 않은가? 작가 스티븐 프레스필드(Steven Pressfield)는 이 힘을 '저항력'이라고 이름 붙이고, 창의적인 생산성의 주적으로 지목했다. 그는 이렇게 말했다. "우리 영혼의 부르짖음에 역행하는 저항력은 그만큼 호소력 있고 강력하다. 저항력에 무너졌다고 좌절하지 마라. 당신은 혼자가 아니다. 수백만의 선량한 남녀가 우리에 앞서 스러져갔다."

그렇다면 어떻게 저항력을 떨쳐낼 수 있을까? 첫 단계는 저항력이 찾아오는 순간을 인식하는 것이다. 자신이 무엇을 경험하고 있는지 제대로 알기만 해도 그것에 대항하는 방어벽을 구축하는 데 도움이 된다. 글을 쓰려고, 디자인하려고, 아이디어를 구상하려고 자리를 잡고 앉을 때 어떤 기분이 드는지 생각해보라. 이때 당신을 짓누르는 것은 무엇인가?

그런 다음, 저항력이 느껴지면 맞서 싸우겠다고 결심하라. 힘껏 밀어내라. 그러면 보통 수그러든다. 조금만 전진하면 그것은 금세 맥을 추지 못한다. 당신은 곧 더 많이 전진할 수 있게 될 것이다.

당신의 창의성을 저지하는 저항력은 생각보다 약하다.

당신은 언제 저항력을 가장 많이 경험하는가?

평지를 쉽게 달리기 위해 언덕을 달려라

내 자녀 중 두 명이 크로스컨트리 선수다. 실제 경기에선 코스가 꽤 평탄한 편이지만 아이들의 코치는 언덕을 반복해 오르내리는 훈련을 시킨다. 완전히 지칠 때까지 언덕을 쉴 새 없이 달리는 것이다. 왜 그런 훈련을 할까? 실제 경주에서는 언덕을 달릴 일이 많지 않은데 말이다.

경사로를 뛰어오르는 데 익숙해지면 평지에서 달리는 것은 훨씬 편하게 느껴지기 마련이다. 야구 선수들이 몸을 풀 때 배트에 도넛 모양의 링을 끼우는 것과 비슷한 이유다. 링을 빼고 나면 배트가 훨씬 가볍게 느껴지기 때문이다.

저항을 극복하며 훈련을 거듭하면 힘과 회복력이 강화된다. 인터벌 트레이닝이 매우 효과적인 것도 그래서다. 스트레스에 맞서는 시간과 쉬어가는 시간을 번갈아 갖는 것이다. 당신이 하고 있는 작업을 떠올릴 때, 어떻게 인터벌 트레이닝을 적용할 수 있을까? 오늘 자신이 감당할 수 있는 범위 안에서 한계에 도전해 내일의 역량을 키울 방법은 무엇일까?

인터벌 트레이닝을 할 때처럼 맹훈련기와 휴지기의 간격을 잘 지키며, 중요한 순간을 위해 자신의 역량을 키워야 한다.

Today's Question

내일의 새로운 도전에 대비해 당신은 오늘 어떤 훈련을 해야 하는가?

작고 사소해 보이는 일에 주의를 기울여라

친구 중 한 명이 대기업의 계약을 따내려고 먼 곳으로 출장을 다녀온 이야기를 내게 들려줬다. 해당 기업 CEO가 공항으로 친구를 마중 나왔는데 친구에게 사무실로 들어가는 길에 식료품점에 들려도 되겠냐고 물었다고 한다. 식료품점에 갔을 때 CEO는 카트에 작은 물건 두 개를 실은 채 계산했고, 차로 돌아와서는 친구에게 카트를 처리해줄 수 있겠냐고 물었다. 친구는 직접 카트를 밀면서 주차장을 가로질러 카트 보관소까지 다녀왔다. 친구가 돌아오자 CEO는 그를 향해 손을 내밀었다. "축하합니다. 당신이 계약을 따냈습니다." 알고 보니 친구의 경쟁자가 전날 이곳에 왔는데, CEO가 카트를 처리해달라고 부탁했을 때 제자리에 갖다 놓지 않고 그냥 자동차 두 대 사이에 밀어놨다고 한다. CEO는 내 친구가 이 상황에서 불편하지만 올바른 행동을 했다면, 정말 중요한 일을 할 때도 불편하지만 옳은 행동을 하리라고 판단했다고 한다.

작고 사소해 보이는 행동을 소홀히 하지 마라. 그것들이 당신 주변의 모든 사람에게 당신이 믿을 만한 협력자라는 신호를 보낸다.

작은 일을 꾸준히 잘하라. 모두의 신뢰를 얻을 것이다.

당신이 오늘 함께 일하는 사람들을 위해 할 수 있는 작은 봉사는 무엇인가?

단 한 사람을 위한 결과물을 만들어라

프로젝트를 진행 중인 사람에게 누구를 위해 그것을 만들고 있냐고 묻는다면 그들은 아마도 "우리의 타깃층은… ", "우리가 가장 탐내는 주력 고객층은…", "인구 통계학 조사 결과를 보면…" 같은 식으로 대답할 것이다. 작업의 목표를 정할 때 이렇게 생각하도록 훈련받았기 때문이다. 어떤 구체적인 대상이 아닌 그 제품이나 서비스에 호의적인 특정 집단을 떠올리는 것이다.

뭔가를 만들어낼 때 이렇게 모호한 대상을 목표로 설정하는 습관은 오히려 방해 요소로 작용한다. 그렇게 세운 타깃은 구체성과 섬세함이 부족하다. 한 집단이 당신의 제품이나 서비스를 사용하는 것이 아니다. 당신 작업물의 사용자는 한 개인이다.

당신이 만들고 있는 작업물의 예상 사용자를 구체적인 개인으로 설정해보라. 특정 집단이나 인구 통계학, 심리 통계학을 떠올리지 말고 실제로 존재하는 한 사람을 상상해보라. 내 모든 책은 내가 테이블 반대편에 앉아 한 명 한 명의 개인에게 조언을 건네고 있다고 상상하면서 썼다. 예상 고객은 당신이 만들어내는 작업 결과물에 영향을 끼친다. 구체성이 결여되면 작업의 결과물은 그만큼 세밀한 견고함을 잃게 된다.

창의적인 결과물은 단 한 명을 위해 만들어질 때 가장 깊게 공명한다.

Today's Question

당신이 지금 작업 중인 프로젝트의 예상 고객으로 구체적인 한 사람을 떠올려보라. 그것이 당신의 작업 방식에 어떤 변화를 가져오는가?

창의적인 작업만이 가진 문제

창의적인 작업을 할 때 우리는 세 가지 독특한 과제를 맞닥뜨리게 된다.

▶ 작업 과정이 가려져 있는 경우가 많다. 다른 사람은 작업이 어떤 과정
  으로 이루어지는지 이해하지 못해서 비현실적인 요청을 할지도 모른
  다. 따라서 결과물을 평가할 사람들에게 작업 과정을 제대로 밝히고
  현실적인 기대치를 제시해야 한다.

▶ 작업은 대체로 주관적이다. 이해당사자들의 의견이 당신과 다를 수
  있고, 이에 대해 당신이 할 수 있는 일은 많지 않다. 작업물을 더 정교
  하게 다듬는 법을 배워야 하고, 자신의 작업이 왜 전략적으로 옳은지
  주장할 수 있어야 한다.

▶ 창의적인 작업에는 불안함이 끝없이 수반된다. 창의적 작업의 본질이
  불확실성을 직면하고 해결하는 것인데 이 과정에서 불안할수록 오히
  려 자신만만한 척하기도 한다. 자기 작업에 대한 유연한 자신감을 가
  져야 한다. 작품의 탁월함을 주장할 수 있되, 다른 의견에 기꺼이 귀를
  기울일 수 있는 여유도 필요하다.

**창의적인 작업은 몇 가지 독특한 도전 과제를 던져주는데 그것들을 이
해하면 더 지혜롭게 작업을 진행할 수 있을 것이다.**

Today's Question

당신의 작업 과정에 가장 흔히 발생하는 문제는 무엇인가?
그것을 극복하기 위해 오늘 할 수 있는 일은 무엇인가?

프로젝트를 이제 그만 보내줘라

창의적인 작업은 언제나 수정을 통해 더 나아질 여지가 있으므로 진정한 끝이 없다. 그런 까닭에 프로젝트를 마감한 후에도 작업을 완전히 떨쳐내지 못할 수 있다. 판도를 뒤바꿀 기막힌 아이디어가 뒤늦게 떠오를지도 모른다. 새로운 프로젝트에 착수한 후에도 당신의 머릿속 깊숙한 곳에서는 이전 프로젝트를 계속 작업 중일 때가 있는 것이다.

이런 경험은 자연스럽고 정상적인 일이다. 당신에게 무한한 자원이 있다면 멋진 최종 결과를 얻기까지 원하는 만큼 시간을 투자할 수 있을 것이다. 그러나 현실은 그렇지 않다. 그러니 지나간 프로젝트에 사로잡혀 현재 작업에 들일 시간과 관심과 에너지를 빼앗기지 마라. (고등학교 시절 중요한 스포츠 경기에서 치명적인 실수를 했던 기억을 아직도 되새기는 사람을 만나본 적 있는가? 그런 사람이 되지 마라.)

"아! 그때 다르게 선택했어야 했는데!" 불현듯 탄성이 터져 나오면 그 내용을 기록하고, 다음 작업을 위한 교훈으로 삼아라. 하지만 거기까지다. 지난 프로젝트를 머릿속에서 재생하지는 마라. 프로젝트가 끝나면 책을 덮고 다음으로 넘어가라. 앞으로 다가올 일에 집중하라.

이미 지나간 일을 수정하고 비판하며 계속 되새기지 마라. 얼른 책장을 다음 페이지로 넘겨라.

Today's Question

아직도 집착하고 있는 지난 프로젝트가 있는가?
어떻게 하면 그것을 잊고 다음 프로젝트로 넘어갈 수 있을까?

잠복기 vs. 정체기

프로젝트를 진행하다 벽에 부딪혔을 때, 일시 중지 버튼을 누르고 잠시 내버려두는 편이 나을 수 있다. 작업을 벗어나 한동안 시간을 보내면 다시 작업에 복귀했을 때 참신한 시각을 가질 수 있다. 그러나 일시 중지에는 잠복기와 정체기가 있으며, 이 두 유형의 차이에 대한 이해가 결과물에 큰 영향을 미친다.

잠복기는 프로젝트가 어느 정도 무르익을 때까지 새로운 자극과 경험에 몰두하며 해당 작업을 잠시 내버려두는 것이다. 이런 유형의 일시 중지는 이후에 작업을 재개해 추진하겠다는 명확한 목표를 가진, 기간이 한정된 전략적인 멈춤이다.

정체기는 프로젝트 진행에 어려움이 생겼을 때 그냥 작업을 놔버리는 것이다. 기업가이자 벤처 투자가인 스콧 벨스키(Scoot Belsky)는 이것을 '프로젝트 플라토'라고 부른다. 문제에 빠진 프로젝트를 붙잡고 씨름하다 지쳐서 더 흥미진진해 보이는 새로운 프로젝트에 무작정 뛰어드는 것이다. 이 경우 지난 프로젝트를 계속 추진할 의지가 부족하기에 일을 무기한 지연시킨다. 이것은 목적 없는 중지다.

전략적인 중지와 게으른 중지의 차이를 인식하라.

Today's Question

현재 진행 중인 프로젝트 중에 의지를 잃고 그저 내버려두고 있는 프로젝트는 없는가?

검소함이 지나쳐 창의력의 목을 조르지 마라

창의적인 작업에서 낮은 간접비는 지속 가능성, 유연성, 자유의 열쇠가 된다. 부채와 높은 고정비의 덫에서 벗어나면 자신이 원하는 작업을 하는데 조금 더 시간과 에너지를 투자할 여력이 생긴다.

그러나 과도한 비용 절감은 오히려 업무에 심각한 장애를 초래할 수 있다. 자원 부족은 자신이 추구하는 아이디어에 인위적인 제한을 가한다. 자신도 모르는 새 지나치게 위축된 경계 안에 갇힐지도 모른다.

자원의 사용 방식을 고려할 때 투자와 지출의 관점에서 생각하는 것이 가장 좋다. "이것은 투자인가 지출인가?" 확신이 들지 않을 때 스스로 다시 한번 되물어야 한다. 미래에 확실한 보상이 돌아온다면 큰돈을 써도 아까운 일이 아니다. 경험, 작업 도구, 자원 확보, 그 외에 창의적인 우위를 제공할 수 있는 항목에 아낌없이 투자하라. 물론 그럴 가치가 희박한 일에는 지출을 줄여야 한다.

비용 절감을 명분으로 창의성의 목을 조르는 결과를 초래해서는 안 된다. 당신의 내일에 보상을 안겨줄 가능성이 있는 항목에 자원을 투자하라. **비용 절감인지 창의성 제한인지 구별할 수 있어야 한다.**

Today's Question

지금 당장 자원을 투자해야 할 부분이 있는가?
혹은 비용을 절감해야 할 부분이 있는가?

너무 멀지도, 너무 가깝지도 않게

프로젝트에 지나치게 가까이 다가가면 종종 이전에 보지 못했던 문제들을 발견한다. 같은 지형을 1500미터 상공에서 보는 것과 1만 5000미터 상공에서 보는 것은 큰 차이가 있다. 너무 가까이 다가가면 보지 않아도 될 것까지 발견하게 된다. 개선의 여지가 있는 작은 부분을 찾아내고, 그것을 수정하기 위해 지나치게 애쓰게 된다. 1퍼센트 더 나은 결과를 얻기 위해 전체 프로젝트 진행 시간의 25퍼센트를 사용하게 될지도 모른다. 다음과 같은 징후들이 나타나는지 확인하라.

▶ 일주일 전만 해도 자신의 레이더망에 잡히지 않았던 새로운 문제에 사로잡혀 있다.
▶ 훌륭하다고 생각했던 아이디어가 더 이상 마음에 들지 않는다.
▶ 작업했던 내용을 다 엎어버리고 새로 시작하고 싶은 유혹이 생긴다.

이런 징후가 보인다면 당신은 지금 작업에 너무 가까이 다가간 것이다. 자신의 작업에 너무 가까이 다가가지 않도록 조심하라. 건강한 거리를 유지하라.

너무 가까이 다가가면 없던 문제도 보일 것이다.

Today's Question

현재 자신의 작업과 적당한 거리를 유지하고 있는가?

불안감이 당신의 시야를 가로막게 두지 마라

우리는 종종 우리가 영향을 미칠 수 없는 사항들, 예를 들어 아직 다가오지 않은 프로젝트나 팀 간의 보이지 않는 알력 같은 것을 걱정하며 불필요한 마음의 짐을 안고 살아간다. 당신이 느끼는 불안감은 문제해결에 아무런 도움이 되지 않는다. 오히려 당신을 방해하고 창의력의 시야를 제한한다. 옛 격언에도 있지 않은가. "걱정은 만기가 오지 않을 수도 있는 빚에 이자를 내고 있는 것과 같다."

당신의 영향력 바깥에 있는 일들로 불안해하는가? 만약 그렇다면 그 불안감에 대해 주변 사람들과 함께 터놓고 이야기해보기를 제안한다. 그것만으로도 당신의 마음은 평화로워지고 시야가 밝아질 것이다.

또 아무리 사소하더라도 당신의 걱정을 덜어줄 수 있는 행동이 있다면 실천해보라. 무엇이든 조치를 취해 불안이 당신의 삶과 창의적인 사고를 지배하지 못하도록 하라. 쓸데없이 먼저 이자를 지불할 필요는 없지 않은가.

당신을 짓누르는 불필요한 짐이 있다면 하루라도 빨리 그 짐을 내려놓아야 한다.

Today's Question

당신은 현재 어떤 불필요한 생각에 억눌려 있는가?

행동하는 사람을 곁에 둬라

내 장인어른은 경영 컨설턴트다. 한 번은 의뢰인 중 한 명의 전용 제트기를 함께 타게 됐다고 한다. 그는 장인어른에게 이렇게 고백했다. "당신이 없었다면 저는 제트기를 소유할 만큼 성공하지 못했을 겁니다." 장인어른은 그에게 이렇게 대답했다. "당신에게 한 조언을 다른 많은 경영인에게 비슷하게 했습니다. 차이점은 당신만이 조언을 듣고 그대로 실천했다는 겁니다." 다른 사람들은 장인어른의 조언에 몹시 솔깃해했지만 별다른 변화를 꾀하지 않고 하던 대로 자기 삶을 살았다. 같은 조언이 전혀 다른 결과를 낳은 것이다. 중요한 것은 무엇을 알고 있느냐가 아니라 알고 있는 바를 얼마나 실천하는가다.

어떤 일이 벌어지든 그냥 내버려두는 사람보다 어떻게든 적극적으로 해결하려는 사람과 관계를 맺는 것도 중요하다. 작곡가 프랭크 터너(Frank Turner)는 "당신은 뭔가를 '하지 않음(don'ts)'보다 뭔가를 '행함(do's)'과 시간을 보내야 한다."라고 말했다. 에너지가 넘치고 성장을 자극하는 사람들과 항상 함께하라.

뭔가를 하지 않는 사람의 삶은 그 어떤 상황에서도 혁명적으로 변화할 수 없다. 끊임없이 뭔가를 하는 사람만이 이 세상을 놀이터 삼아 자유롭게 유영하며 원하는 바를 이룰 수 있다.

원하는 일이 일어나도록 적극적으로 행동하는 사람과 시간을 보내라.

Today's Question

당신 주변에서 항상 뭔가를 하는 사람은 누구고, 하지 않는 사람은 누구인가?

만약에의 관점을 뒤집기

"만약 그들이 그렇게 한다면?"

"만약 이것이 그렇게 되지 않으면?"

"만약 내가 그것을 발견한다면?"

'만약'으로 시작되는 질문은 많은 경우 합리적이지만, 때로는 무언가가 잘못될까봐 염려하는 깊은 두려움에서 비롯된다. 그 질문들이 안전한 길만을 모색하게 만들어 우리를 안전지대에 가둘지도 모른다.

그런데 문제는 우리가 안전지대에 갇혀 있다고 인식하지 못한다는 것이다. 우리는 이성적이고, 신중하고, 철저하게 접근하고 있다고 생각한다. 그러나 이런 질문들의 뿌리는 결국 두려움이다. 하지만 긍정적인 방향에서 '만약'으로 시작되는 질문을 할 수도 있다.

▶ 만약 이것이 내가 고대하던 바로 그 기회라면?

▶ 만약 내가 이 일에 재능이 있다는 사실을 발견한다면?

▶ 만약 내가 이 일을 좋아해서 내 커리어의 새로운 장을 열게 된다면?

동일한 질문도 방향을 바꾸면 겁먹은 질문이 아닌, 용감한 질문이 된다. **부정적인 방향이 아닌, 긍정적인 방향에서 '만약'이라는 말을 사용하라.**

Today's Question

당신의 '만약 … 한다면?'은 용감한 질문인가, 아니면 겁먹은 질문인가?

스스로를 오해하지 마라

당신은 자신이 누구이며 어떤 특성을 지녔는지 제대로 아는가? 사람은 자기 머릿속에서 가장 크게 들리는 이야기에 따라 현실을 인식하기 때문에 자신의 정체성과 특성과 행동을 정확히 구분할 수 있어야 한다.

▶ 정체성(누구): 당신의 존재, 당신이 누구인가를 근원적으로 규정한다. 당신에 대한 가장 믿을 만한 정의다.
▶ 특성(무엇): 당신이 자주 보이는 경향이지만, 핵심 정체성의 일부는 아니다.
▶ 행동(어떻게): 외부 세계에 대한 당신의 순간적인 반응이다.

우리는 드물게 하는 행동을 자신의 특성이라고 오해하고(나는 원래 이렇게 행동하는 사람이야) 자신이 가진 특성을 정체성으로 인식하곤 한다(나는 압박감을 느끼면 잘 해내지 못하고 무너져버려).

당신은 겉으로 드러나는 특성들로 제한되지 않으며, 최악의 행동이 집합된 존재가 아니다. 실제가 아닌 특성에 스스로 가두지 마라. 당신의 정체성은 지난 행동들의 단순한 총합이 아니다.

자신이 누구이며, 무엇을 성취할 능력이 있는 사람인지 이야기할 때 신중해야 한다. 자신의 창의성을 인위적으로 제한하지 마라.

Today's Question

행동이나 특성을 정체성이라고 생각한 적이 있는가?
그것은 무엇이었으며 당신에게 어떤 영향을 미쳤는가?

실용성이 당장 눈앞에 보이지 않아도

당신의 프로젝트는 한계에 갇히기 쉽다. 당신의 자원은 유한하고, 작업을 완수하는 데 사용할 수 있는 팀원과 시간도 제한적이며, 동시에 여러 프로젝트를 진행해야 할지도 모른다.

이 때문에 많은 사람이 너무 이른 시기부터 실용적인 작업 방식을 선택하곤 한다. 압박감이 크면 훌륭한 작품을 만드는 것보다 어떻게든 당장 작업을 진전시키는 것이 중요하다고 느껴진다. 그래서 프로젝트에 대해 충분히 창의적 사고를 발휘할 시간을 갖지 않고 작업을 진행한다.

내가 '다음 세 번의 도약'이라고 부르는 훈련은 압박감이 심한 상황에서 자신의 창의적 사고를 한 단계 높은 수준으로 끌어올리는 데 효과적이다. 이 기술은 다음과 같이 작동한다.

▶ 우리에게 자원이 있다면 지금 당장 시도해볼 거대한 도약은 무엇인가?
▶ 첫번째 도약을 실행했다면, 다음으로 시도해볼 거대한 도약은 무엇인가?
▶ 그다음으로 시도해볼 도약은 무엇인가?

많은 사람이 직접적으로 눈앞에 드러난 것만 보기 때문에 혹은 당장 실용적인 것만 보기 때문에 창의적인 능력을 발휘하지 못한다. **창의적 사고와 혁신을 가속하기 위해 꼭 세 번의 도약을 시도해보라.**

Today's Question

세 번의 도약으로 유익을 얻을 수 있는 프로젝트는 무엇인가?

그 진부함은 당신에게만 해당할 수 있다

작가이자 기업가인 데릭 시버스(Derek Sivers)는 사람들 대부분이 가지고 있는 공통점 하나를 발견했다. 그가 말하길, 많은 사람이 동료의 아이디어에 경탄하며 이렇게 말한다고 한다.

"저는 결코 이런 생각을 떠올릴 수 없을 겁니다. 제 아이디어는 전부 너무 뻔해요."

재미있는 사실은, 탁월하고 놀라운 아이디어 역시 아이디어를 제시한 당사자에게는 뻔하게 느껴진다는 것이다.

당신도 그런 경험이 있는가? 자기 아이디어가 전부 너무 단순하고 고리타분하다고 느낀 적이 있는가? 그런 경험이 있으리라고 장담한다. 나도 그랬기 때문이다. 시간이 흐르면서 내게 뻔해 보이는 게 다른 사람에게는 그렇지 않을 수 있다는 사실을 배웠다. 나는 다른 인생 경험들, 나만의 야망들, 해답을 찾을 때 문제를 바라보는 고유한 렌즈를 갖고 있다. 따라서 내가 찾은 여러 해결책이 내게는 친숙할지라도 다른 사람에게는 완전히 혁명적으로 보일지도 모른다.

오늘 일을 시작할 때, 어떤 아이디어가 첫눈에 너무 진부해 보인다는 이유로 간과하지 않겠다고 다짐하라. 당신 눈에만 뻔할 뿐 다른 사람의 눈에는 그렇지 않을지도 모른다. 탁월한 아이디어도 처음에는 평범하게 느껴질 수 있다.

당신 눈에 뻔하다고 모든 사람에게 뻔한 것은 아니다.

Today's Question

당신은 너무 진부하다는 이유로 아이디어를 폐기한 적이 있는가?

진실을 말해줄 사람을 찾아라

미 공군 고위 장교들을 위한 행사에서 연설한 적이 있는데, 앞선 연설자 중 전직 미군 장성이 있었다. 행사가 시작되기 전 대기실에서 블루베리 머핀을 입에 쑤셔 넣다가 갑자기 그와 인사하게 됐다.

그에게 물었다.

"리더십에서 가장 중요한 것은 뭘까요?"

그는 한 치의 망설임도 없이 이렇게 대답했다.

"진실을 말해줄 누군가가 필요하다는 사실을 깨닫기 훨씬 전부터 당신에게 낱낱이 진실을 말해줄 사람이 필요합니다. 그런 존재가 필요하다는 사실을 깨달을 때는 이미 너무 늦습니다."

리더십을 잘못 발휘하면 외로워진다. 당신에게 진실을 말해줄 신뢰할 만한 사람이 있는가? 정직하고 솔직한 관점을 듣고 싶을 때 당신이 의지하는 사람은 누구인가? 당신이 문제를 과소평가하거나 과대평가할 때 제대로 충고해줄 사람은 누구인가? 당신의 부정적인 성향을 지적해주고 탁월한 장점을 격려해줄 만큼 당신을 잘 아는 사람은 누구인가?

당신이 필요하다고 느끼기 전에 먼저 누가 당신의 사람인지 알아야 한다.

Today's Question

당신의 곁에 진실을 말해줄 사람들이 있는가?

일이 겹겹이 쌓여 복잡해지지 않게 하라

고객이든, 동료든, 직장 상사든 당신이 함께 일하기 힘들다고 생각하는 사람들은 당신을 괴롭히려고 작정한 것이 아니다. 그들은 그저 자기 일에 최선을 다하는 평범한 사람들이지만, 노력하는 과정에서 자신도 모르는 사이에 당신의 인생을 힘들게 할 뿐이다. 사실 당신도 스스로 깨닫지 못하는 사이에 다른 사람을 괴롭히고 있을지 모른다. 특히 당신이 팀을 이끌고 있다면 더욱 그렇다.

당신이 내린 결정들을 따로 떼어놓고 보면 합리적으로 느껴질 것이다. 하지만 기존 결정들 위에 새로운 결정들이 겹쳐지면 상황은 거미줄처럼 복잡해진다. 새로운 체계나 과정이 추가될 때 기존의 것이 삭제되는 경우는 거의 없다. 서로 겹겹이 쌓여갈 뿐이다. 프로젝트에 여러 사람의 목소리가 추가될 때도 같은 원리가 적용된다. 각 관점이 다른 관점과 뒤섞이며 상황은 더욱 복잡해진다.

자기 일이나 함께 일하는 사람들의 일을 불필요하게 복잡하게 만들고 있지는 않은가? 아무 생각 없이 일을 더 복잡하게 만드는 실수를 저지르지 마라.

불필요한 일들은 눈에 띄지 않게 한 번에 한 겹씩 쌓인다. 그리고 그 복잡한 실체가 드러났을 때는 이미 돌이킬 수 없다.

Today's Question

개인 업무나 팀의 일을 필요 이상으로 복잡하게 만들고 있지는 않은가?

일의 3단계를 모두 갖추기

나는 일을 세 부분으로 나누는 것을 좋아한다.

- ▶ 지도 그리기: 계획, 전략, 작업 목록, 실행 단계를 결정하는 것이다.
- ▶ 만들기: 계획을 실행하는 것이다. 실제로 일하는 단계다.
- ▶ 맞물리기: 작업 사이의 작업을 말한다. 공부, 불편한 질문, 기술 개발과 같은 미래의 효율성을 위해 실천하는 작은 과제들이다.

지도 그리기와 만들기는 잘하지만 맞물리기에 실패하는 사람들을 '드라이버(추진하는 사람)'라고 부른다. 이들은 많은 일을 하지만 자기계발에 소홀하기 때문에 시간이 지날수록 효율성이 떨어질 수 있다.

만들기와 맞물리기는 잘하지만 지도 그리기에 실패하는 사람들을 '드리프터(표류하는 사람)'라고 부른다. 그들은 자기 아이디어에 따라 움직이지만 전략적인 계획이 부족하다. 그래서 종종 미완성 프로젝트들을 남긴다.

지도 그리기와 맞물리기는 잘하지만 만들기에 실패하는 사람들을 '드리머(꿈꾸는 사람)'라고 부른다. 그들은 아이디어를 떠올리기 좋아하지만 실행력이 부족하다.

당신은 작업할 때 어떤 유형을 보이는가?

자신에게 어떤 부분이 부족한지 알면 목표를 향해 꾸준히 정진하는 데 도움이 될 만한 훈련을 할 수 있다.

Today's Question

당신은 어떤 점이 가장 어려운가?
계획인가, 실행인가, 아니면 자기계발인가?

성취를 의미 있는 방식으로 축하하라

자신의 성취를 진정성 있고 의미 있는 방식으로 축하해본 적이 있는가? 성취의 순간은 진정으로 기념하고 축하해야 한다. 사실 나는 자주 축하하는 편이 좋다고 굳게 믿는 사람이다. 축하의 핵심은 "정말 성취감을 느끼고 기분이 좋군."과 "왜 화이트보드를 깨끗하게 지운 일을 축하하고 있는 거지?" 사이에서 적절한 균형을 찾는 것이다. 축하는 합당하고 기념할 만하다고 느껴져야 한다. 성취의 순간을 기념할 때 도움이 되는 몇 가지 질문을 소개하겠다.

▶ 이것을 성취하기 위해 무엇을 극복했는가?
▶ 성취의 결과가 이 세상, 고객, 조직에 무엇을 기여했는가?
▶ 우리가 감사해야 할 것은 무엇인가?
▶ 성취의 과정을 통해 무엇을 배웠는가?
▶ 이것을 성취한 지금, 우리는 무엇에 흥분하고 있는가?

성취의 순간을 기념하는 일은 그저 일과를 조금 일찍 마치기 위한 핑곗거리가 아니다. 우리의 일이 끊임없이 이어지는 프로젝트와 임무의 쳇바퀴처럼 느껴지지 않도록 예방하는 방법이다.

성취의 순간을 기념하는 데 기꺼이 시간을 할애하고, 승리를 마음껏 기뻐하라.

Today's Question

최근에 이룬 성취 중에 오늘 축하해야 할 것은 무엇인가?

아이디어는 양날의 검이다

아이디어란 규정할 수 없고 복잡한 것이다. 당신은 새로운 아이디어를 갈망하는 동시에 원하지 않기도 한다. 모든 새로운 아이디어에는 책임이 뒤따르기 때문이다.

실행해야 할 책임.

공유해야 할 책임.

위험을 감수해야 할 책임.

실패를 감수하고 무언가를 시작해야 할 책임.

때때로 우리는 이 책임들 때문에 새로운 아이디어를 원하지 않는다. 겉으로는 원한다고 말할지라도 속내는 다를 수 있다.

생각할 필요가 있다는 사실을 알면서 꾸물거린다. 생각이 우리를 어디로 이끌지 걱정돼서 생각을 회피한다. 프로젝트를 완수하면 마주할 성패를 직면하기 두려워 아이디어를 더 발전시키지 않는다. 아이디어는 기회와 책임이 모두 뒤따르는 양날의 칼과 같다.

다시 한번 잘 생각해보라. 아이디어를 낸다는 것은 정말 멋진 일 아닌가? 뭔가를 실행할 기회, 공유할 기회, 발명할 기회, 협업할 기회, 뭔가를 변화시켜 다른 사람에게 영향을 미칠 기회.

당신의 책임은 이제 그 아이디어를 키워내는 것이다.

아이디어를 낸다는 것은 용기가 필요한 일이다.

아이디어를 낸다는 것은 기회와 책임 모두를 의미한다.

Today's Question

당신이 지금 회피하고 있는 아이디어가 있는가?
아이디어를 직시하고 어떤 기회를 품고 있는지 들여다보자.

4월

문제를 통해
더 높은 곳으로 가는 시간

April

살아오면서 겪었던 모든 역경,
모든 문제와 장애물은 나를 강하게 만들었다.
당시에는 깨닫지 못할 수도 있지만
당신이 겪은 최악의 수모가
최고의 선물이 될지도 모른다.
– 월트 디즈니(Walt Disney)

모든 사람은 때때로 난관을 만난다.
쉬운 길만 선택하지 않고 어려운 일에 도전하면
장애물에 부딪히는 것은 자연스러운 결과다.
난관 자체는 목표를 향한 항로를 어긋나게 하지 못한다.
난관에 대한 우리의 반응이 결정적이다.
이번 달에는 당신이 크고 작은 역경에
어떻게 대응하는지 생각해보고,
어려움 때문에 좌절하거나 주저앉지 않고,
난관을 피해가거나 헤쳐 나가는 방법을 찾는 데 집중해보라.

당신은 해낼 수 있다

당신에게 지금 이런 말들이 필요한지 확신할 수는 없지만, 다음의 말을 전하고 싶다.

당신은 어려운 일을 해낼 수 있다.

당신은 까다로운 직장 상사를 상대할 수 있다.

당신은 불가능해 보이는 문제를 해결할 수 있다.

당신은 곤란한 대화를 잘 풀어갈 수 있다.

당신은 불쾌한 사람과 협력할 수 있다.

당신이 더 짧은 시간에 더 많은 일을 할 수 있다.

당신은 중요한 순간에 또다시 탁월함을 발휘할 수 있다.

당신은 고난의 시기를 견뎌낼 수 있다.

당신은 자기 자신을 지키며 일할 수 있다.

당신은 대단한 가치를 창출하는 동시에 그 과정을 즐길 수 있다.

당신은 위험을 감수할 수 있다.

당신은 필요하다면 가만히 앉아 아무것도 하지 않을 수 있다.

당신은 육체적으로 힘든 일을 할 수 있다.

당신은 역경 속에서 살아남을 뿐 아니라 번성할 수 있다.

당신은 자기 자신을 당당히 드러낼 수 있다.

당신은 필요하다면 다시 시작할 수 있다.

상황이 어려워질 때 이 말을 기억하라. 당신은 어려운 일을 해낼 수 있다.

Today's Question

오늘 해야 하는 어려운 일은 무엇인가?

당사자에게 직접 감사를 표현하라

지난 몇 년간 당신의 일과 인생에 큰 영향을 미친 사람이 있다면 나열해보라. 당신이 속한 조직에서 기회를 준 사람일 수도 있고, 생각지도 못했던 일에 당신을 추천해준 협력자일 수도 있고, 심지어 직접 만나본 적은 없지만 탄복할 만한 작품을 통해 당신에게 영감을 불어넣어준 '저 먼 곳의 멘토'일 수도 있다.

오늘 잠시 시간을 내서 당신에게 긍정적인 영향을 준 사람에게 얼마나 감사한지 표현하는 짧은 메모를 써보라. 당신에게 어떤 도움을 줬는지 구체적으로 적을수록 좋다. 가능하다면 종이에 쓰는 것이 좋지만, 전달할 방법이 없다면 인터넷에서 주소를 찾아 이메일을 보내거나, SNS를 통해 연락할 수도 있다. 답장을 기대하지 말고 그냥 감사의 말을 전하라.

세상을 향해 감사와 존경 같은 긍정적인 메시지를 내보내면 모든 사람이 혜택을 받는다. 누군가가 당신에게 도움을 줬다면 그 도움이 얼마나 의미 있었는지 그 사람에게 알려줘라. 그에게 그런 말이 필요할지도 모른다.

당신을 도와준 사람들에게 감사를 표현하라.

Today's Question

오늘 감사를 전하기 위해 연락할 사람은 누구인가?

당신만의 목소리를 드러내라

생각보다 많은 사람들이 '자신만의 목소리를 찾는 것'을 마치 머나먼 곳에 있는 어떤 실체를 추적해 붙잡는 행위처럼 여긴다. 그것은 전혀 사실이 아니다. 자신의 목소리를 찾는 데 이색적인 방법을 동원할 필요는 없다. 시도하고 실패하고, 다시 시도하고, 다음번에는 방향을 약간 조정해 또다시 시도해보면서 마침내 편안하고 자신의 비전과 하모니를 이루는 목소리를 만들어내는 것이다.

일단 당신의 목소리를 최대한 많이 사용해보라. 매일 조금씩 다른 시도를 하고 비전에 맞게 조율하라. 당신의 작품을 세상에 내보여 다른 사람들이 그것에 반응할 수 있도록 하라. 자신만의 독특한 개성을 표현할 수 있는 새로운 기술을 개발해보라. 도전적인 매체를 택하라. 새로운 사람들과 협업하라. 다른 사람들의 작품을 깊고 넓게 받아들이고, 무엇이 자신과 공명하는지 살펴보라.

자신만의 목소리는 디지털 사진처럼 한 방에 나타나지 않고, 암실의 필름처럼 시간이 흐르면서 서서히 드러난다. 많은 사람이 자기 목소리를 찾는 데 애먹는 이유는 그들이 일상 속 공명의 순간에 드러나는 단서들을 주의 깊게 들여다보지 않기 때문이다.

당신만의 고유한 목소리가 담긴 작품을 세상에 내보여라.

Today's Question

작업 과정에서 당신만의 목소리를 내는 방법은 무엇인가?

용감한 리더 vs. 대담한 리더

용기와 대담성을 혼동하는 경우가 잦다. 둘은 같지 않다. 대담하게 행동하는 사람 중 많은 이가 두려움, 걱정과 불안을 대담한 말과 행동으로 감추고 있다.

대담한 리더들은 선언적으로 말하는 경향이 있다. 반면 용감한 리더들은 시간이 걸리더라도 미묘한 차이를 읽어내려 한다.

대담한 리더들은 특정 희생양을 문제의 근원으로 치부하는 반면, 용감한 리더들은 자기 생각과 행동에 책임진다.

대담한 리더들은 벌어진 사건들에 대해 눈과 귀를 닫고 일방적으로 소리치는 반면, 용감한 리더들은 온 마음을 열어 사건을 제대로 바라보려고 노력한다.

대담한 리더들은 자기가 듣고 싶은 이야기에만 귀를 기울이지만 용감한 리더들은 자신이 들을 필요가 있는 이야기에 귀를 기울이고, 새로운 정보를 습득하면 기꺼이 생각을 바꾼다.

불확실하고 혼란한 상황에서는 대담하게 행동하고 싶은 유혹에 빠지기 쉽지만, 지금 세상은 그 어느 때보다 용기를 필요로 한다. 우리는 기꺼이 불확실한 세계에 발을 들이고, 용감하고도 섬세하게 작품을 만들어낼 사람이 필요하다. 친구여, 용감한 리더가 돼라. 용감하게 작업하라.

용기 있는 작업은 대담해질 수 있지만, 대담한 작업이 용감해지기는 쉽지 않다.

Today's Question

삶과 일 속에서 대담성과 용기를 혼동하고 있는 부분은 없는가?
오늘 당신의 작업에서 용감하게 행동할 방법은 무엇인가?

도전에서 안정성을 제외하면 분노만 남는다

직장생활을 해본 사람이라면 누구나 알지만, 일은 늘 예상보다 늘어난다. 프로젝트가 끝나면 새로운 프로젝트가 추가되고, 회의가 끝나면 새로운 회의가 또 추가된다. 종종 주어진 시간 안에 감당할 수 있는 업무량보다 더 많은 일을 해내도록 요구받는다. 이런 일이 발생하는 것은 정상이다. 그러나 이런 흐름이 오래 지속되면 부담감과 좌절감에 시달리게 된다. 업무를 원활하게 수행하는 데 필요한 시간과 자원, 즉 안정성이 확보되지 않은 채 도전 과제만 주어지면 괴로울 수밖에 없다.

이런 상황에서는 분노가 쌓여 관리자에게 화내고 싶은 충동이 생긴다. 하지만 관리자에게 분노를 쏟아내는 대신, 자신에게 필요한 것을 침착하게 요청하기를 권한다.

▶ 더 많은 자원, 시간, 예산을 요청하라.
▶ 프로세스가 제대로 작동하지 않는 이유를 설명하고, 해결책을 제안하라.
▶ 긴급 업무에 대처할 수 있도록 작업의 우선순위를 재설정해달라고 요청하라.
▶ 자신의 능력을 넘어선 부분을 파악하고 동료들의 의견을 구하라.

분노가 끓어넘치도록 방치하지 마라. 필요한 바를 직접 요청하라.

Today's Question

당신이 맡은 작업을 해내는 데 자원과 시간이 충분한가?

안정성에서 도전을 제외하면 정체될 뿐이다

조직이 시스템을 체계화하고 자원의 공급을 확충해 한층 상향된 도전 과제를 감당할 수 있도록 기반을 잘 갖추게 되면 작업을 수행하는 데 어려움이 없어진다. 이 시기에는 조직에서 요구하는 기대치가 감당할 만하다고 느껴지면서 심지어 약간의 지루함을 느낄 수도 있다. 다른 말로 표현하면 안정성은 높아지고 도전의식은 낮아진 것이다.

이런 변화가 나타날 때 우리는 흔히 정체된 기분을 느낀다. 위험을 감수하거나 새로운 기술을 개발해야 하는 등의 도전 과제가 주어지지 않기에 당신은 일을 통해 자극을 느끼지 못한다. 틀에 박힌 기분을 느낀다. 이런 상태에서 벗어나는 유일한 방법은 당신이 몰두할 수 있는 도전 과제를 찾는 것이다.

상사에게 당신이 맡을 수 있는 새로운 작업이 있는지 물어보라. 자신의 역량을 기를 수 있는 새로운 기술을 개발하라. 일을 통해 얻을 수 없다면 개인 시간이라도 활용하라. 힘에 부치는 일, 약간 긴장되는 상황 속에 자신을 몰아넣어라. 그러면 더 이상 정체된 상황에 머물지 않을 것이다.

안정성을 얻은 것은 훌륭한 일이지만, 도전 과제가 없다면 정체된 기분을 느낄 것이다.

Today's Question

지금 하고 있는 작업이 당신이 몰두할 만한 수준의 도전 과제가 아니라면, 당신을 적당히 긴장하게 할 새로운 도전 과제는 무엇이 있을까?

애초에 가정이 잘못되지는 않았는지 점검하라

1980년대 A&W 레스토랑은 맥도날드의 인기 메뉴인 쿼터 파운드 버거와 정면승부를 벌이기로 결정했다. 쿼터 파운드는 기존 맥도날드 버거의 패티보다 두꺼운 0.25파운드(113그램)로 만들었다는 뜻에서 붙은 이름인데, A&W는 그보다 더 두꺼운 서드(3분의 1) 파운드(150그램)의 패티를 넣은 버거를 같은 가격에 판 것이다. 이 아이디어를 추진한 A&W의 오너 알프레드 타웁만(Alfred Taubman)은 자신의 책《한계점 저항(Threshold Resistance)》에서 "우리는 서드 파운드 버거를 공격적으로 판매했다. 텔레비전과 라디오 광고를 포함해 할 수 있는 모든 노력을 기울였지만 판매는 원활하지 않았다."라고 회고했다. A&W는 버거가 팔리지 않는 원인을 조사했다. 메시지에 문제가 있었나? 버거의 품질이 문제인가?

A&W의 마케팅이 실패한 이유는 황당하게도 소비자들이 서드 파운드 버거가 쿼드 파운드 버거보다 크다는 것을 몰랐기 때문인 것으로 밝혀졌다. 미국인들 중에는 분수의 개념을 모르는 사람이 많다 보니 3분의 1(third)이 4분의 1(quarter)보다 작은 거라고 생각했고, 그것이 A&W 버거의 가격 경쟁력을 떨어뜨린 것이다.

아이디어를 낼 때 당신이 세운 가정들은 개인적인 경험을 토대로 하기에 고객은 완전히 다르게 받아들일 수 있다는 사실을 기억하라.

아이디어가 효과를 발휘하지 못하는 이유는 당신이 전혀 예상치 못한 지점일 수 있다.

Today's Question

오늘 다시 생각해봐야 할 가정은 무엇인가?

반복되는 일상의 위대한 힘

수도원에는 정해진 일정에 따라 매일 반복되는 일과가 있다. 수도원의 하루 일정은 틀에 박힌 듯 뻔하지만, 바로 이런 이유로 수도원은 제 기능을 수행하고 궁극적으로 존재의 목적을 달성할 수 있다. 정해진 일정이 없다면 수도원의 임무 중 많은 부분이 제대로 이뤄지지 않을 것이다.

우리는 수도원의 엄격한 생활에서 배울 점이 많다. 생활 속에서 매일 반복해야 하는 행동 수칙을 만들면 바쁜 일상의 틈새로 중요한 일들이 빠져나가는 것을 막을 수 있다. 시간이 지나면 매일 반복하는 행동 수칙이 습관이 돼 당신에게 커다란 보상을 안겨줄 것이다. 내가 매일 실천하고 체크하는 몇 가지 활동들을 소개하겠다.

공부하기, 명상하기, 글쓰기, 목표 점검하기, 운동하기, 자녀들과 의미 있는 대화하기, 사업 개발 활동하기, 콘텐츠 하나 개발하기

나는 활동을 완수할 때마다 그 내용을 일지에 체크해놓는다. 이 목록은 내 최우선순위이기 때문에 하루도 거르거나 잊어버리지 않는다. 당신의 행동 수칙은 분명 나와는 다를 것이다. 무엇이든 당신이 매일 반복할 행동 수칙을 만들어라.

당신이 목표를 향해 집중력을 잃지 않고 정진할 수 있도록 매일 반복할 작은 의식을 만들어보라.

Today's Question

당신이 매일 반복할 행동 수칙은 무엇인가?

작품이 가진 생명력을 인정하라

최근에 〈피아노 맨〉의 빌리 조엘(Billy Joel)의 콘서트에 가볼 기회가 있었다. 그는 히트곡들을 연이어 부르고 정감 어린 농담으로 관객들을 사로잡으며 두 시간 동안 멋진 공연을 펼쳤다.

빌리 조엘은 공연 초반부에 한 곡이 끝나고 다음 곡이 시작되기 전에 잠깐 멈춰 이렇게 외쳤다. "음, 여러분께 새롭게 들려드릴 곡은 없어요. 늘 똑같은 레퍼토리죠!" 그가 말을 이었다. "이제 이 곡들은 우리가 꽤 잘한답니다."

그는 평생 그 곡을 수천 번 연주했을 것이다. 때로 그 곡들을 연주하고 싶지 않은 밤이 있었으리라 상상해보지만, 그것은 중요한 문제가 아니다. 이제 그 노래는 그의 것이 아니라 그 자체로 생명력을 가지고 있다.

작품을 세상에 내놓는 순간, 그 작품은 더 이상 당신의 것이 아니다. 이제 그 작품은 다른 사람의 것이고, 당신의 본래 의도가 무엇이었든 작품을 받아들이는 사람의 반응, 해석, 찬사가 더 중요해졌다는 뜻이다. 이제 그 작품은 다른 사람의 과제고, 그들이 작품을 어떻게 받아들이고 작품과 어떻게 상호작용하느냐가 중요하다. 작품은 이미 보낸 선물과 같은 것이다. **작품이 세상에 나오는 순간, 이제 그것은 당신의 것이 아닌 다른 사람을 위한 것이다.**

Today's Question

당신이 너무 애착을 가지고 있어 오히려 세상에 내놓기 어려웠던 작품이 있는가?

이 계절의 끝, 다음 계절을 생각하라

당신은 지금 고난의 계절을 통과하는 중일지 모른다. 혹은 지금이 당신의 인생이나 커리어에서 가장 좋은 계절일 수 있다. 어느 쪽이든 이것만 기억하라. 이 계절에는 끝이 있다. 다른 계절로 이동해야 하는 시점이 올 것이고, 그때가 되면 이 모든 것은 추억이 될 것이다.

이 순간에는 지금 일어나고 있는 일들이 영원할 것처럼 느껴질 수 있다. 우리는 현 상황을 영구적인 상황으로 인식하곤 한다. 그러나 모든 것은 한시적이다. 문자 그대로 모든 것이 말이다.

이 사실이 왜 중요한가?

지금 일어나는 일에만 시선을 고정하면 비전의 방향성을 잃어버리기 쉽다. 지금 상황을 유지하는 데 혹은 단순히 생존하는 데 현재 가진 모든 자원을 쏟아붓고 앞으로 자신이 어디로 가고 싶은지에 대한 생각을 멈추게 된다. 이런 현상이 발생하면 기회를 무시하거나 간과하게 된다. 빠져나올 수 없는 이 순간에 갇히고 마는 것이다.

그러므로 당신이 현재 무엇을 겪고 있는지 모르지만, 그것이 아무리 나쁘게 혹은 좋게 느껴진다 할지라도 단지 순간이라는 사실을 인지하라. 그것은 곧 끝날 것이다. 앞으로 다가올 일들을 주시하라.

당신이 현재 무엇을 겪고 있든지, 그것에는 끝이 있다.

Today's Question

현재 당신이 겪고 있는 일 중 영원히 끝나지 않을 듯한 것이 있는가?
당신은 어떻게 시선을 미래로 옮길 것인가?

자유의 제한이 오히려 날개가 된다

사람들은 이런 말을 자주 한다. "이 프로젝트에서 내가 원하는 대로 할 수 있는 완벽한 자유가 있으면 좋겠어요." 그들은 고객이나 관리자가 설정해 놓은 편협한 제약을 비난하며 완전한 자율권을 갈망한다. 그들은 더 많은 자유가 주어지면 진정 탁월한 작업을 할 수 있을 거라고 말한다.

하지만 현실적으로 완벽한 자유는 창의적인 작업에 도움이 되지 않는다. 모두 다 가능한 상황이 되면 창의적인 작업은 오히려 더 어려워진다. 작업을 할 때 아무런 제약이 없다면 도대체 어디서부터 시작할지 갈피를 잡지 못하기 때문이다.

경계, 즉 작업 초반에 노력을 집중할 부분이 정해지면 창의적인 작업을 수행하기 훨씬 수월하다. 일단 작업을 시작하고 추진력이 생긴 뒤에는 필요에 따라 방향을 조정하면 된다.

작업이 가로막혀 진행되지 않을 때, 당신에게 진정 필요한 것은 경계선일지도 모른다. 당신의 작업이 정체에 빠진 이유는 시작점의 부재일 수도 있다. 가능성이 다소 제한되더라도 작업을 시작할 기반이 있는 편이 어떤 프로젝트에서든 장기적으로 유익하다.

자유가 부족하다고 불평하지 마라. 에너지를 경계선 안으로 흘려보내 자신에게 유리한 방향으로 활용하라. 제약 안에서 혁신을 이뤄내라.

완벽한 자유는 창의적인 과정에 도움이 되지 않는다. 때로는 앞으로 나아가기 위해 경계선 설정이 필요하다.

Today's Question

지금 진행 중인 작업 중에서 너무 많은 가능성이 열려 있어 오히려 정체된 프로젝트는 없는가?

작고 소중한 발전을 자주 체감하라

한 바구니에 달걀을 모두 담아서는 혁신이 일어나기 어렵다. 일반적으로, 당신이 추구하는 창의적인 돌파구는 다양하게 작은 규모로 실험하고, 결과나 반응을 자세히 관찰하고, 진행 상황을 주시한 뒤, 선택지를 좁혀 최선의 해결책에 가까워질 때까지 조정을 거쳐야 비로소 나타난다.

발전을 경험하는 것이 핵심이다. 커다란 목표에 모든 노력을 쏟아붓고 매달리다 보면 발전 속도가 지지부진하다고 느낄 수 있다. 그 불확실성과 부담감이 뒤섞여 작업은 더 정체되기 마련이다. 그러나 작은 실험을 통해 매일매일 발전을 맛본다면 당신의 창의적인 에너지는 힘을 얻을 수 있다. 조직혁신 전문가인 테레사 에머빌(Teresa Amabile) 박사는 자신의 책《전진의 법칙》에서 이렇게 말했다. "직원들이 압박감, 불확실성, 불행, 두려움을 느낄 때 더 효율적으로 일한다고 말하는 관리자의 생각은 명백히 잘못됐다. 내면이 부정적인 직장 생활은 네 가지 측면에서 작업 수행에 악영향을 미친다. 사람들은 마음이 우울할 때 창의성, 생산성, 자기 일에 깊이 몰두하는 능력, 동료들과 연대하는 능력이 저하된다."

작은 실험들은 가능성과 설렘의 작은 주머니들이다. 새롭게 배우고 배운 것을 반복하며 조금씩 진전을 맛보면 창의적인 에너지와 일에 대한 당신의 열정은 결코 식지 않을 것이다.

당신이 가진 에너지를 한 바구니에 담지 마라. 작지만 진전을 체감할 수 있는 여러 창의적인 실험을 동시에 진행하라.

Today's Question

현재 진행 중인 작업에서 시도해볼 수 있는 작은 실험은 무엇이 있을까? 짧은 목록을 만들어보라.

반복적 루틴의 은밀한 음모

내가 큰아들과 함께하는 가장 좋아하는 취미활동은 바로 동네 헌책방을 탐험하며 시간을 보내는 것이다. 그곳에 있는 책 중 일부는 수십 년 동안 팔리지 않은 채 자리를 지키고 있다. 최근에 방문했을 때 책 한 권의 제목이 눈길을 끌었다. 내가 좋아하는 경영 이론가 워렌 베니스(Warren Bennis)가 쓴 책이었다. 리더십과 문화 관련 주제의 유명한 사상가인 베니스는《무의식적 음모(The Unconscious Conspiracy)》라는 책에서 태생적으로 진보를 저해하는 보편적이고 조직적인 힘이 존재한다고 주장한다. 그는 책에서 이렇게 말했다. "이 발견 혹은 재발견 덕분에 나는 '베니스의 학문적 유사 역학 제1법칙'이라고 불릴 만한 공식을 만들었다. 정확히 말하면, 일상적인 작업은 비일상적인 작업을 몰아낸다는 것이다. 또는 창의적인 기획과, 대학뿐 아니라 모든 기관의 근본적인 변화를 전부 말살시킨다고도 말할 수 있다." 그는 거대한 시장의 외압이 창의성을 제한하는 것이 아니라 조직을 운영하기 위해 수반되는 반복적이고 일상적인 업무가 문제라고 지적했다. 일상적인 업무가 창의적인 기획과 혁신에 필요한 공간을 몰아내기 때문이다.

오늘은 잠시 시간을 내서 당신의 일상 업무가 창의성을 얼마나 제한하는지 고민해보라.

반복적이고 일상적인 작업이 창의적 사고와 혁신적인 실험을 밀어내도록 허용하지 마라.

Today's Question

어떤 일상적인 작업이 창의적인 사고를 방해하고 있는가?

좋은 작업이란 무엇인지 정의해보라

자신이 작업한 결과가 좋은지, 나쁜지를 어떻게 판단할 수 있을까?

어떤 사람은 단순히 상사나 고객이 최종 결과물을 마음에 들어 했는지로 결정하고, 어떤 사람은 스스로 작업을 하며 어떻게 느꼈는지로 판단한다. 자신의 작업을 직접 경험하는 관객이나 최종 사용자의 반응에 따라 판정하는 사람도 있다. 그러나 이 중 무엇도 좋은 작업이 실제로 어떤 의미인지 정확하게 판단하는 절대적인 척도가 아니다.

내가 당신에게 좋은 작업의 정의를 말해주면 좋겠지만, 그럴 수는 없다. 좋은 작업이 무엇인지는 당신이 결정해야 한다. 무엇이 좋은 작업인지 명확하게 인식하고 있지 않으면, 감정이나 본능에 이끌려 잘못된 길을 향할지도 모른다.

창의적인 위험을 감수하는 것이 좋은 작업인가?

문제를 완벽하게 해결하는 것이 좋은 작업인가?

마감 시간과 예산에 잘 맞춰 제출하는 것이 좋은 작업인가?

자신의 개인적인 가치관을 반영한 것이 좋은 작업인가?

당신이 뭔가를 희생해서 만든 것이 좋은 작업인가?

오늘은 시간을 들여 좋은 작업이 자신에게 어떤 의미인지 숙고해보자. 당신이 무엇을 목표로 하루를 살아야 하는지 알 수 있을 것이다.

무엇이 좋은 작업인지 나만의 기준을 만들어라.

Today's Question

당신은 어떤 기준으로 좋은 작업을 판별하는가?

슈퍼히어로 신드롬에서 벗어나라

효율적인 팀을 와해시키고, 훌륭한 리더를 좌절하게 만들려면 이렇게 말하면 된다.

"당신은 완전히 혼자다. 약한 모습을 보여서는 안 된다."

프로젝트에 대해 망설이는 모습을 보이면 무능하다고 치부되는 경향이 있다. 그래서 대부분의 사람들은 혼란스러운 마음을 감추고 자신감을 과장하며 힘차게 앞으로 나아간다. 하지만 누구도 혼자서는 일할 수 없다.

문제해결 프로세스에 다른 사람을 초대해 조언을 구하라. 당신이 팀장이라면 더더욱 그렇게 해야 한다. 왜냐하면 이런 방법을 통해 팀원들은 당신의 사고 과정과 당신이 문제에 접근하는 방식을 보다 잘 이해할 수 있기 때문이다. 이는 후에 팀원들과 유대감을 쌓는 데는 물론 협업하는 능력에도 도움이 된다.

다른 사람들에게 이렇게 질문하라.

▶ 당신은 여기서 무엇이 보이는가?
▶ 당신이 만약 내 입장이라면 무엇을 할 것인가?
▶ 내가 간과하고 있는 부분은 무엇인가?

당신의 크리에이티브 프로세스에 다른 사람들을 초대하라. 슈퍼히어로가 되려고 하지 마라.

Today's Question

오늘 당신이 작업 과정에 초대할 사람은 누구인가?

자기 자신을 이해하는 리더가 돼라

임원 채용 담당자 데이비드 와이저(David Wiser)는 자기 경험에 따르면 근본적으로 세 가지 유형의 리더가 존재한다고 말했다.

▶ 빌더(Builders): 만드는 사람으로 넓게 펼쳐진 공간, 비전을 추구하는 능력, 큰 자율권을 사랑한다. 이들은 이런 요소들이 제대로 주어지지 않으면 새로운 것을 만들기 위해 기꺼이 기존의 것을 날려버린다.

▶ 픽서(Fixers): 고치는 사람으로 다른 사람들이 당혹스러워하는 상황에 들어가 문제를 해결하는 일을 사랑한다. 그러나 일단 문제가 해결되면 다른 곳으로 이동해 적극적으로 문제를 찾아 나선다.

▶ 옵티마이저(Optimizers): 최적화하는 사람으로 시스템 혹은 프로세스에서 최대의 가치를 뽑아내는 것을 사랑한다. 이들은 효율성의 극대화, 운영의 최적화를 위해 살아간다. 프로세스를 향상하기 위해 끊임없이 보완하고 갈고 닦는다. 그러나 결과에 만족하지 못하고 가치가 떨어지는 지점에 이르기까지 지나치게 수정할 가능성이 있다.

당신은 어떤 유형의 리더인가? 그것이 당신의 역할이나 팀에는 어떤 의미가 있는가?

자신과 가장 밀접한 유형이 무엇인지 인지하면, 덫에 걸리고 번아웃에 빠지는 것을 예방하는 데 도움이 된다.

Today's Question

당신은 어떤 유형의 리더이며, 자신의 특성이 작업에 어떤 영향을 끼친다고 생각하는가?

진부함 탈출하기

아무리 자기 일을 사랑한다고 해도 시간이 흐르면서 점차 진부하게 느껴지는 것은 어쩔 수 없다. 같은 패턴, 같은 문제, 같은 인간관계가 반복되면 매일 쳇바퀴를 돌고 있는 것처럼 느껴진다.

쳇바퀴에서 벗어나는 한 가지 방법은 개인적인 시간에 업무 이외에 부가적인 창의적 작업을 시도해보는 것이다. 당신이 탐험해보고 싶은 새로운 기술 혹은 영역을 찾고, 그 모험에 시간을 할애하라. 만약 당신이 디자이너라면 글쓰기나 음악 쪽을 시도해보는 것은 어떤가? 만약 당신이 마케팅 전문가라면 기초적인 디자인 기법을 배워보라. 영상 예술 팀의 리더라면 악기를 배워보는 것도 좋다. 자신과 무관한 취미활동처럼 보이겠지만 이런 활동들이 일상적인 업무의 반복적인 특성으로 인해 무감각해진 창의적 두뇌를 자극하는 데 도움이 된다. 또한 당신의 본업에서 새로운 생각의 길을 열어줄 수도 있다. 업무와 전혀 관계없는 책을 정독하거나 엉뚱한 강좌를 듣다가 우연히 멋진 아이디어를 발견할지도 모른다.

열정과 생동감을 유지하기 위해 새로운 영역을 실험해보라.

Today's Question

당신의 창의성에 활력을 공급하기 위해 탐험하면 좋을 새로운 분야나 훈련에는 무엇이 있을까?

실패를 마냥 피해서는 안 된다

실패를 좋아하는 사람은 없다. 우리는 언제나 성공을 갈구한다.

그러나 실패를 전혀 겪지 않고 있다면 충분히 노력하지 않았다는 뜻일지도 모른다. 어려운 일을 아예 시도하지 않았을 가능성이 크다.

불가피하게 실패를 경험한다면 그것은 정말 좋은 기회다. 기회를 낭비하지 마라. 잠시 멈춰 자신이 왜 실패했는지 되돌아보는 시간을 갖고, 실패를 통해 배운 바를 미래의 작업에 어떻게 적용할지 생각하라. 실패를 경험할 때 이런 질문을 해야 한다.

▶ 이 프로젝트를 통해 무엇을 배웠는가?
▶ 충분히 노력하지 않았기 때문에 실패했는가? 기술이 부족했기 때문인가? 올바른 통찰을 갖지 못했기 때문인가? 실패의 근원은 무엇일까?
▶ 앞으로 이런 종류의 실수를 막기 위해 내가 할 수 있는 일은 무엇일까?

자신이 부족했다고 느낄 때마다 스스로 물어볼 질문 목록을 만들어둬도 좋다. 잠시 멈추고, 반성하고, 앞으로 어떻게 개선할지 다짐하는 시간을 갖도록 하라. 귀중한 실패의 경험을 낭비하지 마라. 멈추고, 반성하고, 개선하라. 그리고 앞으로 나아가라.

모든 실패와 결핍은 성장의 기회가 된다.

Today's Question

마지막 실패는 언제였는가?
그 실패의 경험을 통해 어떤 교훈을 얻었는가?

혁신과 현실의 경계선, 인접가능성

작가이자 연구자인 스티븐 존슨(Steven Johnson)은 《탁월한 아이디어는 어디서 오는가》에서 생물학에서 빌려온 인접가능성이라는 용어로 탁월한 아이디어를 만드는 방법 하나를 설명한다. "인접가능성이란 일종의 그림자 미래로서 현재 상황의 가장자리를 맴돌고 있다. 새로운 미래로 나아가는 방법이 담긴 지도이기도 하다. 인접가능성이 우리에게 말해주는 바는 어떤 순간에도 세상에 놀라운 변화가 일어날 수 있지만, 오직 특정한 변화만 가능하다는 것이다."

그는 탁월한 아이디어는 누군가가 경험의 경계선, 현 상태를 막 넘어선 아이디어들을 만지작거릴 때 생겨난다고 주장한다. 따라서 근사한 아이디어를 얻기 위해서는 의식적인 노력이 필요하다. 효과가 없을지도 모를 아이디어 조합들을 이리저리 주무르는 데 시간과 에너지를 들여야 하기 때문이다. 서로 딱 맞는 점들의 조합을 우연히 발견한다면 거기에서 세상을 바꿀 아이디어가 탄생한다.

인접가능성을 탐험하는 시간을 따로 마련해두고 있는가? 아이디어를 만져보고 관념을 실험하는 데 시간을 할애하고 있는가? 당장은 이 시간이 비생산적으로 보이겠지만 결국 미래에 엄청난 가치를 창출할 것이다.

기발한 아이디어를 떠올리기 위해서는 아이디어들을 만지작거리며 인접가능성을 탐험하는 시간을 가져야만 한다.

Today's Question

당신은 오늘 한 가지 프로젝트를 선택해 인접가능성을 탐험하는 시간을 마련할 수 있는가?

당신이 세상에 존재하는 이유

직업이 자신의 창의적인 관심사를 전부 포괄하기를 기대하는 것은 비현실적이다. 그런 일은 일어나지 않는다. 업무가 개인적인 취향과 열정에 잘 맞물릴 때도 있지만 대부분 일은 그냥 일로서 처리해야 한다. 프로가 된다는 것은 그런 의미다.

직업이 생계를 유지하기 위한 자원을 공급해주는 수단이라면 소명은 그것을 훨씬 뛰어넘는 무엇이다. 소명(vocation)이라는 단어는 '부르다'를 의미하는 라틴어 'vocare'에서 유래했다.

소명이란 세상이 당신을 불러낸 이유다. 소명은 직업과 겹치기도 있지만 더러는 직업과 크게 상관없는 다양한 열정의 집합체다. 그것은 지극히 정상적인 현상이다. 직업을 통해 충족감을 느끼지 못한다고 뭔가 잘못됐다고 생각하지 마라. 직업을 통해 점차 더 큰 충족감을 느낄 수 있도록 나아가는 것이 이상적이겠지만, 직업과는 별개로 자신의 열정을 쏟아부을 프로젝트를 찾아서 당신의 소명을 충족할 수 있다는 사실을 인지하라.

직업은 당신이 생계를 유지하는 방법이지만, 소명은 당신이 살아가는 이유다.

Today's Question

당신의 소명을 어떻게 정의할 것인가?
자신의 소명을 채우기 위해 무슨 일을 할 것인가?

당신의 보석을 훔쳐가게 두지 마라

조직은 조직한다. (명칭에서 이미 드러난다!) 하나의 조직은 구성원들이 조직 체계에 어느 정도 순응한다는 전제하에만 안정적으로 운영될 수 있다. 그래서 때때로 인센티브를 지급해 직원들이 확립된 조직 규범과 일치하며 조직 문화에 걸맞은 목표를 설정하도록 장려한다.

불행히도 이런 까닭에 경력이 많지 않은 창의적 프로나 관리자는 거친 모서리를 둥글게 깎아내는 데 주력한다. 그러면서 그들의 독특한 개성과 자질은 '이 바닥에서 성공하는 부류의 사람'의 모습으로 다듬어진다. 이런 분위기에서는 참신한 목소리가 불협화음을 일으킬 수 있다는 이유로 힘을 잃기 때문에 조직은 혁신적인 돌파구를 찾을 수 없게 된다. 직원들은 본인의 참된 적성과 열정을 보여서는 안 되는 분위기에 무릎 꿇고, 자신만의 빛을 잃어버린다.

세상에 이름을 날린 지도자, 예술가, 작가, 마케팅 전문가, 기업가 대부분은 내면의 '거친 모서리' 때문에 한때 자질을 의심받거나, 심지어 외면당했던 사람들이다.

다른 사람이 당신의 거친 모서리를 둥글게 깎아내게 가만두지 마라. 그것은 당신이 가진 가장 값진 보석이다.

지금 비판받는 독특한 자질이 훗날 당신을 찬양하는 이유가 될 수 있다.

Today's Question

체제에 적응하기 위해 줄이거나 없애야 한다고 압박받는 자신만의 독특한 자질은 무엇인가?

이상적인 하루에 집착하지 마라

벤저민 프랭클린(Benjamin Franklin)은 자서전에서 자신의 이상적인 하루를 간략히 묘사했다. 새날이 밝으면 몇 시간에 걸쳐 공부하고 명상하는 것으로 하루를 시작하고, 그 뒤 몇 시간 동안 일한 후 여유롭게 두 시간의 점심식사 시간을 갖고, 몇 시간 더 일한 뒤 마지막으로 저녁을 먹고, 그날에 대한 성찰로 하루를 마무리한다. 이 일정은 하루 일정을 계획할 때 어떻게 접근해야 하는지 보여주는 모범사례로 자주 인용돼왔다.

여기에 반론을 제시해보겠다. 벤저민 프랭클린이 실제로 '이상적인 하루'를 보낸 날은 1년 중 며칠이나 될까? 아마 많지 않을 것이다.

그가 이상적인 하루 일정을 따를 수 있었던 시기는 자신에게 절박한 책임이 많이 주어지지 않았던 젊은 시절일 것이다. 자신에게 하루라는 시간이 확실히 보장된 상황에서는 이상적인 하루를 보낼 수 있지만 그날 하루가 어떻게 될지 모르는 상황에서 이렇게 자기 의지에 따라 시간을 보내기는 거의 불가능하다.

하지만(이 부분이 핵심이다) 누구든 조금이라도 일정 시간을 확보해야 한다. 모든 시간을 통제할 수는 없지만 하루 중 통제할 수 있는 시간이 분명히 일부 존재할 것이다. 하루 전체를 이상적으로 보내려고 애쓰지 말고, 가장 중요한 일을 처리할 시간만이라도 확실히 지켜내라.

이상적인 일과를 목표로 삼지 말고, 보장된 시간을 조금이라도 마련하라.

Today's Question

오늘 중요한 작업을 처리할 시간을 어떻게 지켜낼 것인가?

램 메모리를 정리하라

노트북을 사용할 때 속도가 점점 느려지거나 '죽음의 물레(spinning wheel of death, 컴퓨터가 먹통이 됐을 때 화면에 돌아가는 원 모양을 이르는 말-옮긴이)'를 경험하는 이유는 주로 프로그램을 너무 많이 켜뒀기 때문이다. 당신 컴퓨터의 램(RAM, Random Access Memory) 용량은 충분히 크겠지만 이미 켜져 있는 프로그램과 문서가 메모리 용량의 대부분을 사용하고 있으면 컴퓨터는 새로운 작업에 사용할 자원이 부족해진다. 너무 많은 휴면 프로그램이 램을 차지하고 있어서 새로운 업무를 처리할 여유 공간이 없는 것이다.

당신의 머릿속에도 창의적 회로가 너무 많이 열려 있으면(설령 휴면 상태일지라도) 작업이 느려질 수 있다. 당신은 의미 있는 진전을 이루지 못하고, 한 번에 1센티미터씩 힘겹게 벽을 밀고 있는 기분이 들 것이다. 어떻게 이 증상을 해결할 수 있을까? 열린 회로 중 일부를 닫거나 처리할 수 있는 충분한 공간이 확보될 때까지 뒤로 미뤄둬야 한다.

현재 열려 있는 창의적 작업 중에서 가장 중요한 것 세 가지는 무엇인가? 당신은 에너지 대부분을 그곳에 쏟아야 한다.

나머지는 어떻게 할까? 목록을 작성하고 훗날 처리할 계획을 세워라. 단순하지만 효과적인 방법이다.

당신이 한 번에 고민할 수 있는 용량은 정해져 있다. 성공을 원한다면 자신의 창의적 램을 정리해야 한다.

Today's Question

현재 열려 있는 회로 중에 가장 중요한 것 세 가지는 무엇인가?
열려 있는 회로 중에 잠시 보류해도 좋은 것은 무엇인가?

열정이 눈을 가리지 않도록

우리는 모두 비슷한 경험이 있다. 문득 창의적인 영감이 불꽃처럼 튀어오를 때 '바로 이거야! 이제껏 생각했던 모든 아이디어 중에 가장 탁월한 아이디어가 틀림없어!' 라고 생각하는 것이다. 하지만 다른 사람에게 그 아이디어를 나누면 그들은 당신이 왜 그토록 흥분하는지 이해하지 못한다. 그러면 당신은 아이디어를 명료하게 설명하지 못한 탓이라고 여기며 더욱 열정적으로 이야기한다. 그러나 그들은 여전히 멍한 눈으로 쳐다볼 뿐이다. 잠시 후, 그들은 당신의 아이디어에 어떤 결점이 있는지 지적하기 시작한다. 아이디어를 향한 열정에 눈이 멀어 미처 고려하지 못했던 지점이다.

열정은 당신의 눈을 가려 결점을 보지 못하게 만든다. 결점을 깨닫기 위해서는 하룻밤 혹은 며칠이라도 아이디어를 품는 시간이 필요하다. 그 시간을 통해 당신은 창의적인 도취감에서 벗어나 더 균형 잡힌 시각으로 아이디어를 바라볼 수 있다. 그 이후에도 자신의 아이디어가 가치 있게 느껴진다면, 그때는 그것을 당당히 들고 나가라! 그 시간 동안 당신의 아이디어를 더욱 설득력 있게 만들어줄 다른 견해를 발견할 수도 있다.

하지만 아이디어에 대한 추진력을 잃을 만큼 지나치게 오래 시간을 끌지 않도록 주의해야 한다. 너무 오랜 시간 아이디어를 품고 있으면 스스로 아이디어를 포기하게 된다.

우리는 창의적인 희열의 순간에 종종 시야가 흐려지곤 한다. 아이디어를 품는 시간이 필요하다.

Today's Question

> 당신이 지금 사로잡힌 아이디어 중에 며칠간 두고 보는 것이 좋을 듯한 아이디어가 있는가?

당신이 갈망하던 리더가 돼라

당신이 직장생활을 오래 했다면 최악의 상사 몇 명쯤은 만나봤을 것이다. 아마도 그들은 자기 이익만 챙기거나, 무책임하고 무관심한 태도로 일관하거나, 당신의 필요에 전혀 공감하지 못하는 사람이었을 것이다. 일을 지지해주기는커녕 방해한다고 느껴지는 사람에게 보고를 올려야 하는 상황에서 맡은 일을 잘 해내기란 거의 불가능에 가깝다. 하지만 나쁜 경험을 통해서도 배울 것이 있기에 그들 밑에서 일한 시간이 완전히 손해만은 아니다. 자신에게 이런 질문을 던져보라.

▶ 꼭 필요했지만 그들이 제공해주지 않은 것은 무엇인가?
▶ 가장 불만스러웠던 의사결정 방식은 무엇이었는가?
▶ 그들의 어떤 면 때문에 당신의 삶이 더욱 힘들어졌는가?
▶ 당신은 왜 그들을 신뢰하지 않았는가?
▶ 그들은 어떤 기술이 부족했는가?

당신의 생활, 일, 커리어를 떠올려보라. 위의 질문에 대한 대답이 당신에게 좋은 가르침을 줄 수 있다. 경험을 통해 배운 바를 활용해 당신이 훗날 리더, 관리자, 고용주가 됐을 때 유익하게 써먹을 수 있을 것이다. **이제 당신이 만나기를 원했던 리더, 협력자, 동료가 돼라.**

Today's Question

당신은 훗날 다른 사람에게 필요한 리더 혹은 고용주가 되기 위해 어떤 자질을 개발해야 하는가?

우연한 유행과 트렌드를 구별하라

당신은 반려석(石)을 가지고 있는 세대인가? 나도 그 연령대는 아니지만 반려석에 관한 이야기는 들어본 적 있다. 알고 보니 반려석의 창시자는 친구들이 자기 반려동물에 대해 불평하는 것을 듣는 데 지쳐 아이디어를 생각해냈다고 한다. 친구들과의 대화를 곱씹다 주인이 아무것도 할 필요가 없는 돌이야말로 완벽한 반려물이라는 사실을 깨달았다! 그는 1975년 자원을 끌어모아 반려석을 시장에 출시했고, 수백만 개 이상의 돌을 판매하여 오늘날 달러 가치로 2700만 달러에 해당하는 돈을 벌어들였다.

1976년 초반이 되자 반려석은 시들해졌다. 누군가가 반려석 시장에 주목해 '우와! 반려용 무생물을 원하는 거대한 시장이 존재하는 게 틀림없어! 우리도 어서 상품을 출시해야겠다!'라고 생각했다면 그들은 시기를 완전히 놓친 것이다. 반려석은 특정한 문화적 순간에 맞춰 완벽한 타이밍에 등장했기 때문에 반짝 유행할 수 있었다. 문화적 순간과 트렌드 사이에는 차이가 있다. 트렌드는 특정한 방향성을 띤 문화적 순간들이 연속되는 것이다.

반짝하는 유행을 무작정 쫓아가서는 안 된다. 더 넓은 영역을 전체적으로 훑어보며, 문화적 순간들이 특정한 패턴을 이뤄 트렌드를 이루지는 않는지 살펴보라.

우리는 창의적 프로로서, 일시적 유행이 아닌 트렌드를 파악해내야 한다.

Today's Question

특정 패턴을 형성하는 문화적 순간들이 보이는가?

집단적인 망상에서 벗어나는 법

완벽한 아이디어는 없다. 하지만 아이디어에 대한 팀(또는 고객)의 열정은 때때로 모든 사람이 치명적인 결함을 간과하게 할 수 있다. 우리는 모두 각자의 사각지대를 갖고 있다. 또한 특정한 아이디어에 흥분하면 그룹 전체가 집단적인 망상에 빠져 집단적인 사각지대가 형성되기도 한다.

어려운 일을 해내기 위해서는 약간의 망상도 필요하다. 하지만 지나친 망상은 무책임한 위험을 야기한다. 이런 일을 방지하기 위해서는 스스로 아이디어의 최대 비판자가 돼야 한다. 오직 실패할 이유만 찾는 사람처럼 자신의 아이디어를 모든 각도에서 비판적으로 바라보라. 팀원과 함께 다음과 같은 질문을 해보라.

▶ 이 아이디어가 진부한 이유는 무엇인가?
▶ 이 아이디어를 달성하기 어려운 이유는 무엇인가?
▶ 이 아이디어를 승인하지 않을 사람은 누구인가?
▶ 이 아이디어가 논리상 끔찍한 오류인 이유는 무엇인가?

위 질문에 대답하다 보면 아이디어를 강화하는 방법에 대해 실마리를 찾을 수 있다. 약점을 발견하고 보완할 방법을 생각해보라. **자신의 아이디어에 대한 적극적인 비판은 보다 탄탄한 아이디어를 만드는 강력한 수단이 된다.**

Today's Question

당신의 최근 아이디어 중에 자기비판을 통해 유익을 얻을 수 있는 것은 무엇이 있을까?

실력이 없는 자는 행운도 따라주지 않는다

무언가 성공했을 때 사람들은 거의 예외 없이 좋은 전략 때문이었다고 주장한다. 반대로 뭔가 실패했을 때는 상황이 얼마나 불리하게 작용했는지 이야기하곤 한다. 어느 정도는 맞는 논리다. 성공과 실패는 언제나 실력과 행운이 혼합된 결과다. 노력과 나타난 결과 사이의 연관성을 제대로 파악하려면 실력과 운을 구분할 줄 알아야 한다.

기술과 직관을 잘 개발해놓으면 기회가 왔을 때 빨리 알아보고 붙잡을 수 있다. 앞길에 행운이 깃들지 어떨지는 제어할 수 없지만, 행운이 찾아왔을 때 붙잡을 수 있게 단단히 준비할 수는 있다. 통제할 수 있는 요소를 통제하는 데 집중하라.

당신이 가진 기술, 당신의 태도, 당신의 협업 능력, 당신의 의사소통 능력, 그중에서도 특히 글쓰기 능력, 당신이 가진 생각의 명료성, 당신의 리더십 대화술….

당신이 이러한 능력을 갈고닦는다면 성공 가능성은 커질 수밖에 없다. 통제할 수 있는 것을 미리 준비해서 기회가 찾아올 확률이 큰 위치를 선점해야 한다.

운과 실력을 혼동하지 마라. 통제할 수 없는 것을 통제하려고 하지 말고, 통제할 수 있는 것을 방관하지 마라.

Today's Question

기회가 왔을 때 유리한 위치에 서 있기 위해서 당신이 집중적으로 개발해야 할 기술은 무엇일까?

동기부여의 방향이 어디를 향하는가

주방을 개조하려고 인테리어 업자를 고용한다고 상상해보라. 당신은 인테리어 업자의 작업 속도를 직접 보고 난 뒤, 대금을 시급으로 지불하면 돈을 약간 절약할 수 있으리라고 판단한다. 당신이 예상했던 시간보다 4분의 3 정도가 걸릴 것으로 보이기 때문이다. 그래서 시급으로 대금을 지불하기로 인테리어 업자와 합의한 뒤 작업을 재개한다. 그런데 갑자기 작업 속도가 느려진다. 업자는 철물점을 자주 들락거리기 시작한다. 간단한 작업을 하는 데도 시간이 무한정으로 걸린다.

무슨 일이 일어난 것일까?

당신이 잘못된 방향으로 동기를 부여한 것이다! 처음에 업자가 자신이 창출한 가치에 대해 보수를 지급받을 때는 해당 작업을 빨리 마무리하고 다음 작업으로 이동하기 위해 일의 속도를 높였다. 그러나 보수가 시급으로 지불되면 업자는 작업을 완수하는 데 시간이 오래 걸릴수록 더 많은 보수를 받을 수 있어 서둘러 일할 필요가 없어진 것이다.

당신이 속한 조직에서도 잘못된 방향으로 동기가 부여되는 부분이 있는가? 당신의 삶 속에서는 어떤가?

동기부여와 당신이 바라는 성과가 같은 곳을 향하도록 해야 한다.

Today's Question

동기부여와 원하는 성과가 잘못 정렬되지는 않았는가?

아이디어의 포문을 여는 용기

무능하게 보이고 싶은 사람은 아무도 없다. 그래서 사람들은 다른 사람이 내 의견을 어떻게 생각할지 두려워하며 선뜻 의견을 내지 않는다. 때때로 이런 분위기가 팀을 마비시켜 아무도 아이디어를 공유하지 않는 지경에 이르기도 한다. 겉보기에는 다들 제안할 아이디어가 없는 듯 보이지만 실은 아무도 먼저 말하고 싶지 않을 뿐이다.

이런 상황에서는 누군가 한 명이 바보 같은 아이디어를 처음으로 내던져야 한다. 먼저 용기를 내기가 쉽지 않다는 것은 알지만, 이것은 굉장히 위대한 행위이다. 바보처럼 보일 위험을 감수하고 더 좋은 아이디어들이 흘러나올 수 있도록 막힌 수문을 열어주는 일이기 때문이다. 사람들은 '저 바보 같은 아이디어에 비해 내 아이디어가 차라리 낫네.'라는 생각이 들면 기꺼이 자기 생각을 공유하기 시작할 것이다.

▶ 이 방법은 신뢰가 형성된 환경에서만 효과가 있다. 만약 당신이 팀원들을 신뢰하지 않는다면 이 방법은 좋지 않은 결과를 초래할 수 있다.

▶ 당신이 좋은 아이디어들을 냈던 전적이 있는 경우에 더 효과적이다. 사람들은 당신이 무능한 게 아니라 단지 대화의 포문을 열고자 노력하고 있다는 사실을 알 것이다.

벽에 가로막힐 때 바보 같은 첫 아이디어를 낼 만큼 용감해져야 한다.

Today's Question

회의 중에 그 어떤 아이디어도 내고 싶지 않은 기분을 느낀 적이 있는가? 그 이유가 무엇일까?

5월

사랑하는 것들을
돌아보는 시간

May

"자신이 매일 하는 일에 보람을 느끼지 못한다면
그 일에 확신과 열정을 가지고 임하지 못할 것이다."
– 미아 햄(Mia Hamm)

자신이 하는 일의 어떤 점을 좋아하는가?
매일의 업무 과제뿐 아니라
당신이 마주하게 되는 결과,
참여하는 과정, 협력하는 사람들도 되돌아보라.
이번 달에는 당신이 하고 있는 일, 가진 기술, 속한 공동체의
어떤 점을 좋아하는지 성찰해보고
감사하는 시간을 보내라.

파트타임 열정을 찾아라

구스타프 말러(Gustav Mahler)의 위대한 음악 대다수는 그가 지휘자로서 일하는 틈틈이 작곡됐다. 게다가 생전에는 작곡가로 그다지 알려지지 않았고 그가 작곡한 음악은 사후에 널리 칭송을 받았다.

앨버트 아인슈타인(Albert Einstein)은 특허 사무원으로 근무하는 동안 특수 상대성이론의 많은 부분을 발전시켰다. 그의 직업은 그가 여가 시간에 자신의 이론을 연구할 수 있는 시간과 공간을 제공했다.

앞서 얘기했듯 직업에 자신의 창의적 에너지를 전부 풀어내는 것은 불가능하다. 시간이 지나면서 당신의 직업이 창의적 아이디어를 점차 더 많이 수용할 수 있기를 바라지만, 돈을 받고 일하는 직장인이 자신의 창의적 욕구가 일에서 완전히 충족되기를 기대할 수는 없다. 따라서 직업과는 다른 방식으로 자아를 표현할 수 있는 부수적인 배출구가 있어야 한다.

소설을 쓰고 싶다고 생각해본 적이 있는가? 앨범을 녹음해보고 싶었던 적은? 수학 공식을 발견하고 싶었던 적은 없는가? (마지막 예시는 좀 지나쳤다는 것을 인정한다.) 당장 실행에 옮겨라. 계획을 세우고 삶의 빈틈을 이용해 작업을 시작하라. 당신이 하고 싶은 일을 시작하는 데는 허가도 필요 없고, 급여도 필요하지 않다. 또한 이런 부차적인 작업이 본업에도 부가적인 에너지와 명료함을 가져다주는 경우가 많다.

당신 창의적 에너지의 총체는 당신의 직업을 통해 쏟아낼 수 있는 것보다 훨씬 크고 미묘하다.

Today's Question

당신이 열정을 쏟아 추구하고 싶은 부차적 일은 무엇인가?

관습을 뛰어넘는 혁신의 길

관습에 도전하는 의견을 제시하면 대다수 사람들은 '왜 그런 생각을 하냐'며 반발한다. 공동체에서 살아남기 위해서는 어쩔 수 없이 그들에게 동조해야 할 때도 있다. 공동체의 정서에 반하는 의견을 제시하면 아웃사이더가 될 위험에 처할지도 모른다. 하지만 세계에 대해 이해의 폭을 넓히며 사회를 변혁시키는 제품을 만들고, 큰 반향을 불러일으키는 예술작품을 창작하는 사람들은 주로 뿌리 깊은 관습에 도전해왔다.

"영화는 흑백이지. 영화에 색깔이 왜 필요해?"

"영국 록 음악을 듣는 사람은 아무도 없어!"

"책상마다 컴퓨터를 놓는 건 불가능해. 누가 그런 걸 바라기나 하겠어?"

현재 시점에서 되돌아보면 이 모든 혁신적인 변화는 필연적인 시대의 흐름으로 보인다. 그러나 그 시절의 관습적인 생각에 도전하는 누군가가 존재했기 때문에 가능한 일이었다. 그들은 다른 사람이 믿지 않는 뭔가를 믿었고, 자신의 신념을 다른 사람과 공유할 만큼 용감했다.

이 사회에 뿌리내린 관습 중에 맞서 투쟁할 만한 이유가 있는 것은 무엇인가? 다른 사람들이 미쳤다고 생각해도 결코 흔들리지 않는 당신의 신념은 무엇인가? 그것이 당신에게 가장 중요한 작업이 시작되는 지점일 수 있다. 고정관념에 도전하는 용감한 사람들이 세상을 변화시킨다.

당신이 관습에 도전할 때 거대한 창의적 돌파구가 생긴다.

Today's Question

당신이 타파하고 싶은 관습은 무엇인가?

가장 중요한 일로 아침을 열어라

많은 창의적 프로가 하루를 시작하는 시간에 가장 중요한 창의적 프로젝트를 다뤄야 한다고 말한다. 아침에 일어나 다른 일을 하기 전에 중요한 창의적 프로젝트를 진행하면 다음과 같은 장점이 있다.

▶ 이후 다른 일이 어떻게 되든 당신은 이미 중요한 일의 진전을 이뤘기 때문에 하루 종일 생산적인 기분을 느낄 수 있다.
▶ 중요한 작업에 언제 착수할지 알 수 없는 불확실성을 줄일 수 있다.
▶ 상쾌하고 맑은 정신으로 중요한 프로젝트에 임할 수 있다.
▶ 예상치 못한 일로 중요한 일을 할 수 없게 되는 가능성이 없어진다. 그 일을 오후로 미루면 그사이에 다른 급한 일이 생길 수도 있지 않은가.

논점을 분명히 하기 위해 덧붙이면, 사람마다 최상의 작업 효율을 발휘하는 자기만의 시간대가 있다. 물론 그 점도 중요하다. 하지만 하루를 시작하는 시간에 중요한 작업에 작은 진전이라도 이루는 습관을 들이면 나머지 하루를 활기차게 보내는 데 큰 도움이 된다.

이른 아침에 가장 신경 쓰이는 프로젝트에 뛰어들어 작은 진전을 이뤄내라.

Today's Question

하루를 시작할 때 다루면 좋을 중요한 프로젝트는 무엇인가?

일을 멈출 최적의 타이밍

작가 어니스트 헤밍웨이(Ernest Hemingway)의 작품 생활은 매우 질서정연하고 진지했다. 그가 가졌던 실용적인 습관 중 하나는 절대 한 주제를 전소한 채로 하루 작업을 끝내지 않는 것이었다. 그는 이렇게 말했다. "항상 일이 잘되고 있을 때 멈추고, 다음 날 다시 일을 시작할 때까지 그것에 대해 생각하거나 걱정하지 마라. 그러면 당신의 잠재의식이 계속해서 작동할 것이다. 하지만 의식적으로 일에 대해 생각하고 걱정하면 잠재의식은 멈추고, 뇌는 일을 시작하기도 전에 지쳐버릴 것이다."

매일 어떤 프로젝트에 자신을 온전히 쏟아붓는 것이 명예로운 훈장처럼 느껴질지 모르지만, 그러면 다음 작업을 할 때 자신을 재정비하고 밑바닥부터 다시 시작해야 한다. 전날 자신의 전부를 쏟아부었기 때문에 지치고 기진해 에너지가 텅 비어버렸기 때문이다. (누가 이틀 연속 마라톤을 뛰고 싶겠는가?)

아이디어를 향한 에너지가 아직 남아 있을 때 다음 날 어디서부터 시작할지 정확히 인지하고 하루의 작업을 마무리하는 것이 좋다. 작업이 가로막히거나 에너지가 완전히 소진될 때까지 일하면 다음에 다시 작업에 몰입하는 데 애를 먹을지도 모른다.

완전히 소진될 때까지 일하지 마라. 일에 대한 에너지가 남아 있을 때 멈춰라.

Today's Question

하루의 작업을 언제 그만둘지 어떻게 알 수 있을까?

일상 속 예술의 순간

나는 원래 드립커피를 좋아하는 사람이었다. 커다란 머그잔에 뜨거운 원두커피를 가득 따르면 하루를 시작할 준비가 됐다. 그런데 몇 년 전에 한 친구가 프렌치프레스를 이용해 커피 내리는 법을 알려줬다. 먼저 물을 특정한 온도로 가열한다. 그런 다음, 정확한 양의 원두를 갈아서 프렌치프레스에 넣는다. 마지막으로 완벽한 온도로 가열된 물을 아주 천천히 붓고, 딱 적당한 시간 동안 커피가 우러나도록 기다리면서 저어준다. 프렌치프레스로 원두를 걸러낸 뒤 잘 우러나온 커피를 따르고 맛과 향을 즐긴다. 내가 아침의 커피 의식을 즐기게 된 이유는 본격적으로 일에 뛰어들기 전에 잠시 속도를 늦출 수 있기 때문이다. 정성 들여 커피를 만드는 시간 동안 수많은 생각을 한다. 바로 이 시간이 내게는 명상의 순간이다.

하루 속에 이렇게 작고 사소하지만 정성껏 꾸며진 시간을 마련하라. 점심을 준비하거나, 촛불을 켜거나, 서랍을 정리하거나, 다음 날을 위해 책상 위의 물건들을 정비하는 시간을 갖는 것이 당신에게 내 커피 의식과 같은 역할을 할지도 모른다. 세심한 주의를 기울일 한두 가지 활동을 선택하라. 그 일이 당신의 조급한 마음을 달래주고 이후의 창의적인 작업에 긍정적인 영향을 줄 것이다.

하루 중 예술적 순간을 만들어라. 그 시간이 당신을 한층 창의적으로 만들어 줄 것이다.

Today's Question

당신의 하루 속에 마련할 작은 예술적인 순간은 무엇인가?

효율성의 덫을 피하는 법

올리버 버크먼은 수년 동안 이 세상에 존재하는 모든 생산성 도구를 찾고 직접 시험했다. 일부는 한동안 효과가 있었다. 그러나 이 많은 생산성 도구는 그다지 중요하지 않은 일들을 더 효율적으로 하도록 도와줄 뿐이었다. 버크먼은 이것을 '효율성의 덫'이라고 불렀다. 당신은 업무 방식을 조정하고 개선하고, 엄청난 양의 에너지를 소비하지만 더 많은 일을 처리해내게 될 뿐, 할 일이 계속 쌓여가는 굴레를 벗어날 수 없다. 그런 의미에서 버크먼의 지적은 정곡을 찌른다.

나도 그런 곤경에 처한 적이 있다. 많은 일을 하고 있지만, 그중 어떤 일이 정말 중요한 일일까? 내가 지금 정말 중요한 일을 하고 있는 게 맞을까?

내가 발견한 효율성의 덫을 극복하는 유일한 방법은 유효성에 집중하는 것이다. 당신의 시간과 자원을 유효하게 사용한다는 것은 당장 눈에 보이는 보상이 없더라도 진정 가치 있는 일을 하는 데 지금 바로 시간을 투자한다는 의미다. 일을 많이 하는 것은 중요하지 않다. 중요한 일을 제대로 하는 것이 중요하다. 당신의 시간을 자산 포트폴리오라고 생각해보라. 시간을 투자하는 방식에 대해 생각이 달라질 것이다.

효율성의 덫에 빠지지 마라. 유효성에 주목하라.

당신은 몇 주 혹은 몇 달간 성과가 드러나지 않을지도 모를 어떤 가치에 오늘의 시간을 투자할 수 있는가?

무엇이 당신을 움직이는가

20대 시절, 나는 전업 음악가였다. 당시 공연을 다니면서 신인 음악가와 더불어 다양한 유명 음악가를 만날 수 있었다. 몇몇 신인 음악가들을 지켜본 결과 친절하고 협조적인 사람들도 있는 반면, 아주 거만한 사람들도 있었다. 그들은 무대를 즐기기보다 마치 화가 난 것처럼 굴었다. 나는 그들의 그런 태도에 대해 나름의 결론을 내렸다. 그들은 순수하게 음악을 사랑한다기보다 성공한 음악가에게 주어지는 명성, 인기, 돈과 같은 이익을 추구하는데 현재 상황이 기대치에 미치지 못하니 환멸을 느끼는 것이다. 반대로 친절하고 호의적인 이들은(그중 일부는 누구나 다 아는 유명한 음악가였다) 음악에만 깊이 빠져 있는 듯했다.

사람을 움직이는 힘은 다음 세 가지 요소의 조합에서 나오는 듯하다.

▶ 보상: 돈이나 이익
▶ 특권: 사람들의 인정과 특별한 호의
▶ 과정: 자신의 작품 활동에 대한 애정

내가 아는 건강하고 행복한 창의적 프로는 대부분 본질적으로 과정에 매료돼 움직이는 사람이었다.

당신을 움직이는 힘이 무엇인지 이해하고, 과정 중심으로 동기부여를 하는 사람이 되도록 노력해야 한다.

Today's Question

어떻게 하면 작업하는 과정을 더욱 깊이 사랑할 수 있을까?

가짜 거인에게 덤벼들지 마라

미겔 데 세르반테스(Miguel de Cervantes)의 소설 《돈키호테》에서 주인공 돈키호테는 멀리서 풍차를 보고 거인으로 혼동해서 이 세상을 해치는 거대한 괴물을 물리칠 운명적 기회가 왔다고 믿었다. 그는 싸움을 시도했지만 결국 말에서 떨어지고 말았다. 이 장면이 가상의 적과 싸운다는 의미로 사용하는 '풍차에 덤벼든다(tilt at windmills),'라는 문구의 유래다.

어떤 사람은 싸울 대상이 전혀 없는 곳에서 전투하려고 한다. 끊임없이 어떤 대의명분을 내세우거나, 누군가가 자신을 부당하게 대우한다고 불평한다. 그들은 풍차에 덤벼들고 있는 것이다. 결국 에너지 낭비다.

이런 극단적인 경우뿐 아니라 우리도 일상에서 같은 함정에 빠지기 쉽다. 예를 들면 사이가 좋지 않은 사람이나 당신 험담을 하는 듯한 사람에 대해 곱씹는 행위가 그렇다. 또는 당신이 낸 아이디어는 절대 마음에 들어하지 않거나 고려조차 하지 않는 듯한 의뢰인에게 집착하는 것도 마찬가지다. 당신은 아무도 없는 곳에 거인들이 있다고 상상하며 풍차에게 덤벼들고 있다. 당신의 귀중한 불꽃을 진짜 전투를 위해 아껴둬라. 진짜 전투는 이해관계자들과 벌여야 한다. 당신은 그들을 만족시킬 수 있는 결과물을 만들어내는 데 온 힘을 쏟아야 한다.

가상의 적을 공격하느라 당신의 귀중한 에너지를 낭비하지 마라.

Today's Question

가상의 전투에 말려들지는 않았는가?
당신은 지금 풍차에 덤벼들고 있는가?

창조성을 오래 유지하는 훈련: FRESH

자신의 업종에서 오랫동안 정상의 자리를 유지하는 사람들은 창조적인 에너지를 유지하고 집중력을 잃지 않기 위해 삶 속에서 꾸준히 훈련한다. 나는 최고의 성과를 내는 전문가들과 수십 년간 함께 일하면서 그들의 삶에 반복적으로 등장하는 다섯 가지 핵심 요소를 발견했다.

▶ 집중(Focus): 자신의 한정된 주의력을 어디에, 어떻게 사용하는지에 대한 매뉴얼을 가지고 있다.

▶ 관계(Relationship): 영감을 주고, 도전 정신을 북돋우고, 최선의 기량을 발휘할 수 있도록 도와주는 사람들과 깊고 지속적인 관계를 맺는다.

▶ 에너지(Energy): 감정노동과 결부된 일을 다루는 데 능숙하며, 필요할 때는 거절할 줄도 안다.

▶ 자극(Stimuli): 일에서 영감을 얻고, 다른 사람의 작품에서 자극을 받는다.

▶ 시간(Hours): 단기적인 성과를 내는 활동뿐 아니라 추후 성과가 드러날 활동에도 매우 효과적으로 시간을 투자한다.

이 다섯 요소의 앞머리를 따면 FRESH가 된다. 당신이 지속적으로 창조적인 에너지를 공급받을 수 있고 창조적 활동에 몰두할 수 있도록 도와주는 훈련이 무엇일지 잠시 생각해보라.

지속적으로 창조적 활동을 하려면 FRESH 훈련법을 찾아 실천해야 한다.

Today's Question

다섯 가지 요소를 고려할 때, 그중 당신이 실천할 수 있는 규칙적인 훈련 혹은 의식은 무엇인가?

피넛 갤러리의 비평에 귀를 닫아라

극장의 가장 싼 좌석 또는 시시한 비평을 하는 사람들을 뜻하는 피넛 갤러리(Peanut gallery)라는 말은 보드빌(노래와 촌극 등을 적절히 조합한 버라이어티 쇼-옮긴이)이 유행하던 시절 만들어졌다. 당시에도 좌석 위치에 따라 표값이 달랐는데 가장 싼 좌석은 당연히 맨 뒷자리였다. 공연단은 이런 값싼 좌석에서 수익을 늘리기 위해 땅콩과 간식을 팔았는데, 뒷자리에 앉은 사람들은 공연이 마음에 들지 않으면 땅콩을 던져서 불만을 표현했다. 무대에서 자신의 모든 것을 쏟아부은 공연자들이 아주 적은 돈을 내고 공연을 보는 사람들의 땅콩을 뒤집어쓴 것이다.

오늘날 공연장에서 땅콩을 던지는 관객은 없지만 대신 비평가들이 가상의 피넛 갤러리에 앉아 무지한 비평을 쏟아내며 가상의 땅콩을 던진다. 비평가들의 말에 귀 기울이지 마라. 당신과 마찬가지로 두렵고 떨리는 마음으로 작품을 세상에 공유하는 사람들의 말에 귀 기울여라. 심리학자 브레네 브라운(Brene Brown)이 그랬듯 "당신이 우리처럼 무대 위에서 싸우며 이따금 엉덩이를 걷어차이지 않는다면, 나는 당신의 의견에는 관심이 없다."라고 당당하게 말하자.

당신을 제대로 이해하지 못하는 사람의 비판은 믿지 마라. 저 멀리 안전한 싸구려 좌석에 앉은 비평가들의 의견은 무시하라.

당신과 함께 무대 위에 올라 있는 사람들에게 귀를 기울여라. 다른 사람들의 말은 무시하라.

Today's Question

피넛 갤러리의 비평에 낙심한 적 있는가?
피넛 갤러리 대신 귀를 기울여야 하는 대상은 누구인가?

삶의 불필요한 잡음을 없애라

'노이즈 플로어'란 녹음하려는 음원 이외에 발생하는 잡음을 말한다. 노이즈 플로어 소리가 큰 환경에서 누군가의 말소리에 귀를 기울이는 것은 파도치는 바다 3미터 앞에서 대화를 시도하는 것과 같다. 무슨 말인지 알아들을 수는 있지만 대화를 나누기란 쉽지 않다.

우리 중 대다수가 자기 삶에 큰 노이즈 플로어를 허용할 뿐 아니라, 스스로 불러들인다. 각종 정보, 요구, 도움 요청과 시장 동향 등의 신호가 전방위에서 몰려온다. 우리가 사용하는 앱, 우리도 모르게 허용한 각종 자극이 삶을 가득 채운다. 노이즈 플로어가 크면 우리에게 다가오는 중요한 신호를 알아차릴 수 없다. 잡음에 묻혀버리기 때문이다.

여기 놓치기 쉬운 신호들 몇 가지를 소개하겠다.

▶ 이유 모를 압박감을 느낀다.
▶ 단기 기억력이 떨어지고 단순한 개념도 자주 헷갈린다.
▶ 계속 산만해지고 한 가지 프로젝트에 집중하기 힘들다.

삶에 스며든 노이즈 플로어를 감시하고, 의미 있는 신호를 식별할 수 있도록 유의해야 한다. 고요함을 유지하라. 멈춰라. 생각하라. 더 깊이 집중할 수 있도록 불필요한 신호의 사슬을 끊어라.

당신의 주위 환경에 잡음이 많다면 노이즈 플로어를 줄여라.

Today's Question

당신의 노이즈 플로어는 볼륨이 높은 편인가? 어떻게 낮출 수 있을까?

잘못된 선택지를 사전에 차단하라

만약 당신의 눈앞에 브로콜리와 쿠키를 놔둔 후 "둘 중 아무거나 원하는 것을 먹을 수 있고, 아무도 당신이 무엇을 먹었는지 모를 것이다."라고 말한다면 어느 쪽을 고를 것인가? 지금은 "브로콜리요! 저는 건강에 신경 쓰는 편입니다."라고 대답할 수도 있다. 그러나 막상 그 상황이 닥치면 당신의 몸은 초콜릿을 갈망하고 결국 그 유혹에 저항할 수 없을지 모른다.

시간이 충분하고 생각할 여유가 있을 때는 객관적이고 합리적인 결정을 내릴 수 있다. 그러나 우리는 늘 시간에 쫓긴다. 그래서 시간이 오래 걸리는 창의적 작업과 곧바로 결과가 나오는 일 사이에서 선택해야 할 순간이 오면 대부분 후자를 고르고 싶어진다. (마케팅 계획을 수립할까, 아니면 받은 편지함을 0으로 만들까? 받은 편지함부터 처리하자!)

이런 순간들에 현명하게 대처하려면 자신에게 선택권을 주지 말아야 한다. 당신에게 이성이 남아 있다면 중요한 일을 하는 데 시간을 할애하라. 그리고 유혹의 순간이 오면 그 일이 직장 상사나 의뢰인과의 약속인 듯이 대하라. 자신이 약속을 어기도록 허용하지 마라. 작업을 계획하고, 계획에 따라 작업하라. 마음이 약해져 있을 때 중요한 결정을 내리지 마라.

어려운 일과 쉬운 일 사이에서 자신에게 선택권을 허용하지 마라.

건강한 식단에서 멀어지게 만드는 당신만의 '쿠키'는 무엇인가?

내 가치를 위해 현재를 지켜라

이 책의 작가로서 거두절미하고 고백하겠다. 나는 피곤하다. 당신도 그렇지 않은가. 하지만 우리 문화에서는 피곤하다고 인정할 수 없는 상황이 많다. 당신은 원자력 에너지를 공급받고 있는 강철로 만들어진 인간이 되기를 요구받는다. 약한 모습은 허용되지 않는다!

"당신이 사랑하는 일을 찾아라. 그러면 당신은 인생의 단 하루도 일하지 않을 것이다."라는 격언을 만든 사람은 누군지 몰라도 대단히 무책임하다. 당신은 여전히 많이, 열심히 일해야 한다. 그 노동은 다 가치를 발할 것이다. 나중에 말이다.

우리는 미래에 보상받기 위해 현재 열심히 일한다. 그러나 우리는 현재를 살고 있고, 이 순간은 그 자체로 의미가 있다. 어떤 것들은 한 번 잃어버리면 결코 되찾을 수 없다. 그것들은 그 순간에 소중히 보살펴야 한다.

나는 에너지를 아껴서 소중한 데 투자하기 위해 많은 것들을 거절했다. 내 인생에는 가족, 우정, 개인적 성장과 같이 나중으로 미룰 수 없는 가치가 존재한다. 지금 이것들을 희생하면 나중에 다시 회복할 수 없다. 또한 내가 오르려고 했던 힘들고 가파른 언덕들은 모두 언젠가는 끝이 났다. 그러니 당신의 언덕 또한 언젠가는 끝이 날 것이다.

한계를 인정하고 인생에서 나중으로 미룰 수 없는 것들을 지금 챙겨라.

Today's Question

당신의 인생에서 보류할 수 없는 소중한 가치는 무엇인가?
그것을 어떻게 지킬 것인가?

엉망인 모습일지라도 초안부터 시작하라

최근에 색다른 일을 했다. 내 책들의 초고를 최종 출판된 원고와 비교하기로 한 것이다. 그 일로 깨달은 내용의 핵심은 이렇다.

▶ 내 초벌 원고는 상당히 엉망이다.
▶ 모든 책에서 가장 인상적인 아이디어를 효과적으로 전달하는 방법은 초고가 아닌 퇴고 과정에서 등장했다.
▶ 내가 고민한 부분이 어디고, 순조롭게 쓴 부분이 어딘지 명확히 확인할 수 있었다. 순조로웠던 부분보다 고민했던 부분이 더 많았다.

상당히 의기소침해지는 작업이었다. 왜냐하면 자부심 가득하게 최종 작업물만을 상기하고 결과물을 얻기까지 고생했던 기억을 잊어버렸기 때문이다. 그러나 동시에 용기를 얻기도 했다. 원고가 제대로 써지지 않는다고 조바심 낼 필요가 없다는 사실을 깨달았기 때문이다. 초안은 수많은 수정을 거친 후에 결국 아름다운 노래가 될 것이다.

어떤 프로젝트든 초안은 틀림없이 수정되고, 보강되고, 조정될 것이다. 그런 초안을 완성하는 게 어려운 과정이다. 매력적인 일은 아니지만 초고를 마치는 일은 작업에 가장 중요한 이정표가 된다.

어떤 프로젝트든 첫 번째 목표는 일단 초안을 만드는 것이다. 이 초안은 나중에 수정하면 된다.

Today's Question

지금 어떻게든 초안을 만들어야 하는 프로젝트가 있는가?

그만 망설이고 결정을 내려라

사람들은 대부분 선택지를 열어두기를 선호한다. 뭔가 더 재밌는 일이 생길 경우를 대비해 마지막 순간까지 약속을 확정 짓지 않는다. 직장에서도 더 좋은 아이디어가 떠오를 경우를 대비해 마지막 순간까지 결정을 미루곤 한다. 이런 우유부단함은 일반적으로 자신이 속한 팀에게, 협력자들에게 그리고 의뢰인에게 영향을 끼친다. 당신의 결정을 애타게 기다리고 있는 사람들이 있다.

결정(decision)이라는 단어의 어원은 '자르다(to cut)'라는 뜻을 가진 'cis'다. 결정의 의미는 당신 앞에 있는 하나에 집중하기 위해 다른 선택지들을 말 그대로 잘라내는 것이다. 위대한 잠재력을 품은 선택지로 향하기 위해 충분히 괜찮은 다른 선택지들을 거절하는 것이다.

결정을 내리지 못하면 당신의 일은 희뿌연 안개 속에 갇힌다. 당신의 세계는 불필요하게 복잡해진다. 결정을 내릴 때 비로소 그 안개가 걷힌다. 덴마크 철학자 쇠렌 키에르케고르는 다음과 같이 말한다. "겁쟁이는 결정을 가장 두려워한다. 언제나 결정을 내리는 순간에는 안개가 흩어지기 때문이다." 일을 더 명료하게 만들고 싶다면, 결정을 내리고 그 결정을 따라라. 방향은 언제든 조정하면 된다.

기억하라. 단 하나의 위대한 선택지에 올라타기 위해서는 수많은 괜찮은 선택지들을 포기해야만 한다.

Today's Question

삶이나 일 속에서 지금 당장 결정을 내려야 하는 일이 있는가?

모두가 느려지는 시기를 활용하라

많은 조직이 시장이 호황일 때는 모든 기회를 쥐어짜 시장의 흐름을 타려고 노력하고, 시장의 흐름이 둔화될 때는 기회가 올 때까지 쉬어가는 경향이 있다. 그러나 나는 이런 경향이 기회를 낭비한다고 생각한다. 시장이 둔화되는 시기는 자신의 성장에 집중할 수 있는 이상적인 시간이다. 이때 당신은 청사진 또는 프로토타입을 만들거나, 무엇이든 다음 작업이 될 가능성이 있는 새로운 분야를 실험하고 투자해야 한다.

혁신은 정신없는 작업 사이의 빈틈, 즉 '여백'에서 발생한다. 여백의 순간에는 (일반적으로) 압박감이 줄어들기 때문에 숙고하고, 번복하고, 작은 위험을 감수할 수 있다. 언제든 이렇게 할 수 있지는 않다. 당신이 일로 바쁠 때 눈앞에 닥친 일이 아닌 다른 일을 하면 수익을 창출할 수 없기 때문이다.

오늘은 약간의 '여백'이 생기면 실험해보고 싶은 프로젝트가 무엇인지 잠시 생각해보는 시간을 가져라. 당신은 무엇을 해보고 싶은가? 시간이나 공간이 부족해 미뤄둔 일은 무엇인가? 미래에 실제 고객에게 사용하기 위해 실험해보고 싶은 청사진은 무엇인가?

일과 일 사이에 발생하는 공간을 활용하라. 모든 것이 침체되는 시기가 오면 다시 상황이 회복될 때 흐름을 잘 탈 수 있도록 역량을 쌓아둬라.

시장 흐름이 느려지는 시기엔 자신의 역량을 키워라.

Today's Question

다음번에 일상에서 약간의 여백이 생기면 어떤 프로젝트를 시도해볼 것인가?

당신의 EST를 찾아라

지금부터 몇 분만 할애해 자기 자랑을 해보길 바란다. 당신은 무엇에 능한가? 다른 사람보다 특별히 뛰어난 능력은 무엇이 있는가? 사람들은 당신의 어떤 점을 칭찬하는가?

작가 마이크 미칼로비치(Mike Michalowicz)는 어떤 종류든 자신이 가진 최상의 자질을 발휘할 수 있는 일, 가장 잘하는 일, EST(영어의 최상급을 나타내는 어미-옮긴이)를 찾으라고 조언한다. 당신은 가장 행복한 사람인가, 가장 우스꽝스러운 사람인가, 가장 쿨한 사람인가, 가장 특이한 사람인가, 아니면 그 외에 당신을 진정 유일무이한 존재로 만들어주는 단어는 무엇이 있는가? 그 단어 끝에 EST를 붙여보자. 원한다면 '가장 독창적인(inventive-est)'과 같은 단어를 만들어낼 수도 있다. 당신이 다른 사람과 구별되는 특징은 무엇인가?

당신을 동료들과 구분 짓는 특징이 무엇인지 찾아내고 개발하라. 노력한다면 세계에서 가장 잘할 수 있는 일은 무엇인가? 모든 분야에 세계 최고가 될 수는 없지만, 최고가 될 수 있는 뭔가 한 가지는 분명히 있을 것이다. 시간을 투자해 자신을 다른 사람들과 차별화할 수 있는 자질이 무엇인지 숙고해보고, 그 소질들을 개발해 자신의 직업과 생활 속에서 꾸준히 활용할 수 있는 방법을 찾아보라.

당신이 성공하기 원한다면 다른 사람들과 차별화되는 자질을 계발해야 한다.

Today's Question

당신을 주변 사람들과 다른 존재로 만드는 자신만의 독특한 자질은 무엇인가?

새로운 시도를 하는 데 면허는 필요 없다

내가 제일 좋아하는 책 중 하나는 홀마크 카드사의 창의적 리더였던 고든 매켄지(Gordon MacKenz)가 쓴 《거대한 머리카락 뭉치를 공전하기(Orbiting the Giant Hairball)》다. 이 책에서 가장 짧은 꼭지는(아마도 내가 읽어본 것 중 가장 짧은 꼭지일 것이다) 바로 이 대목이다.

"오빌 라이트(Orville Wright)는 비행기 조종사 면허가 없었다."

이게 전부다. 해당 꼭지의 내용은 이게 끝이다. 하지만 무척 강력하고 의미가 있는 문장이라 지금까지 기억하고 있다. 우리는 어떤 아이디어를 세상에 꺼내기 전에 다른 사람들이 공식적으로 인증해주기를 기다린다. 하지만 라이트 형제가 동력 비행을 시도하기 위해 면허가 나오기를 기다렸다면 우리는 대체 언제 중력의 한계를 벗어나 하늘로 날아오를 수 있었을까?

맞다. 적절한 절차를 밟는 것이 현명한 순간도 있다. (내 담당 의사가 즉흥적으로 의료시술을 하는 것이 아니라 의학 학위를 받았다는 사실에 감사한다!) 그러나 우리는 종종 자신의 실행력 부족을 공식적인 동의를 받지 못한 탓이라고 변명하곤 한다. 실제로 비행기 조종사가 되고 싶은 것이 아니라면 부디 조종사 면허를 딸 때까지 기다리지 마라. 물론 비행기 조종사가 되고 싶은 것이라면 반드시 면허를 따야 한다!

아이디어를 실행하기 위해 허가를 기다리지 마라. 아무도 당신에게 창의력을 발휘할 수 있는 자격을 부여해주지 않는다.

Today's Question

다른 사람들이 당신의 아이디어를 승인해주기를 기다리고 있는가?

빛나는 아이디어를 실행할 적임자를 찾아라

내 직업 생활에서 가장 귀중한 깨달음 중 하나는 30대 초반 회사 개발팀을 이끌 때 얻었다. 나는 적절한 아이디어를 가지고 있었고, 타이밍도 완벽했다. 그러나 여러 가지 이유로 그 혁신은 효과가 없었다. 몇 달 뒤 상사가 무엇이 잘못되고 있는지 논의하고자 나를 자기 사무실로 불렀다. 그는 아이디어와 타이밍에는 문제가 없다는 데에 동의했다. 그리고 그는 예상하지 못했던 말을 덧붙였다. "당신이 낸 아이디어라는 이유만으로 반드시 당신이 그 일을 수행해야 하는 것은 아닙니다." 생각의 전환을 맞이한 순간이었다. 나는 그렇게 생각해본 적이 없었다. 내 아이디어를 책임지고 이끌 사람은 당연히 나라고 생각했다.

당신은 살면서 수많은 아이디어를 낼 것이고, 그중 몇 가지는 다행히도 당신의 열정과 능력의 범주 안에서 실현이 가능할 것이다. 그러나 어떤 아이디어는 다른 사람이 수행했을 때 성공할 가능성이 훨씬 크다. 그 순간에는 현실을 인정하기 어렵지만, 약간 거리를 두고 제3자의 관점에서 바라보면 명백한 경우가 많다.

아무리 빛나는 아이디어를 냈다고 해도 그 일의 적임자는 당신이 아닐지 모른다. 아이디어 실행을 도와줄 다른 사람이 필요할 수도 있다는 점을 인정하라.

당신의 아이디어라는 이유만으로 당신이 그것을 실현해야 하는 것은 아니다.

Today's Question

지금 당신이 낸 아이디어 중 다른 사람의 수행 능력이 필요한 것은 없는가?

'생각 쏟아내기'로 스트레스를 정리하라

우리가 창의적 프로로서 경험하는 스트레스는 대부분 작업 자체보다 미완성 작업에 대한 부담에서 비롯된다. 이 부담감은 일하지 않을 때조차 우리를 떠나지 않는다. 우리는 뭔가를 놓치고 있는 느낌 때문에 스트레스를 받는다. 또 아직 떠올리지 못한 아이디어 때문에 스트레스를 받는다.

작가 데이비드 앨런(David Allen)은 스트레스를 완화하는 효과적인 방법으로 '생각 쏟아내기'를 소개한다. 당신을 짓누르고 있는 모든 약속, 과제, 주제, 아이디어를 자유롭게 써보라. 마음에 걸리는 거의 모든 일을 포착하는 데 시간이 좀 걸릴지도 모른다. (보통 20~30분 정도 걸린다.) 하지만 일단 적고 나면 당신이 스트레스를 받는 일들의 실체가 대부분 종이 위에 드러날 것이다.

'그 목록을 보면 더 심하게 스트레스 받지 않을까?'라고 생각할지 모른다. 하지만 실제로는 그렇지 않다. 스트레스의 많은 부분은 달성해야 할 과제보다는 그것을 해낼 만한 시간이 없다는 두려움에서 비롯된다. 모든 것을 당신 앞에 놓인 종이 위에 기록하면 신기하게도 그 일들이 훨씬 감당할 만하게 느껴진다. 일단 전부 적어놓으면 당신은 그것들을 체계적으로 정리할 수 있고, 계획을 세울 수 있으며, 의미 있게 발전시킬 수 있다.

'생각 쏟아내기'로 당신의 머릿속을 청소하라. 창의적인 생각을 위한 새로운 길이 열릴 것이다.

Today's Question

지금 당장 '생각 쏟아내기'를 시도해보라.

하루쯤 쉬어도 아무 일도 일어나지 않는다

기독교 전통에서 일주일 중 하루는 쉬는 날, 즉 안식일로 정해져 있다. 일주일 중 하루는 노동을 완전히 놓는 것이다.

안식일의 근본정신에는 많은 사람이 고개를 끄덕이지만, 오늘날처럼 바쁜 세상에서 완벽하게 쉴 수 있는 날이란 비현실적으로 느껴진다. 하루 종일 이메일을 보지 않으면, 중요한 프로젝트를 전혀 손대지 않으면, 한 주를 미리 준비해두지 않으면 모든 게 무너져버릴 것만 같다. 그렇지 않은가?

사실 그렇지 않다. 수 세기에 걸쳐 많은 학자가 안식일의 숨은 핵심 의미는 자신이 우주의 중심이 아니라는 사실에 대한 자각이라고 말한다. 세상은 당신 없이도 잘 돌아간다. 주기적인 휴식은 에너지를 보충할 뿐 아니라 세상이 당신의 존재에 의존하지 않는다는 사실을 새롭게 상기시켜준다.

유대교 신학자인 아브라함 헤셸(Abraham Heschel)은 이렇게 말했다. "안식일은 우리가 놀라운 문명의 예술을 배우는 날이다."

정신없이 돌아가는 오늘날 이 원칙을 지키기 어렵다는 사실은 이해하지만 일주일에 하루는 일하지 않고 쉬는 날로 계획하려고 노력하라. 멈춤을 통해 경이로움과 새로운 활력을 얻을 수 있다.

일주일에 하루를 완벽한 휴식의 날로 삼으면 창의적 에너지를 재충전할 수 있다.

Today's Question

당신은 안식일에 어떻게 긴장을 풀 것인가?

세상에 용기 불어넣기

누군가의 격려의 말이 당신의 마음을 따뜻하게 했던 기억을 떠올려보라. 그는 무슨 말을 했는가? 왜 그 말이 당신에게 의미 있었는가? 그 말이 당신의 관점과 에너지를 어떻게 변화시켰는가?

시의적절한 한마디 말이 수년간 당신의 마음속에 남아 있다는 사실이 신기하지 않은가? 당신의 진가를 발견해준 사람, 당신의 성취를 찬양해준 그 사람은 당신의 은인이다. 그 사람은 당신의 하루, 한 주 혹은 진로를 바꿔놓을 수 있다. 재미있는 점은 말을 한 당사자는 정작 자신이 얼마나 깊은 영향을 미쳤는지 모른다는 것이다. 그들은 적절한 순간에 우연히 말했을지 모르지만 그것이 당신에게 커다란 의미를 지니게 된 것이다.

격려란 '용기를 불어넣는다'는 의미로 누군가가 활활 불꽃을 태우고 있을 때 꼭 필요한 장작 하나를 던져주는 것이다. 당신이 지나가듯 던진 한마디가 누군가의 세계를 바꿔놓을지도 모른다.

지난주에 멋진 작업을 해낸 사람을 봤는가? 아무도 보지 않는 곳에서 모든 일이 잘 돌아가도록 묵묵히 자신의 일을 수행하고 있는 사람을 봤는가? 일이 잘되지 않아 실의에 빠져 있는 사람이 있는가? 당신이 그를 격려할 때, 세상에 용기를 불어넣고 있는 것이다. 그리고 그것은 당신에게 돌아올 것이다.

잠시 마음의 여유를 가지고 주변 사람을 격려해보라. 격려의 말은 그들의 삶을 바꾸고, 당신의 삶 역시 바꿀지도 모른다.

Today's Question

오늘 격려의 말을 건넬 사람은 누구인가?

당신은 지금 기다리는가, 방관하는가

기다림이 최선의 전략인 경우가 있다. 시간이나 자원을 본격적으로 투자하기 전에 일의 진행 상황을 확인해야 할 때, 핵심 결정권자가 결단을 내리기 전일 때는 일단 기다려야 한다. 자칫 노고가 수포로 돌아갈 수 있기 때문이다. 물론 한시라도 빨리 작업을 진행하고 싶은 마음은 이해한다. 하지만 이때는 기다림이 미덕이며 현명한 일이다. 인내심을 가질 필요가 있다.

그런데 가끔 우리는 인내심과 수동성을 혼동한다. '현명하게' 처신한다고 주장하며 자신의 실행력 부족에 대해 변명한다. 하지만 단순히 책임을 회피하고 있을 때가 많다.

인내심은 계획을 갖고 있으며, 언제 실행할지 알고 있는 상태다. 수동성은 일이 잘 풀리기를 막연히 기다리는 것이다. 인내심은 앞쪽으로, 수동성은 뒤쪽으로 기울어져 있다. 인내심은 필요에 따라 전략적으로 발휘된다. 수동성은 마음가짐이자 생활 습관이다. 인내심은 일이 시의적절하게 이뤄지도록 잠시 중지하는 것이다. 수동성은 손 놓고 일이 벌어지도록 내버려둔다.

인내심과 수동성의 차이점이 보이는가? 인내심은 행동 쪽으로 기울어 있는 반면, 수동성은 일에서 해방되는 쪽에 초점을 맞추고 있다.

우리는 아이디어에 착수하거나 팀의 합이 맞을 때까지 종종 인내심을 발휘해야 한다. 그러나 기회의 순간 바로 행동할 준비가 돼 있어야 한다.

인내심과 수동성은 다른 미래를 만든다.

Today's Question

적절한 시기를 기다리고 있는가, 일이 어떻게든 흘러가도록 내버려두고 있는가?

스포트라이트가 좋다면, 즐겨라

어떤 사람들은 관심의 중심에 서고 싶다는 욕망 때문에 움직인다. 그들은 말하자면 '일이 벌어지는 그곳에' 있기를 원한다. 중요한 프레젠테이션을 맡을 때, 집중 조명을 받을 때, 팀을 대표해서 발언할 때 최고로 활력이 넘친다.

그들은 자신의 공로를 인정받지 못하거나, 일의 핵심 인력이 되지 못하면 좌절하고 심지어 당혹감을 느끼기도 한다. 사실 그들도 자신이 이런 동기에 좌우되지 않기를 바랄지도 모른다. 선두에 서서 집중 조명을 받는 사람이 되고 싶다는 생각은 이기적이고 거만하게 느껴지기 때문이다.

그러나 모든 동기부여는 선물이다! 중심에 서기를 원하는 사람들도 필요하다. 아이디어를 공유하고, 대의를 위해 싸우고, 나서서 사람들을 즐겁게 해주는 그들이 우리에겐 필요하다. 그러므로 당신이 앞에 나서는 자리로 동기부여를 받는다면 용기를 내기 바란다! 당신의 동기부여는 선물이다. 땅에 묻어버리지 마라.

만약 당신이 이런 방식으로 동기부여를 얻는 사람 때문에 골치가 아프다면, 그들의 동기를 어떻게 받아들일지, 필요에 따라 어떻게 그 기질을 진정시킬지 당사자와 대화를 나눠보는 것도 좋다.

당신의 의도가 바르다면, 관심의 중심에 서고자 하는 욕구 역시 미덕이다.

Today's Question

핵심적 자리에 서고 싶다는 자신의 욕구 때문에 당황한 적이 있는가?

커리어는 구불구불한 선이다

커리어의 중후반을 달리고 있는 사람에게 "당신이 스물두 살이었을 때 지금 이런 일을 할 거라고 예상했는가?"라고 묻는다면 대개 고개를 저으며 웃음을 터뜨릴 것이다. 커리어 전체를 직선으로 이끌어가는 사람은 극소수에 불과하다. 사람들은 대부분 인생의 여러 경험을 통해 불쑥 등장하는 기회를 따라간다. 시간이 흐르면서 자기 자신이 어떤 사람인지, 자신이 어떤 분야에 관심이 있는지 알아가고, 어렸을 때는 잘 몰랐던 자신의 성향과 기회를 발견하게 된다. (나는 30대 중반까지 작가가 되기를 꿈꿔본 적이 없지만 지금은 12년 동안 여섯 권의 책을 출간한 작가가 됐다.)

우리는 어떤 직종이나 산업의 전형적인 경로를 그대로 따르기보다 개인이 가지는 독특한 기술과 능력에 따라 커리어를 진행한다.

커리어의 다음 단계를 고민할 때 이런 질문을 해보라.

▶ 현재 자신이 지닌 자질 중 2년 전 혹은 10년 전에는 절대 예측할 수 없었던 것은 무엇인가?
▶ 예전이라면 존재하는지도 몰랐을 기회 중에서 지금 당신을 흥분시키는 것은 무엇인가?

커리어는 대부분 구불구불한 선이다. 시작점에서는 예상할 수 없으며 훗날 뒤돌아볼 때만 설명할 수 있다.

Today's Question

앞으로 자신의 커리어를 어떻게 진행해나갈지 생각할 때, 당신을 가장 설레게 하는 것은 무엇인가?

먼저 이해하고, 그 후에 피드백하라

당신의 작품을 이해하지 못하는 사람에게 작업물에 관해 설명하던 순간을 떠올려보라. 아마도 그들은 당신의 작품을 신랄하게 비판하며 개선 방법을 제안하려 들었을 것이다. 당신이 며칠 혹은 몇 주간 고민한 작업물에 대해 그들은 고작 2분 정도 생각하고 무엇이 잘못됐는지를 이야기한다.

창의적인 작업은 매우 주관적이어서 누군가에게 피드백을 줄 때는 세심한 접근이 필요하다. 최종 결과물만 보고 비판하기보다는 그 결과를 도출한 결정들의 근본적 논리와 생각의 과정을 이해하고, 그 맥락 안에서 수정안을 제시하려고 노력해야 한다.

곧바로 허점을 찌르지 말고, 그 작업물에서 이해되지 않는 지점이 무엇인지 파악하라. 그런 다음, "흥미로운 선택입니다. 당신이 왜 이런 접근방식을 택했는지 내가 이해할 수 있도록 도와주십시오."라는 식으로 말하라. 혹 당신이 잘못 이해했거나, 판단의 오류를 범했을 가능성이 있는지 생각을 되짚어보라. 그 뒤 이렇게 질문하라. "X를 하는 대신에 Y를 선택하면 어떨까요? 그러면 이 프로젝트에 대한 당신의 접근방식이 어떻게 달라질까요?" 창작자가 스스로 문제를 해결하기 위해 고민하도록 하라. 그러면 당신은 해당 프로젝트의 성공을 도울 뿐 아니라, 그들이 다음 프로젝트에서 더 효과적으로 생각을 전개하게 해준다.

창의적인 작업에 대한 피드백을 줄 때는 결과가 아닌 과정에 대해 질문해야 한다.

Today's Question

당신은 타인의 작업물에 대해 어떤 식으로 피드백을 주는가?

생각을 재구성하는 4As

프로젝트를 진행하면서 처음에 설정한 가정이 맞는지 중간중간 점검하지 않으면 경로를 이탈한지도 모르고 시간을 허비하기 쉽다.

다음은 문제를 다르게 보도록 도와주는 '4As'다.

▶ 가정(Assumptions): 지금 당장 재고해봐야 할 가정은 무엇인가? 무엇이 진실이고, 무엇이 거짓이라고 가정하고 있는가? 만약 가정이 틀렸다면 어떻게 해야 할까?

▶ 포부(Aspirations): 이 프로젝트의 완전한 성공은 어떤 모습일까? 하려고 했던 바를 완성했다는 사실을 어떻게 알 수 있을까?

▶ 연관성(Affinities): 이 프로젝트와 비슷한 프로젝트가 있는가? 이 프로젝트와 유사한 다른 작품 혹은 다른 분야에서 무엇을 배울 수 있을까?

▶ 속성(Attributes): 당신이 붙잡고 있는 문제의 핵심 속성은 무엇인가? 해당 이슈를 묘사하는 세 가지 단어는 무엇일까? 문제를 해결하기 위해 그 단어들을 어떻게 활용할 수 있을까?

당신의 프로젝트를 이 네 가지 생각의 틀로 바라보면 이전과는 다른 관점을 발견할 수 있다.

문제를 해결하다 벽에 부딪힌다면 프레임을 재구성해보라.

Today's Question

지금 하고 있는 작업을 '4As'로 다시 바라보면 어떤 변화가 있는가?

리더의 내면세계 질서: 3Ps

사적인 내면세계는 결국 공적인 결과로 드러난다. 내면세계가 무질서하다면 당신의 팀이 결국 그 혼란의 열매를 맛보게 될 것이다.

리더의 내면세계는 철학, 원칙, 훈련 이 세 가지로 잘 정리돼 있어야 한다.

▶ 철학(Philosophy): 다른 사람들과 상호작용하는 방식에 있어 당신의 외부적 기대치다. 리더로서의 당신에 대한 사용 설명서라고 할 수 있다.

▶ 원칙(Principles): 결정을 내리고 팀을 이끌 때 사용하는 내부적 지침이다. 함께 일하는 사람들과 신뢰를 쌓으려면 상황에 따라 유동적으로 결정하는 것이 아니라 원칙에 따라 일관성 있게 결정하는 모습을 보여줘야 한다.

▶ 훈련(Practices): 당신이 활력 있고 집중해서 작업에 임하도록 도와주는 정기적인 활동들이다. 공부, 명상, 목표와 가치 재검토, 책임 분야 분석과 같은 것이 이 항목에 속한다.

이 세 가지 중 하나라도 부족하면 공적인 결과에 영향을 미치게 될 것이다. **세 가지 영역을 서로 일관성 있게 조율한다면 당신의 창의성과 리더십의 강력한 토대가 돼줄 것이다.**

Today's Question

당신의 3Ps는 어떤가? 조정이 필요한 항목은 무엇인가?

즉흥성이 끼어들 여백을 남겨라

자신의 하루에서 가능한 한 최대의 효율을 끌어내고 싶은 유혹이 생기는 것은 당연하다. 그렇지만 지나치게 빈틈없는 하루를 보내다보면 자칫 예리한 통찰이 다가오는 순간을 놓칠 수 있다. 원하는 시간에 딱 맞춰 아이디어가 떠오르는 경우는 매우 드물다. 그러므로 자신에게 약간의 여유를 허용해 창의적 과정에서 예고 없이 찾아오는 아이디어를 받아들일 공간을 남겨둬야 한다. 한 시간이 걸릴 일이라면 작업 시간을 90분으로 설정하라. 일주일 정도 걸릴 것 같다면 열흘 정도로 계획을 세워라. 이런 비효율성이 많은 상사의 마음을 불편하게 만들 것을 잘 안다. 그렇지만 결코 낭비가 아니다. 창의적 과정에 꼭 필요한 여유다.

창의성은 효율적인 상황에서 발휘되기 쉽지 않다. 목적의식을 가지고 여백을 잘 활용한다면 헛된 낭비는 없을 것이다. 작업 과정에 약간의 여유를 남겨두면 불현듯 떠오르는 생각의 자취를 쫓을 수 있고, 아이디어를 다듬는 단계로 넘어가기 전에 조금 더 실험하고 상상해볼 수 있다. 자신에게 창의적인 자유를 허락하라. 창의성을 위한 여백을 만들어내라. 그 시간에 당신이 하마터면 놓칠 뻔한 귀중한 통찰을 만날 수 있을 것이다.

작업 중에 불현듯 찾아오는 영감과 통찰을 흡수할 여백을 남겨둬라.

Today's Question

어떻게 하면 당신의 창의 과정에 더 많은 여유 시간을 가질 수 있을까?

거절에 대한 면역

작가이자 강사인 지아 장(Jia Jiang)은 젊은 시절, 자신에게 문제가 있음을 알았다. 그는 거절당하는 것, 실패하는 것, 무안당하는 것을 끔찍이 두려워했다. 그리고 자신의 두려움이 의미 있는 인생 경험을 방해한다는 사실을 깨달았다. 그래서 그는 거절에 무뎌지기 위한 계획을 세웠다. 거절의 충격에 대한 면역력을 기르려고 매일 실제로 거절당하는 연습을 한 것이다. 그는 축구복을 입은 채 이웃집에 찾아가 뒷마당에서 같이 축구를 하자고 제안했다. 패스트푸드 식당에서 '버거 리필'을 요청하기도 했다. 그는 수십 번 거절당했지만, 선뜻 그의 독특한 제안을 받아들이는 사람도 있었다.

거절을 좋아하는 사람은 아무도 없다. 그러나 당신이 무언가를 만들어 다른 사람들과 공유하는 직업을 선택했다면 어떤 형태든 거절당하는 일은 불가피하다. 우리가 걱정할 것은 거절 그 자체가 아니라, 거절에 대한 두려움이다. 거절에 대한 두려움은 당신의 창의성을 가로막고 새로운 일에 도전하는 것을 방해한다.

나는 엄청나게 많은 수의 근사한 프로젝트, 위대한 아이디어, 훌륭한 관계가 거절에 대한 두려움 때문에 시작도 못 한 채 사라지고 있다고 생각한다. 거절당할지도 모른다는 공포가 얼마나 막대한 손실을 초래했을지 짐작도 할 수 없다. 거절에 대한 두려움이 당신의 아이디어와 야망을 방해하지 못하게 하라. 그것은 후회로 가는 가장 확실한 길이다.

창의적 프로들은 거절의 두려움을 극복해야만 한다.

Today's Question

거절에 대한 두려움 때문에 주저하는 일이 있는가?

인풋과 아웃풋을 계량적으로 분석해보라

훌륭한 작업인지 아닌지 무엇으로 측정하는가? 계량적 분석이 가능한가?

나는 지금 한창 책을 쓰는 중이다. 책을 쓰는 과정의 일부로 하루 동안 총 몇 개의 단어를 썼는지 측정하지만 그게 유용한 지표는 아니다. 단순히 단어의 개수에 집중하기보다 하루에 괜찮은 아이디어를 몇 개 축적했고, 실제로 몇 꼭지를 썼는지에 초점을 맞춘다. 전자는 내 '아이디어 공장'을, 후자는 내 '창의적 아웃풋'을 측정하는 것이다. 두 가지 측정 모두 가치 있고 유용하다. 아이디어의 개수를 측정하지 않으면 순식간에 글감이 부족해지는 사태에 이를 수 있다. 반대로 실제로 쓴 글의 양을 측정하지 않으면 작업이 한심하리만큼 뒤처져 마감일을 지키지 못할 것이다. 하나는 인풋의, 다른 하나는 아웃풋의 계량적 분석이다.

당신은 작업의 인풋과 아웃풋을 어떻게 나누는가? 어떤 방식으로 그것들을 측정하고 있는가? 아웃풋의 측면에서 중요한 요소뿐 아니라 제작 과정의 초기 단계에서 중요한 인풋의 요소도 늘 염두에 둬야 한다. 작업하는 데 필요한 인풋과 아이디어를 언제나 보유하고 있도록 주의를 기울여야 한다.

당신의 창의적 인풋과 아웃풋을 제대로 측정하고 있는지 확인하라.

Today's Question

당신은 작업의 인풋과 아웃풋을 어떻게 측정하는가?

6월

나만의 성공을
정확히 조준하는 시간

June

"성공하든 실패하든 상관없다.
애초에 성공이나 실패라는 개념을 버려라.
오직 중요한 것은 당신의 지경을 넓히는 일이다."
– 조지아 오키프(Georgia O'Keeffe)

당신은 성공을 어떻게 정의하는가?
우리는 대개 성공이라는 막연하고 모호한 개념을 좇지만
그 단어가 무엇을 의미하는지 진지하게 생각해본 적은 없다.
이번 달에는 당신이 자부심을 품고 당당히 소개할 수 있고,
당신의 기량을 최고로 드러내는 작품을 생산하는 데 집중하라.

절대 멈추지 마라

당신이 일하며 내리는 결정 중 일부는 굉장히 좋은 판단이었다고 생각되기도 하지만, 또 다른 일부는 실수였다고 느껴지기도 한다. 절박한 상황에 처하거나, 자신이 일을 망쳤다는 생각에 사로잡히면 당연히 그런 감정이 든다.

실제로 당신이 일을 망쳤을 수도 있다. 우리 모두 실수할 때가 있다. 그러나 당신이 어떤 상황에 있든, 지금 그곳에서 자신이 원하는 곳을 향해 다시 길을 찾아나갈 수 있다. 실수하지 않은 다른 사람보다 조금 더 시간이 걸릴지도 모르지만 그래도 당신은 결국 그 일을 해낼 수 있다. 물론 희생을 감내해야 한다. 상당히 큰 희생일지도 모른다. 어려운 결정을 내려야만 할 것이다. 그래도 종내 그곳에 도달할 수 있다. 당신은 할 수 있다.

실수에 사로잡혀 아무것도 하지 못하는 지경에서 멈춰 있는 것이 최악의 처신이다. 자신이 '덫에 빠진 상태'라고 받아들여 앞으로 나아갈 계획을 세우지 못하는 것이다. 위기 상황에서 두려움에 얼어붙으면 결국에 더 큰 피해를 보게 된다. 그래서 "계속 움직이라!"는 말을 자주 하는 것이다. 당신이 움직이고 있다면 방향을 재조정할 수 있다. 가만히 서 있으면 어떤 추진력도 얻지 못한다.

계속 움직이며 목적지를 주시하라. 앞으로 나아가라. 당신은 결국 목적지에 도달할 수 있다.

Today's Question

상황에 압도되거나 덫에 빠졌다고 느낀 적이 있는가?
당신은 어디를 향해 움직이고 있는가?

영웅들에게 당신의 길을 물어라

어린 시절에 슈퍼히어로가 돼본 적이 있는가? 우리는 각자 제일 좋아하는 히어로를 연기하며 동네를 뛰어다니고, 서로에게 눈에 보이지 않는 광선을 쏘아대며 슈퍼 악당들과 맞서기 위해 이웃집 울타리를 가로질러 '날아 다니곤' 했다. 물론 우리 영웅들은 항상 승리했다.

어린 시절에 즐겨 하던 '따라 하기 놀이'는 창의적인 활동의 좋은 모델이다. 대신 영화 속 영웅을 현실의 영웅으로 바꿔보라.

아브라함 링컨(Abraham Lincoln)이라면 현 프로젝트에 대한 논쟁을 어떻게 해결할까? 스티브 잡스(Steve Jobs)는 새로운 앱의 디자인을 어떤 방향으로 이끌까? 마틴 루터 킹(Martin Luther King Jr.)은 당신 팀의 역동성에 대해 어떤 조언을 할까?

이들이 고난에 처했을 때 어떻게 돌파했는지를 생각해보면 자신의 프로젝트를 새롭게 바라볼 수 있다. 위대한 업적을 남긴 사람들의 이야기를 깊고 넓게 읽고, 새로운 시각이 필요할 때 반추해보라. 그들은 어떤 문제에 부딪혔고, 어떻게 접근했는지 잘 살펴보라. 그들의 실수를 떠올리고(모든 사람은 실수한다!) 당신이 같은 실수를 하지 않을 방법을 생각해보라.

벽에 부딪힐 때 당신의 슈퍼히어로는 어떻게 행동했을지 생각해보면 새로운 답을 찾을 수 있다.

Today's Question

당신이 깊이 존경하는 사람은 누구인가?
그들이 사용했던 방법 중에 따라 해볼 만한 것이 있는가?

자만심 vs. 자신감

많은 창의적 작업의 현장에는 자만심과 불안감이 온통 뒤섞여서 존재한다. 창의적 작업의 주관적인 특성 때문에 사람들은 약한 모습을 절대 보이려고 하지 않는다. 목소리가 가장 크고, 가장 공격적이고, 가장 확신에 찬 것처럼 보이는 사람에게 팀 전체가 뜻을 굽히는 상황도 간혹 발생한다. 자만심이 지나쳐서 다른 사람의 의견을 들을 생각조차 하지 않기에 팀원들이 그냥 그를 수용해버리는 것이다. 하지만 그들은 사실 자신의 불안과 자신감 부족을 감추고 있을 뿐이다.

자만심은 자신감과 다르다. 자신감 있는 사람은 새로운 상황에 잘 적응하지만, 자만심에 사로잡힌 사람은 경직된 채 자신의 이익을 지키는 데만 관심이 있다. 자신감 있는 사람은 주변을 살필 줄 아는 반면, 자만심이 강한 사람은 오직 자기 안에 있는 욕구와 야망만 들여다본다. 자신감 있는 사람은 "나는 잘 해낼 수 있다."라고 말하지만, 자만심이 큰 사람은 "나는 절대 틀릴 리가 없다."라고 말한다.

둘은 근본적으로 다른 사고방식이다. 불행히도 어떤 사람들은 떠들썩하고 대담해 보이는 자만심을 좇는다. 그러나 목소리가 크다고 진실은 아니며, 공격성과 의미 있는 통찰을 헷갈려서는 안 된다. 창의적인 자신감을 길러야 하지만, 자만심으로 이어지지 않도록 조심해야 한다.

자신감은 강력하고 확실한 협업의 길이지만, 자만심은 고립되고 외로운 창의적 불구로 가는 길이다.

Today's Question

자만심으로 가득한 사람을 만난 적 있는가? 어떤 일이 벌여졌는가?

영감은 의외의 곳에서 온다

당신은 디자이너인가? 그렇다면 디자인 잡지만 읽고 디자이너들의 작품을 보여주는 웹사이트만 방문하는가? 아니면 기업가로서 오직 비즈니스 관련 책과 잡지만 읽는가? 글을 쓰는 사람이라면 같은 장르의 작가들에게서만 영감을 찾고 있는가? 혹은 사진가라서 사진 관련 SNS 계정만 팔로우하는가?

우리는 이미 유효성이 증명된, 믿을 만한 출처에서만 영감을 찾을 때가 많다. 자기 분야의 다른 사람들이 무엇을 하는지 살펴보고자 하는 것은 당연하다. 유행에 뒤떨어지지 않으려는 노력 또한 현명한 처사다. 하지만 당신과 같은 일을 하는 사람들에게만 시선을 고정하면 자꾸 자신과 비교하게 되고, 부지불식간에 아이디어를 베끼게 될 가능성이 있다.

같은 분야의 사람들이 아닌 다른 분야 사람들에게 창의적인 영감을 얻고자 애써라. 한 영화 기획자는 영상이나 영화에서 영감을 받기보다는 소설에서 영감을 받을 때가 많다고 한다. 소설에서 얻은 영감을 자신의 일과 연결해 직관적 도약을 이루었다는 것이다. 그래서인지 그의 아이디어는 늘 기발하다.

영감을 위해 파고들 수 있는 다른 분야가 있는지 잘 생각해보라.

당신의 주 영역 밖에서 영감을 찾아라.

Today's Question

당신이 작업의 영감을 얻기 위해 정기적으로 찾는 곳은 어디인가? 당신 분야 밖에서 새로운 관점을 촉발할 수 있는 곳을 찾아보라.

'창의성의 날'이 필요할 때

내 다음 진로를 명료하게 정해야 했던 중대한 순간들이 있었다. 사실 책을 한 권 발표할 때마다 매번 이런 순간이 찾아온다. 사람들에게 지난 작업에 관해 얘기하느라 바쁜 가운데, 다음 작품은 어떻게 해야 할지 알 수 없는 불확실한 시기다. 그럴 때 나는 '창의성의 날'을 선언한다.

일찍 일어나 커피와 함께 아침을 먹고, 차를 몰고 도심으로 나가 강변을 따라 걷는다. 그 후 도시를 걸어 다니다 서점에 들르고, 나를 둘러싼 여러 자극에 주의를 기울인다. 강을 건너 반대편 동네를 돌아다니고 가끔 기분이 동하면 영화도 한 편 본다. 그날 하루 내내 메모하고 통찰에 귀를 기울이며 세상이 내게 어떤 영감을 제공하는지 살핀다.

인상적인 사실은, 이런 시간을 보낼 때마다 다음에 무엇을 할지에 대한 강렬한 감각을 갖고 돌아온다는 것이다. 이메일과 반복되는 잡무와 생산성에 대한 압박을 벗어나, 정처 없이 거닐고 자유롭게 생각하며 세상을 탐험하는 시간을 가지면 작업에 대한 열정과 참신한 시각을 얻을 수 있다. 창의성의 날을 보낸 뒤에는 피곤하면서도 상쾌한 기분을 느끼며 집에 돌아온다.

대담한 행보가 필요한 시기라면, 창의성의 날을 선언하라.

Today's Question

당신은 언제 창의성의 날을 가질 것인가?

당신의 취향에 당당해져라

청소년 상담원인 내 친구가 고등학생 한 명이 정신없이 자신을 찾아왔던 일화를 얘기해줬다. 잔뜩 슬픔에 빠진 모양새를 보니 집에 무슨 일이 생겼거나 여자친구와 끔찍하게 이별한 듯했다. 친구는 학생에게 무엇이 잘못됐냐고 물었다.

"끔찍한 일이에요." 학생은 말했다. "있잖아요, 저는 이 밴드를 너무 좋아해요(밴드 이름은 생략하겠다)."

"그래서 무슨 일인데? 밴드가 해체됐니? 사고가 생겼어?"

"아니요, 그런 게 아니에요. 우리 학교에서 한 무리의 아이들이 드디어 이 밴드를 발견했어요. 저는 더 이상 이 밴드의 음악을 듣지 못하겠어요. 모두가 그들을 좋아하게 됐으니 이 밴드는 이제 쿨하지 않아요."

이 이야기는 실화다. 대중의 흐름에 따라 자신의 호불호까지 조정하는 것이다. 뻔한 팝 뮤직이나 팝 아트를 좋아하는 것은 '쿨'하지 않으며, 바보 같은 코미디를 보고 웃는 사람은 예술적으로 미성숙하다고 간주한다. 당신은 현대사회의 역기능에 저항하는 어둡고 밀도 높은 영화만 좋아해야 한다. 그렇지 않은가?

당신이 원하는 바를 채워주는 것이 있다면 그냥 그것을 좋아하라. 다른 사람들이 어떻게 생각할지 걱정하지 마라. 무언가가 어떤 방식으로든 당신을 고무시킨다면 마음껏 영감을 받아들여라.

그냥 당신이 좋으면 당당히 좋아하라.

Today's Question

당신이 즐기는 취미 중에 쑥스럽게 느껴지는 것이 있는가?
그렇게 느끼는 이유는 무엇인가?

누군가의 인증이 필요하다는 핑계

내 친구 라이오넬은 탁월한 음악가다. 그는 엄청나게 인기를 끈 여러 히트 곡을 작곡하고 녹음했다. 그가 활동했던 몇십 년 전, 음악가로 성공하기 위해서는 음반사 임원들의 관심을 끌어 계약을 성사시키고, 음반사가 당신과 당신의 음악을 시장에 맞춰 다듬는 것을 수용해야 했다. 또 음반을 만드는 데 수십만 달러를 썼으며 당신을 띄우려는 음반사의 소망에 부응해야 했다. 즉, 문지기들에게 허락받아야 시작이라도 할 수가 있었다.

하지만 이후 녹음 기술이 상향평준화돼 거의 모든 사람이 스튜디오 수준의 장비를 이용할 수 있게 됐다. 라이오넬은 어떤 아이가 침실에서 녹음한 걸로 그래미상을 받는 날도 시간문제라는 농담을 몇 년째 해왔다.

빌리 아일리시(Billie Eilish)는 라이오넬의 농담을 뛰어넘었다. 음악의 90퍼센트를 집에서 녹음한 데뷔 앨범으로 그래미 어워드 '올해의 앨범'을 수상한 최연소 수상자가 됐고 5개의 주요 상을 휩쓸었다. 빌리 아일리시로 인해 이제 어디에서든 음악을 만들 수 있다는 사실이 공식화됐다.

물론 뭔가를 만드는 것과 세상의 관심을 얻는 것 사이에는 큰 차이가 있다. 작품이 인기를 얻느냐 마느냐는 또 다른 이야기다. 그러나 예술작품을 만들기 위해 공식 허가가 필요하다는 진부한 변명은 사망 선고를 받았다. 문지기의 허락은 필요하지 않다. 당신은 그냥 자신의 일을 하면 된다.

이제 창의적 분야의 문지기는 사라졌다. 변명하지 말고 당신의 일을 하라.

Today's Question

작업에 앞서 누군가의 허락을 기다리고 있지는 않은가?

빠르게 성공하는 데 집착하지 마라

우리 모두는 언젠가 "나는 빠른 성공을 원하는가, 아니면 오래 지속되는 성공을 원하는가?"라는 질문을 스스로 던져야 한다. 이 질문은 우렁차게 들리지 않고 미묘하게 찾아온다. 하지만 주의를 기울이면 그 소리를 자주 들을 수 있다.

당신은 일시적 유행을 따르는가 자신의 직관을 따르는가?

당신은 당장 편리한 일을 하는가 아니면 오랫동안 결과를 만들어내는 일을 하는가?

당신은 순간적으로 이목을 끄는 데 집중하는가 아니면 훗날 자신이 자랑스러워할 만한 작품을 개발하는가?

이것들은 자신의 가치관을 잘 파악해야 할 수 있는 결정들이다. 위대한 창조적 작업을 위해서는 자신의 자아를 전복시켜야 한다. 토마스 머튼(Thomas Merton)은 이렇게 썼다.

"모든 사람이 가는 길을 그대로 따라가는 것은 대단히 자기중심적인 일이다. 사람들은 자기 자신을 부풀리는 데 급급해 인기 있는 것을 그저 흉내 내곤 한다. 조급함은 예술가를 망친다. 그들은 빠른 성공을 원할 뿐이라서 스스로에게 진실해질 시간이 없다. 그러다 광기가 덮치면, 자신의 조급함이 바로 일종의 진실함이라고 주장하기도 한다."

쌓아올리고 있는 작업의 본체에 집중하고, 단기간에 인정받고자 하는 충동에 저항하라.

Today's Question

당신이 빠른 결과를 위해 타협하고 싶다고 느끼는 지점은 어디인가?

포기하고 싶은 순간을 넘어서라

몇 년 전 농구를 하다 전방 십자인대가 찢어졌다. 수술을 기다리며 몇 달간 경기를 뛰지 못했고, 이제 내 인생에 농구는 없다는 사실을 깨달았다. 다른 운동을 찾아야 했고, 나는 달리기를 선택했다. 이전에도 달리기를 시도해본 적이 있었고 별로 흥미를 느끼지 못했기에 옳은 선택인지 판단이 서지 않았다. 이번에는 두 아들과 시합하며 달리면 재미있게 할 수 있을 듯해 한 번 더 시도해보기로 했다.

첫 번째 시도에서는 두 블록 정도 뛰고는 이내 더 이상 뛸 수 없었다. 다음 시도에서는 800미터를 뛰었다. 그때 나는 결심했다. 아무리 속도가 안나도, 아무리 힘들어도 반드시 1.5킬로미터는 달리겠다고. 처음 1.5킬로미터를 뛸 때는 끔찍하게 힘들었다. 그런데 다음 번 달리기에서는 800미터를 뛸 때까지 전혀 지치지 않았다. 요즘은 역량을 키웠기 때문에 쉬지 않고 오래 달릴 수 있다. 나는 스스로 해낼 수 있다는 것을 증명했다.

창의적인 작업을 하다 보면 어렵고 하기 싫은 일을 그냥 끝까지 해내야 할 때가 있다. 이때 인내심을 갖고 버틸 수 있도록 자신의 창의적 역량을 키워야 한다. 오늘은 포기하고 싶은 불편한 순간들이 찾아올 때 끝까지 해내는 데 집중해보자. 자신이 해냈다는 사실에 기쁠 것이다.

그만두고 싶은 순간들을 뛰어넘도록 자신을 밀어붙여라. 그 과정에서 창의적 역량이 향상될 것이다.

Today's Question

작업 과정 중 포기하고 싶은 유혹을 언제 가장 강하게 느끼는가?
오늘은 그런 순간을 어떻게 이겨낼 것인가?

잘못의 인정은 신뢰를 부른다

"내 잘못이 아니야!"라는 변명은 어린아이가 램프를 깨뜨리다 들켰을 때 하는 말이지, 어른이 일터에서 할 말은 아니다. 그런데 사람들은 동료들의 신뢰를 잃는 것이 두려워 남을 탓하는 전략을 사용한다. 자신이 무능력해 보이는 상황을 피하고 자신의 평판을 보호하기 위해 비겁하게 변명한다. 그러나 이런 전략은 역효과가 나는 경우가 많다. 모든 사람이 누구의 잘못 인지 이미 짐작하고 있다. 실수를 부인하면 신뢰를 깨뜨릴 뿐이다.

당신의 실수를 인정하라. 실수를 바로잡기 위한 책임을 감당하라. 자신의 실수를 발견했다면 초반에 분명하게 인정하라. 그러면 최악의 사태를 막을 수 있다. 그 순간에는 조금 괴롭겠지만 장기적으로는 당신이 편한 길을 선택하지 않고 옳은 일을 했다는 사실 때문에 사람들이 당신을 신뢰할 것이다. 실수했다면 다음과 같이 처신하라.

▶ 실수를 받아들이고 인정하라.
▶ 이런 일이 다시 발생하지 않도록 예방하기 위해 혹은 이미 일어난 잘못을 수정하기 위해 어떻게 할지 결정하라.
▶ 실수에 대해 상사, 이해관계자, 동료들과 소통하라.

두려워 마라. 빠르게 달려가며 새롭게 도전하다 보면 실수는 생길 수 있다. 그러니 실수를 인정하고 신뢰를 쌓아라.

Today's Question

자신의 실수를 인정하지 않는 사람을 만나본 적 있는가?
그들과 협업할 때 어떤 기분이 들었는가?

위험하더라도 최고를 겨냥하라

1990년대에 음악 산업에서 일했던 친구가 라디오에 싱글로 발매할 곡을 선택하는 음반사의 방법을 말해줬다(이 이야기의 진위를 검증할 방법은 없지만, 출처는 신뢰할 수 있다). 그들은 여러 곡을 녹음한 뒤, 전화로 설문조사를 실시했다. 사람들에게 노래의 한 소절을 들려주며 선호도를 1점에서 5점 사이로 평가해달라고 요청했다. 1점은 '라디오 채널을 돌려버릴 거야.' 라는 뜻이고, 5점은 '이 노래 너무 좋아!'라는 뜻이다. 음반사들은 설문을 수집해 싱글곡을 결정했다고 한다.

5점을 가장 많이 받은 곡을 출시했으리라고 생각하는가? 나도 그랬다. 그러나 실제로는 그렇지 않았다. 음반사들은 5점을 많이 받은 곡들은 호불호가 명확히 갈리는 경향이 있다는 사실을 발견했다. 그 곡들은 1점도 많이 받았다. 사람들은 그 곡을 너무 좋아하거나 너무 싫어했다. 그런 곡들은 위험부담이 있다. 그래서 그들은 3점짜리를 선택했다. 그 노래들은 적당히 사람들의 관심을 끌었으며 호불호가 거의 없었다. 시간이 흐르면서 라디오 음악들은 점차 비슷해졌다. 예측이 가능하고 안전한 음악들이 주를 이뤘다. 그들은 위대한 음악을 발표하는 것이 목적이 아니었다. 청취자가 채널을 고정하게 만들어 광고를 많이 판매하는 것이 목적이었다.

당신은 오늘 올바른 목표를 조준하고 있는가? 자신의 창의적 열망을 정확히 겨누고 있는가, 아니면 '3점'을 조준하고 있는가?

목표를 정확히 하지 않으면 수준 이하의 작업을 하게 된다.

Today's Question

안전한 결과를 위해 적당히 타협하고 있는 프로젝트가 있는가?

열심히 일하되 절박하게 일하지는 마라

일과 삶에서 성공하고 싶다면 당신은 집중해서 매우 열심히 일해야 한다. 그러나 열심히 일하는 것과 절박하게 일하는 것은 차이가 있다. 열심히 일하는 것은 자발적인 노력이며 에너지가 집중돼 필요한 자원이 효과적으로 공급된다. 절박하게 일할 때는 많이 애쓰지만 에너지가 효과적으로 집중되지 않아 비생산적인 경우가 많다.

▶ 열심히 일할 때는 목표를 잘 조준해서 노력을 기울이지만, 절박하게 일할 때는 허둥지둥 급한 일을 처리한다.

▶ 열심히 일할 때는 완료 시점이 명확하지만, 절박하게 일할 때는 끝이 없는 것처럼 느껴진다.

▶ 열심히 일할 때는 기분이 좋지만, 절박하게 일할 때는 공허해진다.

▶ 열심히 일할 때는 계획이 있지만, 절박하게 일할 때는 긴급한 일에 수동적으로 반응한다.

▶ 열심히 할 때는 최적의 아이디어를 추구하지만, 절박하게 일할 때는 처음 떠오른 불확실한 아이디어에 매달린다.

열심히 일하는 것과 절박하게 일하는 것 사이의 미묘한 차이를 알아야 한다. 절박한 기분이 들면 당신은 명확하게 사고하지 못한다. **근면하게 일하되, 절박하게 일하지 마라.**

Today's Question

절박하게 일했던 시간이 생각나는가? 그 시간은 어땠는가?

삶에는 약간의 마법이 필요하다

나는 어렸을 때 마술과 사랑에 빠졌다. 텔레비전에서 캐나다 출신의 마술사 더그 헤닝(Doug Henning) 특집을 보면서 세상에는 실제로 물리의 법칙을 왜곡해 사물을 공중 부양시키고 흔적 없이 사라지게 만들고, 순식간에 장소를 뒤바꿀 수 있는 사람들이 존재한다고 믿었다. 조금 더 자라 마술이 환영일 뿐이라는 사실을 알게 됐지만, 숙련된 마술 기술이 불러일으키는 경이감은 사라지지 않았다. 비록 능숙했던 내 마술 기술은 연습 부족으로 녹슬었지만, 기회가 있을 때마다 사용할 수 있는 마법 장비가 여전히 준비돼 있다. (지금 바로 당신의 의자 밑을 확인하십시오. 농담입니다.)

마술의 어떤 요소가 우리를 흥분시키는 것일까? 전문 마술사인 내 친구 해리스는 그것은 '경이감'이며 창의성의 핵심 요소라고 말한다. 이 세상에 존재하지 않는 것을 만들려면 우리는 먼저 그 존재를 상상할 수 있어야 한다. 그러려면 감각의 세계 너머에 있는 그림자의 세계로 가야 한다. 어린아이들의 놀이와 매우 비슷하다. 우리는 불가능한 것을 믿어야만 한다.

당신은 삶 속에서 경이감을 느끼고 있는가, 아니면 삶이 약간 시시하다고 느끼는가? 오늘 잠시 시간을 내서 어린 시절의 기분을 기억하고 자신을 둘러싼 세상의 가능성을 바라보라. 경이감이 창의성의 가장 큰 방해 요소인 냉소주의의 해독제가 될 것이다.

당신의 삶 속에 경이감을 받아들여라. 마법의 세계를 믿어라.

Today's Question

당신에게 경이감과 감탄을 불러일으키는 것은 무엇인가?
오늘 어떻게 그것을 경험할 수 있을까?

내 안의 악랄한 편집자를 상대하는 법

지금보다 젊었을 때는 스스로 '쿨'하지 않다고 여겨지는 아이디어를 생각해내면 수치심을 느끼곤 했다. 내 안에 내 허점을 찌르고 나를 혹독하게 비난하는 비평가가 있는 듯했다. 이는 많은 자체 편집을 초래했다. 당신은 일터에 실재하는 편집자들의 횡포를 비난할지 모르지만 실제로는 자기 안의 편집자가 훨씬 잔인할 수 있다.

내면의 편집자는 기회도 주지 않고 아이디어에 퇴짜를 놓는다. 때문에 우리는 아이디어를 회의에서 공유하지 않는다. 또한 그 편집자는 약간 기이한 아이디어는 군이 모험하지 않는다. 마감일 전까지 그 아이디어를 실현할 수 없을까봐 두렵기 때문이다. 또는 아이디어가 다른 사람들에게 너무 뻔해 보일까봐, 비웃음을 당할까봐 혼자만 간직하곤 한다.

창의적 과정 초반에 이런 식으로 자체 편집을 가하면 작업에 대한 에너지가 억눌려 의욕이 떨어질 수 있다. 추후에 편집할 시간은 얼마든지 있다. 아이디어에 대해 자유롭게 생각하고, 쓰고, 말하고, 개발하라. 지금은 자유롭게 생각을 펼치고, 편집은 나중에 하라.

작업 과정의 너무 이른 시기부터 자체적으로 편집하지 마라. 그 어떤 아이디어도 부끄러워하지 말고 공유하라.

Today's Question

당신은 자체 편집을 하는 편인가?
그것이 당신에게 어떤 영향을 미치는가?

미시적이지만 확실한 변화를 일으켜라

'세상을 변화시켜라'라는 문구는 많은 회사의 구호로 종종 쓰이곤 한다. 긍정적인 변화를 일으키고 싶다는 열망에는 아무런 문제가 없지만, 오직 극소수의 사람들만이 광범위하고, 체계적이고, 지속적인 세상의 변화를 만들어냈다는 점을 분명히 인지해야 한다. 심지어 일부 유명하고 영향력 있던 사람들도 (분명 강렬한 인상을 남기긴 했지만) 거시적으로 세상을 변화시키지는 못했다. 그 대신 그들은 각자가 속한 세상의 한 귀퉁이에 의미 있는 흔적을 남겼다. 그것이 우리가 할 수 있는 전부다.

세상을 진정으로 변화시킬 수 있는 사람은 아주, 아주 드물다. 하지만 모든 사람은 각자 자신의 주변을 변화시킬 수 있다. 모든 거시적 변화는 미시적 노력에서 시작된다. 다른 사람이 필요로 하는 지도자가 돼라. 작업에 열정과 용기를 불어넣어라. 함께 일하는 사람들을 좀 더 편하게 만들어줘라. 가능성의 세계 안에서 살아가며 다른 사람이 각자 자신이 될 수 있는 최고의 모습으로 발전하도록 자극해줘라. 평범함에 안주하지 말고 고군분투하는 사람들과 함께 달려라.

많은 사람이 거시적 문제의 크기에 압도당해 변화를 포기하고 만다. 당신 주변의 미시적 문제들에 집중하고 최선을 다해 그것들을 해결하라. 세상 전체를 변화시키려 하지 말고, 자기 주변을 변화시키는 데 집중하라.

극소수의 사람만이 세상을 변화시킨다. 당신이 거기에 포함되지 않는다면 자기 주변 세상을 변화시키는 것을 소명으로 삼아라.

Today's Question

당신 주변 세상에 어떤 변화가 있기를 원하는가?
그 변화에 기여하기 위해 오늘 어떤 노력을 기울일 수 있는가?

원칙, 프로처럼 배우고 예술가처럼 깨뜨려라

이미 앞에서 다뤘듯 완전한 자유는 창의적 과정에 도움이 되지 않는다. 명확한 경계선이 없으면 어떤 창의적 노력도 혼란스럽게 느껴질 수 있다. 의뢰인이나 관리자가 분명하고, 정확하고, 구체적인 지침을 주는 것이 중요한 이유다. 그러면 최소한 제대로 된 방향으로 나아갈 수 있다.

당신의 직종에서 일반적으로 받아들여지는 원칙들이 그런 경계선이 될수 있다. 마케팅 전문가든, 기업가든, 디자이너든, 작가든 해당 직종의 기본적인 원칙을 깊이 있게, 분명하게 이해하는 것은 중요하다. 다른 사람은 어떤 방식으로 당신의 직종에서 오랫동안 성공적으로 활동해왔는가? 어떤 다양한 학파들이 있는가? 거래의 도구는 무엇인가? 이미 검증된 방법론은 무엇인가?

어떤 사람은 스스로 '반골'로 규정하고 원칙을 창밖으로 던져버리고 싶어하지만, 그 원칙이 애초에 존재하게 된 데에는 이유가 있다는 사실을 받아들여야 한다. 원칙은 대체로 효과가 있다! 원칙을 깨뜨릴 자격을 얻기 위해서는 먼저 원칙을 제대로 이해하고, 원칙이 왜 효과적인지 알고 있어야 한다. 전략적으로 작업의 원칙을 깨뜨리는 일은 창의적 돌파구를 성취하는 훌륭한 방법이지만, 그 원칙의 존재 이유를 이해하는 것이 먼저다. 파블로 피카소가 공언하지 않았는가.

"프로처럼 원칙을 배워라. 그래야 예술가처럼 그 원칙을 깨뜨릴 수 있다."

원칙을 깨뜨리려고 시도하기 전에 원칙에 통달하라.

당신의 직종에서 일반적으로 받아들여지는 원칙이 있는가?
그것을 깨뜨려본 적 있는가? 어떤 일이 발생했는가?

타인을 바꾸고 싶을 때 먼저 생각할 것

"다른 사람은 바꿀 수 없다!"라는 문구를 들어보았는가? 비즈니스 코치이자 저술가인 피터 브레그먼(Peter Bregman)은 동의하지 않는다. 실제로 그는 자신의 커리어에서 많은 사람을 변화시켜왔다. 더 정확하게 말하자면 사람들이 자기 자신을 변화시킬 수 있도록 돕는 일을 해왔다. 그는 다른 사람을 변화시키려는 일반적인 접근방식이 변화를 일으키는 데에 오히려 가장 큰 걸림돌이 되는 경우가 많다고 지적한다. 누군가의 행동이 왜 잘못됐는지 설명하려는 방식이 잘못됐다는 것이다.

그런 방법은 종종 더 많은 갈등을 일으키며, 상대방이 자기 뜻을 고수하고 꼼짝도 하지 않게 만든다. 상대방에게 무엇을 해야 한다고 말하는 대신 그 변화가 그들에게 왜 유익한지 스스로 깨달을 수 있도록 도와야 한다. 이런 접근방식은 우리가 그들의 철천지원수가 아니라 그들의 성공을 돕기 위해 노력하고 있다는 사실을 보여준다.

그들의 행동이 터무니없는 반항 수준에 이르면 분명히 잘못을 지적해줘야 할 때도 있다. 하지만 극단적인 상황을 제외하고 대부분은 그들 곁에 나란히 서서 그들의 성장을 돕는 편이 훨씬 낫다. 그러면 당신은 조직을 더 강화할 수 있고, 당신이 원하는 결과를 얻을 가능성도 더 커진다.

사람은 스스로 마음이 움직이지 않으면 행동을 바꾸지 않는다. 그리고 당신은 그들이 변화를 원하도록 도울 수 있다.

Today's Question

당신 주변에 바람직하지 않은 행동을 보이는 사람이 있는가?
당신은 어떻게 그들이 스스로 변하도록 도울 수 있을까?

멈춤으로 채우는 시간

존경하는 리더 한 분이 자신의 하루 중 가장 중요한 의식에 관해 설명한 적이 있다. 그는 침대에서 일어나 커피 한 잔을 들고 거실에 있는 자기 의자로 간다. 그리고 의자에 멍하니 앉아 있는다(그는 이 이야기를 할 때 정말 멍한 표정을 지어 보였다). 아무것도 하지 않고 그냥 의자에 20분 정도 앉아 있는다. 생각이 자유롭게 떠돌아다니게 놔두는 것이다. 어떤 때는 팀원에 대해 생각하다 그에게 다가갈 아이디어가 떠올라 재빨리 메모한다. 또 어떨 때는 프로젝트에 관해 번뜩이는 통찰이 떠올라 급히 종이에 적어둔다. 그리고 다시 멍한 상태로 돌아간다. 이 의식의 핵심은 의자에 앉아 정신이 자유롭게 표류하도록 그저 내버려두고 무엇이든 떠오르는 생각에 주의를 기울이는 것이다.

나도 수년 동안 이 방법을 사용했고 내 최고의 아이디어 중 일부는 이 시간에 떠올랐다. 분주한 일과 중에는 머릿속에 시끄러운 소리가 너무 많아 간신히 제 목소리를 내려는 내면의 조용한 속삭임을 듣지 못할 때가 많다. 머릿속을 비우기 위해 전략적인 멈춤을 결단할 때 그러한 속삭임들이 아주 선명해진다. 그 고요한 시간에는, 실무를 처리하느라 분주한 낮에는 볼 수 없던 당신 머릿속의 진짜 생각을 발견할 수 있다.

전략적인 멈춤을 통해 내면의 속삭임에 귀를 기울여라.

Today's Question

당신은 하루 중 언제 전략적인 멈춤의 시간을 가질 것인가?
어떤 장소가 적당할까?

실패를 삶으로 초대하라

당신의 가장 최근 실패는 언제인가? 저녁 메뉴로 시도한 새로운 요리가 맛이 없었다거나, 크로스워드 퍼즐을 완성하지 못한 일을 말하는 것이 아니다. 위험을 무릅쓴 선택에 자신의 전부를 쏟아부었지만 성공하지 못한 마지막 경험이 무엇인가?

많은 사람에게 실패는 가장 큰 두려움이다. 잠재적인 실패로부터 자신을 보호하는 데 삶의 상당 부분을 할애하기 때문에 마지막 실패가 언제인지 기억도 나지 않을 것이다. 그런 사람들은 자기 능력으로 충분히 감당할 수 있는 프로젝트만 맡는 한편, 제대로 목표를 달성하지 못했을 때는 다르게 생각하면 사실은 성공에 가깝다며 합리화한다.

삶에 실패가 전혀 없다면, 도전이 필요한 어려운 일은 전혀 시도하지 않고 있다는 뜻이다. 근육을 키우려면 근육이 감당하지 못할 때까지 점점 더 무거운 무게를 들고 또 들어야 한다. 한계점의 끝에 도달했을 때 자신을 더욱 몰아붙인 후에야 운동을 마쳐야 한다. 이런 식으로 훈련하면 다음번에는 역량이 좀 더 커져 있을 것이다.

실패를 겪지 않으면 당신의 역량은 늘 그대로다. 안전하고 예측 가능한 한계 안에서만 살아가게 된다. 그러면 당신은 자신이 무엇을 해낼 수 있는 사람인지 영영 알 수 없다.

당신이 때때로 실패를 경험하지 않는다면 지나치게 안전한 일만 하고 있는 것이다.

Today's Question

가장 최근에 경험한 실패는 언제인가?
당신은 그 실패를 통해 어떻게 발전했는가?

그 관계가 지금도 당신에게 힘이 되는가

당신의 에너지는 한정돼 있다. 당신이 에너지를 특정 목적에 썼다면 반드시 삶의 다른 요소를 대가로 지불해야 한다. 중복되는 업무, 지나간 프로젝트, 반복되는 일정을 정리하는 것은 어렵지 않다. 하지만 개인적이고 마음이 불편해지는 가지치기도 존재한다. 그저 유효기간이 끝났기에 정리해야 하는 인간관계가 그렇다.

관계 정리는 서로 같은 생각이 아닐 수 있기 때문에 꺼내기 어려운 주제다. 예를 들어, 옛 직장 동료가 자신의 업무에 대해 한탄하기 위해 2주에 한 번씩 같이 커피 마시는 시간을 원할지도 모르고, 대학 시절 룸메이트가 일 끝나고 함께 맥주를 마시며 지난 시절을 회상하기 원할지도 모른다. 이런 만남들이 나쁜 것은 아니며, 한때는 당신에게 에너지를 줬을지도 모른다. 하지만 이제 이런 일들이 더 이상 즐겁지 않다면 더 만족스러운 관계들에 투자할 에너지를 확보하기 위해 가지치기할 때일 수 있다.

간략한 경고를 덧붙인다. 나는 다른 사람에 대한 헌신을 쉽게 저버리라고 부추기는 것이 아니다. 다른 사람에 대한 헌신은 고귀한 것이다. 하지만 관계가 시들었다고 느껴질 때, 필요하다면 가지치기할 수 있는 용기를 내라. 그래야 당신에게 도움이 되는 열정을 좇기 위한 에너지가 확보된다. **때때로 우리는 소모적인 인간관계를 끊을 필요가 있다.**

Today's Question

당신의 삶 속에 가지치기가 필요한 관계들이 있는가?

집중의 시간과 산만함의 시간

만약 당신이 나이가 좀 있다면 다음과 같은 경험이 있을 것이다. 어떤 주제에 대해 알고 싶으면 책꽂이로 걸어가, 백과사전을 꺼내고, 해당 주제를 찾을 때까지 지면을 뒤적거리고, 찾더라도 그게 얼마나 오래된 정보인지 의심해봐야 했다. 아니면 도서관을 방문해 원하는 신문 기사를 찾을 때까지 수백 개의 마이크로필름을 뒤지기도 했다. 대단하지 않은가!

이제는 세상에 있는 거의 모든 질문에 대한 답을 클릭 몇 번으로 찾을 수 있다. 당신이 호기심을 느끼거나, 궁금한 주제가 있다면 즉시 검색해 욕구를 해소할 수 있다. 그런데 이 과정은 클릭과 또 다른 클릭으로 이어져 당신을 산만함이라는 토끼 굴에 빠뜨리곤 한다. 주의가 흐트러진다고 해서 눈에 보이는 비용을 지불하지는 않지만, 그 산만함은 작업의 집중력을 깨뜨리기 때문에 실제로는 값비싼 비용을 치르는 셈이다.

클릭을 반복하며 여기저기 기웃거리고 싶은 충동을 억제하려면 작은 수첩을 준비해 일하는 동안 머릿속에 떠오르는 생각들을 적어두는 것은 어떨까. 클릭하고 싶은 기사가 있다면 메모해놓고 나중에 휴식을 취할 때 찾아보라. 가장 좋아하는 밴드에 관한 기사를 읽고 싶은가? 좋다! 나중에 시간이 날 때 읽을 수 있도록 기사에 대해 적어둬라.

당신의 주의를 흐트러트리는 기분 전환 거리를 메모해두고, 그것을 전부 확인할 수 있는 '산만함의 시간'을 설정해 그때 마음껏 즐겨라.

작업을 곁길로 새게 만드는 작은 방해꾼들을 주의하라.

Today's Question

당신은 작업 중일 때 무엇에 가장 쉽게 주의를 뺏기는가?

더 크게, 더 위대하게 꿈꿔라

1966년 월트 디즈니는 디즈니월드의 두 번째 테마파크인 에프콧(EPCOT)에 대한 비전을 발표했다. 디즈니월드를 방문해본 사람이라면 에프콧을 세계 각국의 전시와 놀이기구가 있는 또 하나의 디즈니 놀이공원으로 알고 있을 것이다. 그러나 그것은 월트 디즈니의 본래 의도가 아니었다.

디즈니의 1966년 당시 홍보 영상을 보면 에프콧은 거대한 신도시에서 사람들이 함께 생활하고, 일하고, 창작하는 미래 유토피아(Experimental Prototype Community of Tomorrwo, 실험적 미래 공동체 모형)였다. 야심 차고 실현되기 어려운 비전이었다. 디즈니가 사망한 뒤 회사는 디즈니의 '미래 도시' 계획이 실용적이지 않다고 판단해 다른 사업들로 관심을 돌렸다. 에프콧 계획은 1980년대 초반까지 보류됐다가 야심을 덜어낸 버전으로 대중에게 개방됐다.

나는 새로운 가능성을 향한 월트 디즈니의 비전에 깊이 감명했다. 그는 성공적인 엔터테인먼트 사업의 이익 성장에만 집중해도 됐지만 시선을 돌려 유토피아적인 미래 도시를 만들고자 했다. 그는 무분별한 도시 확산 문제를 고민하고 있었고, 보다 원대하게 생각하고 있었다.

오늘은 이 세상 속에서 당신의 역할이 무엇인지 더 크게 생각해보기를 권한다. 어떻게 당신의 시야를 확장할 수 있을까?

큰 꿈을 꿔라. 전부 실현하지 못할지라도, '합리적인' 목표를 추구할 때보다는 더 많은 업적을 이룰 수 있을 것이다.

Today's Question

당신의 가슴을 떨리게 하는 위대한 비전이 있는가?

창의적 불만을 활용하라

무엇이 당신을 앞으로 나아가게 하는가?

많은 창의적 프로는 현재 진행 중인 작업이 자신의 비전과 일치하지 않을 때 불편한 마음이 생기고, 거기서 자극을 받는다. 열망과 실제 사이의 간극이 좁혀지기를 간절히 원하고, 그전까지 마음을 놓지 못한다. 그들은 적합하지 않은 디자인, 말하고자 하는 핵심을 전달하지 못하는 문구, 문제가 있는 시스템을 해결할 때까지 절대 쉬지 못한다.

그것이 창의적인 작업의 본질이다. 정신이 항상 작업에 가 있어서 작업에 대한 생각이 어디를 가든 당신을 따라다닌다. 이상과 결과물 사이의 간극으로 인한 불만족이 머릿속을 떠나지 않는다.

불안감은 당신을 소진시켜 여러 부작용을 낳는다. 하지만 이런 식의 긴장이 항상 나쁘다고 말할 수는 없다. 건강한 불만족은 당신을 앞으로 나아가게 만들고, 작업을 발전시키고, 기술을 연마하게 만든다. 이상과 결과물이 완벽하게 일치하는 일은 일어나지 않을지도 모르지만, 그래도 괜찮다. 둘 사이의 틈을 좁히려는 노력이 당신을 성장과 성취로 이끌 것이다.

만족하지 못해도 괜찮다. 더 완벽해지고자 노력하는 과정에서 훌륭한 작업이 탄생할 것이다.

Today's Question

비전과 결과물이 일치하지 않아 불만을 느끼는 작업이 있는가?
그 간극을 줄이기 위해 무엇이 필요할까?

다른 매체를 통해 아이디어를 탐색하라

몇 년 전 나는 어느 기업의 팀으로부터 브랜드와 기업의 스토리를 사람들에게 전달하는 방법을 재고할 수 있도록 도와달라는 요청을 받았다. 하루는 그 팀에게 몇 가지 지침을 준 후 밖으로 내보냈다.

▶ 브랜드에 관한 이야기를 차례차례 전하는 사진 다섯 장을 찍어보라.
▶ 브랜드를 직접적으로 상징하는 언어, 기호 등은 사용하지 마라.

그들은 90분 뒤에 돌아와 짧은 외출에서 각자 찍어온 사진과 관련된 이야기를 공유했다. 각각의 발표는 매우 독창적이었고, 발표가 끝날 무렵에는 이전에 떠올리지 못했던 보물 같은 단어, 이미지, 문구, 감정 들을 얻을 수 있었다. 간단하게 주변 지역을 탐험했을 뿐인데 모든 팀원이 기존 사고의 틀을 벗어날 수 있게 된 것이다.

제품 개발, 마케팅, 작문, 디자인 등 어떤 종류의 창의적 프로젝트든지 생각의 전환이 필요할 때 이런 활동을 시도해보라. 다른 매체를 통해 아이디어를 탐험해보는 것이다. 당신이 글 작가라면 해당 주제에 대해 그림을 그리거나 사진을 찍어보라. 당신이 디자이너라면 고민하는 내용을 글로 써보라. 문제를 새로운 방식으로 생각할 수 있게 될 것이다.

종종 다른 매체를 통해 아이디어를 탐험해보라.

Today's Question

작업하고 있는 프로젝트 중에 다른 매체를 탐험해서 통찰을 얻을 만한 것이 있는가?

시작하기 좋은 날

평생 기타를 배우고 싶었던 한 남자는 이제 거의 쉰 살이 됐고, 너무 늦은 것이 아닐까 두려웠다. 그의 친구는 레슨을 받아보라고 권유했다.

"에이." 그는 대답했다. "제대로 배우려면 5년은 걸릴 거야. 어느 정도 칠 줄 알게 되면 쉰다섯이나 될 거라고!"

그의 친구가 잠시 멈춘 뒤 조용히 말했다. "그러면, 기타를 배우지 않으면 5년 후 너의 나이가 어떻게 되지? 기타를 못 치는 쉰다섯보다는 칠 줄 아는 쉰다섯이 낫겠지."

너무 늦었다고, 나이가 너무 많다고 또는 절호의 기회를 이미 놓쳤다며 자신의 열정과 호기심을 포기하는 사람들이 너무 많다. 나 역시 그랬다. 2005년에 팟캐스트를 개설할 당시 나는 굉장히 망설였다. 팟캐스트 시장에 진입하기는 이미 늦었다고 생각했기 때문이다. 상상이 되는가? 그 후 18년 동안 내 팟캐스트는 수천만 건이 다운로드됐다. 그때 부정적인 목소리에 귀 기울이지 않아서 참 다행이라고 생각한다.

너무 늦지 않았다. 당신이 어디에 있든, 어떤 상황에 처해 있든, 당신은 지금 시작할 수 있다. 그 기술을 배워라. 그 일을 시작하라. 위험을 감수하라. 깃발을 꽂아라. 지금이 적기다.

시작하기 너무 늦었을 때는 없다. 오늘 시작하라.

시작하고 싶었지만 너무 늦었다고 생각했던 일은 무엇인가?
당신은 오늘 무엇을 시작해야 할까?

행동하기 전까진 자기 자신을 알 수 없다

실수를 지나치게 두려워한 나머지 올바른 길을 알아낼 때까지 그 자리에 멈춰 서 있는 사람들이 있다. 주변 사람들은 모두 자신이 가야 할 길을 완벽히 이해하고 있는데, 자신만 제자리걸음을 하고 있다고 생각한다. 자신을 제외한 모두가 얼마나 자신만만해 보이는지 모른다!

여기서 모순은 제자리에 멈춰 있으면 점점 더 움직이기가 어렵다는 것이다. 하버드대학교 심리학 교수 엘렌 랭어(Ellen Langer)는《예술가가 된다는 것(On Becoming an Artist)》이라는 책에서 다음과 같이 밝힌다.

"행동은 우리 자신을 경험하는 방법이다. 우리는 어떤 결과물이 아니라 자기 자신을 끌어내기 위해 행동한다."

생각만으로는 재능을 발견할 수 없다. 실제로 무언가를 실행하고, 세상의 저항을 느끼고, 저항에 어떻게 대응하는지를 배우고, 방법을 조정하고, 다시 시도하고, 이러한 순환을 반복하면서 자신만의 독특한 자질과 능력이 무엇인지 발견하게 된다.

행동은 자기 자신을 발견하는 유일한 길이다. 행동은 목표를 달성하고 꿈을 실현하는 유일한 길이다. 중요한 것은 당신이 무엇을 아느냐가 아니라 당신이 무엇을 하느냐다.

행동하는 사람이 돼라.

Today's Question

행동해야 한다는 사실을 알면서도 망설였던 일은 무엇이 있는가?
왜 행동하기를 망설이는가?

그림자 아티스트로 끝날 것인가

어떤 사람들은 꿈을 이루기 위해 감수해야 하는 위험이 두려워 꿈과 관련된 주변부에서 일하는 것에 만족하곤 한다. 작가 줄리아 캐머런은 이런 사람들을 '그림자 아티스트'라고 부른다. 그들은 예술 가까이에 있지만, 실제로 자신이 예술작품을 창작하면 맞이할지도 모를 위험은 피하고자 한다. 예를 들어 책을 쓰고 싶은 사람들이 작가 대신 편집자가 되기로 선택하고, 음악가를 꿈꾸는 사람들이 로드매니저가 되는 것이다. 줄리아 캐머런은 다음과 같이 말한다.

"그림자 아티스트는 다른 아티스트들을 사랑한다. 자기 종족에 자연스럽게 이끌리는 것이지만, 그들은 당당하게 자신의 타고난 아티스트 시민권을 주장하지 못한다. 재능이 아니라 용기가 아티스트와 그림자 아티스트를 가른다. 그림자 아티스트는 그림자 속에 숨어 자신의 꿈을 햇빛에 노출시키기를 두려워하고, 닿기만 해도 산산조각이 날까봐 걱정한다."

나는 '그림자'라는 용어가 예술의 영역뿐 아니라 실패의 위험을 피해 안전한 버전의 꿈을 선택하는 모든 사람에게 적용될 수 있다고 생각한다. 기업가적 아이디어를 품고 있지만 자신이 직접 창업하는 대신에 상대적으로 쉽고 덜 위험한 선택지, 즉 다른 사람의 사업을 위해 일하는 것도 이에 해당한다. 당신의 역량보다 작은 일에 안주하지 마라. 뻔뻔하고 용기 있게 한번 시도해보라.

그림자 아티스트에 안주하지 말고 진짜 아티스트가 돼라.

Today's Question

당신은 지금 그림자 아티스트에 안주하고 있지는 않은가?

지혜로운 척하는 두려움을 경계하라

"내가 그것을 원하는 게 확실한가?"

"이것을 하는 게 더 낫지 않을까?"

"그들이 그렇게 말하면 어떻게 할까?"

"그들이 그렇게 말하지 않으면 어떻게 할까?"

"이렇게 하는 편이 더 안전하다."

불확실성을 받아들이고 위험을 감수하기로 결단할 때 우리의 머릿속에 떠오르는 말들이다. 표면적으로 지혜로운 목소리처럼 들리지만 잘 살펴보면 두려움에 휩싸여 자기 보호를 하려는 말들인 경우가 많다.

문제는 위험 감수와 자기 보호는 동시에 취할 수 없다는 점이다. 서로 정반대 지점에 있는 개념이기 때문이다.

지혜와 두려움을 어떻게 구별할 수 있을까? 지혜는 노력으로 얻을 수 있는 가치를 추구하는 반면 두려움은 오직 현상 유지에만 관심이 있다. 지혜는 행동의 긍정적인 면과 부정적인 면을 현실적으로 파악하지만, 두려움은 실패의 결과를 과장되게 인식한다. 두려움은 정확한 사실과 현실 앞에서 소멸하지만 지혜는 번성한다. 지혜는 비용을 계산해보지만 정당한 이유가 있다면 가급적 행동하는 쪽을 선택한다. 두려움은 오직 자기 보호를 위해 최대한 아무 일도 하지 않기를 선택한다.

머릿속에서 펼쳐지는 지혜와 두려움의 목소리를 분석하라.

두려움은 종종 지혜로 위장하고 찾아온다. 그들을 구별하는 법을 배워라.

Today's Question

당신은 지혜의 목소리와 두려움의 목소리를 혼동한 적이 있는가?

변화를 남에게 맡기지 마라

종종 관리자들에게 이렇게 질문한다. "만약 손가락을 탁 튕겨서 현재 업무 상황에서 한 가지를 변화시킬 수 있다면, 당신은 무엇을 변화시키고 싶은가?" 이 질문에 대한 대답은 두 부류로 나눠진다.

첫 번째 부류를 나는 '의존성' 반응이라고 부른다. 여기에 속하는 응답은 "팀원 누군가가 내 말을 잘 듣기만 하면" 또는 "우리가 더 좋은 의뢰인을 만날 수 있다면" 등으로, 누군가에게 의존한다. 이런 응답은 대부분 문제의 원인을 자신이 아닌 다른 사람에게 떠넘기는 것이다.

그리고 내가 '주체성' 반응이라고 부르는 다른 부류가 있다. "나는 이 프로젝트에서 더 많은 책임을 맡고 싶다.", "업계에 우리 이름을 더 알리기 위해 좀 더 규모가 큰 의뢰인과 작업하고 싶다." 또는 "팀원들이 역량을 키울 수 있도록 자기계발 시간을 주고 싶다."라는 식의 긍정적이고 비전에 초점을 맞춘 답들이다. 이런 식으로 반응하는 사람들은 일을 추진하는 데 있어 방해 요인보다 미래 가능성에 집중한다.

가능성에 초점을 맞추면 그것을 실현할 방법을 찾아 열거하게 된다. 한계에 초점을 맞추면 다른 누군가가 문제를 해결해줄 때까지 기다리는 버릇이 생긴다.

문제와 기회를 주체적으로 떠안아라.

Today's Question

손가락을 탁 튕겨서 당신의 작업 세계에서 한 가지를 바꿀 수 있다면, 무엇을 바꿀 것인가?

생각의 사각지대를 밝히는 가장 확실한 방법

당신이 아무리 경험이 풍부하고 능숙하다고 해도 모든 것을 완벽하게 파악할 수는 없다. 현실을 보다 복합적으로 이해하려면 다른 사람의 관점이 필요하다.

잠재적 사각지대에 불을 밝힐 수 있는 대단히 효과적이며 단순한 기술이 하나 있다. 당신이 신뢰하는 누군가에게 다음과 같이 묻는 것이다.

"당신에겐 빤히 보이지만 내가 놓친 문제는 무엇인가?"

그는 당신이 미처 보지 못한 잠재적 문제를 이미 발견했을 가능성이 매우 크지만, 말해줘도 될지 망설여져 허락을 기다리고 있을 수도 있다. 마음의 문을 열면 다른 사람이 세상을 보는 방식을 이해할 수 있고, 타인의 통찰을 빌릴 수도 있다. 다음과 같이 질문해보라.

▶ 내가 무엇을 놓쳤나?

▶ 당신이 내 입장이라면 어떻게 할까?

▶ 이다음에 무얼 하면 좋을까?

남에게 도움을 구하는 것은 창피한 일이 아니다. 당신 역시 다른 이들을 이같이 도울 준비를 하고, 기꺼이 도와야 한다.

창의력과 리더십의 사각지대를 발견하려면 다른 사람의 도움이 필요하다.

Today's Question

오늘부터 누구에게, 무엇에 대해 조언을 구해야 할까?

7월

완성보다 성장이
두드러지는 시간

July

"어떤 작가들은 그들이 언제나 추구해야 하는 진정성과
결코 신경 쓰지 말아야 할 독창성을 혼동한다."
– W. H. 오든(W. H. Auden)

성장하기 위해서는 모방할 본보기가 필요하다.
그러나 이때 찾아오는 피하기 힘든 유혹은,
먼저 시작했기에 훨씬 숙련된 이들의 작품과
한창 진행 중이고 성장 중인 자신의 작업을 비교하는 것이다.
이번 달에는 당신 영웅들의 작품과 불공평한 비교를 펼치기보다
자기 작업의 점진적이고 의미 있는 성장에 집중해보자.

당신이 할 일은 멋진 작품을 만드는 것이다

새 책을 내고 얼마 지나지 않아 유명 작가에게 연락해 조언을 구한 적이 있다. 당시 나는 새 책이 이전 책에 비해 판매가 저조한 원인을 알 수 없었어, 그것이 커리어가 곤두박질치는 신호일까봐 두려웠다.

나는 그 작가가 해준 말을 결코 잊지 못할 것이다. "출간 초기에 시장 반응이 안 좋다고 자책하지 마십시오. 시장은 생각보다 어리석습니다." 그의 말이 맞았다. 특히 "자책하지 마십시오."라는 부분에서 옳았다.

창의적 프로의 일은 창작과 마케팅 두 부분으로 나뉜다. 창작은 당신이 온전히 통제할 수 있지만, 마케팅(시장이 당신의 작품을 어떻게 받아들일 것인가)은 그렇지 않다. 그래서 많은 프로가 자기 작품을 시장의 입맛에 맞추려 한다. 그러나 이것은 옳지 않다. 결국에는 사람들이 주목할 수밖에 없을 만큼 멋진 작품을 만드는 것이 당신이 해야 할 일이다.

앞서 언급한 내 책은 여전히 다른 책에 비해 판매가 저조하다. 그러나 나는 세계적인 유명인사, 재계 거물과 평범한 직장인들로부터 내 책이 그들에게 커다란 영향을 미쳤다는 감사 메일을 받았다. 그 책은 누군가에게 제 역할을 한 것이다. 그리고 나는 여전히 그 책이 내 최고의 작품이라고 믿는다.

당신 최고의 작품이 가장 인기 있는 작품은 아닐지 모른다. 괜찮다. 자책하지 마라.

Today's Question

당신이 만든 작품이 기대만큼 받아들여지지 않았던 적이 있는가?
여전히 그 작품에 대해 후회하고 자책하는가?

진정한 겸손을 갖춰라

칭찬을 받아들이지 못하는 사람을 만나본 적 있는가? 그들의 작품이 얼마나 놀라운지 말해주면 그들은 "아닙니다, 대단하지 않은걸요.", "단지 운이 좋았습니다." 또는 "다른 사람이 훨씬 낫습니다."라고 대답한다. 또한 그들은 다른 사람의 공간을 침범하고 있다고 느끼거나, 자신이 대화의 너무 많은 부분을 차지하고 있다고 느낄 때마다 사과한다. 마치 자신의 존재 자체에 대해 사과하는 듯하다.

이런 태도는 어린 시절 "겸손해야지." 또는 "건방지게 굴면 안돼." 같은 이야기를 반복해서 들었기 때문일 수 있다. 하지만 자신의 성취는 낮추고 다른 사람의 업적을 치켜세우는 건 겸손이 아니라 자기비하다.

겸손은 전혀 그런 의미가 아니다. 겸손이란 자기 자신에 대한 정확한 평가를 의미한다. 겸손(humility)이라는 단어의 어원은 땅을 의미하는 라틴어 'humus'다. 이는 스스로 자신의 본래 위치보다 높이 끌어올리지 말라는 의미다.

당신의 재능을 끌어안아라! 누군가 당신을 칭찬하면 그냥 "고맙습니다."라고 대답하라. 자신감을 가지고 다른 사람이 당신의 독특한 재능과 능력을 어떻게 바라보는지 배워라. 우리는 다른 사람의 눈을 통해 자기 자신을 가장 잘 이해할 수 있다.

진정한 겸손은 자신의 재능을 수용하는 동시에 자신의 한계를 인식하는 것이다.

Today's Question

칭찬을 흘려듣고 자신의 재능을 과소평가한 적이 있는가?
그것이 당신의 사고방식과 작업 결과에 어떤 영향을 미쳤는가?

평화의 본질을 재정의하라

사람들은 평화라는 단어를 "나는 내가 원하는 것을 얻고, 당신이 그것에 대해 불평하거나 문제를 일으키지 않기를 원한다."라는 의미로 사용하곤 한다. 그것은 평화가 아니다. 일종의 이기심이다. 평화가 존재하려면 관련자 모두가 서로의 안녕을 위해 노력해야 한다. 한쪽이 다른 한쪽의 안녕을 추구하지 않는다면 진정한 평화는 있을 수 없다.

재능 있고 창조적인 사람들이 함께 일하면 갈등이 생길 수밖에 없다. 당신의 팀이 책임감 있게 훌륭한 성과를 내려고 노력하고 있다면 때때로 의견이 맞지 않는 것이 당연하다.

건강한 갈등은 언제나 공동의 목표와 다른 사람의 안녕을 염두에 둔다. 즉, 건강한 방식으로 싸울 때는 명확한 경계 안에서 궁극적으로 서로에게 이익을 주려는 의도를 가지고 대결한다. 거기에는 혼돈이 아니라 질서가 있다. 그것이 평화의 핵심이다. 단순히 갈등이 결핍된 상태가 평화를 의미하지는 않는다. 의견 충돌은 서로의 목표를 달성하기 위해 일어나며 평화란 우리 모두가 결국 같은 편이라는 것을 의미한다.

평화로운 사람이 되겠다고 다짐하라. 질서를 유지하고 동료들의 안녕을 위해 힘써라.

일하며 협력하는 과정에 진정한 평화가 깃들고 질서가 유지되도록 애써라.

Today's Question

조직 안에서 건강하지 않은 갈등을 경험한 적 있는가? 갈등의 근원은 무엇이었으며, 무엇이 그 갈등을 건강하지 않게 만들었는가?

누구도 당신의 창의적 자유를 빼앗을 수 없다

일을 하다 보면 과도하게 제약받고 있다고 느낄 때가 있을 것이다. 의뢰인, 상사, 동료, 시장 그리고 다른 많은 관계자의 다양한 요구를 처리해야 한다. 각각의 제약이 당신의 창의적 자유를 제한하는 듯 느껴질 수 있다.

그러나 진정한 자유는 다른 사람들과는 상관 없다. 자유는 당신의 내면에 존재한다. 당신이 다른 사람에게 그 자유를 내어줄 때만, 자유를 박탈당하는 것이다. 당신이 해야 할 일은 주어진 제약 안에서 직관과 기술을 최대한 발휘해 훌륭한 결과물을 창작해내는 것이다. 때로는 제약이 너무 많아서 선택지가 정말로 제한적일 수도 있지만 그것이 창의적 자유를 도둑맞았다는 의미는 아니다. 단지 어떤 범위 안에서 목표를 달성하기 위해 노력하면 된다는 뜻이다.

다른 사람이 당신의 자유를 침해했다고 생각하면 피해자처럼 느껴질 수 있다. 그렇게 되면 정신적, 감정적으로 침체된다. 창의적 자유는 기본적으로 자기 안에 있다는 사실을 잊지 마라. 주어진 제약 안에서 할 수 있는 최고의 작업을 해내면 성취감을 느낄 것이다. 각종 제약에 격분하기 시작하면 작업은 어려움을 겪는다. 누구도 당신의 자유를 빼앗을 순 없다.

당신의 창의적 자유는 외부가 아니라 내면에서 비롯된다.

Today's Question

창의적 자유를 빼앗긴 것처럼 느낀 적이 있는가?
창의적 자유가 내면에서 비롯된다는 사실을 받아들일 수 있는가?

당신 작품의 주인공을 찾아라

창의적 작업은 매우 주관적이고 개인적인 영역이라 다른 사람을 위해야 한다는 사실을 잊기 쉽다. 어떤 면에서 당신이 하는 일은 당신이 아닌 다른 사람이 바람을 이루고 성취감을 얻도록 돕는 것이다. 당신의 의견은 다른 사람들의 여정에 도움을 주는 정도의 가치가 있다.

당신이 만족시켜야 하는 대상은 무엇을 열망하는가? 그들의 소망은 무엇인가? 그들은 무엇을 꿈꾸는가? 그 꿈을 방해하는 장애물은 무엇인가? 그들이 장애물을 넘고 목표를 달성하는 데 무엇이 도움이 되는가?

작품을 만드는 데 시간을 투자하는 만큼 그들이 진정으로 원하는 바가 무엇인지 알아내는 데 시간을 들여야 한다. 그들을 이야기의 중심에 서게 하라. 그들과 함께 그 이야기로 들어가라. 그러면 그들은 당신의 작품에 친밀한 연대감을 느낄 것이며, 당신은 그들에게 믿을 만한 지지자이자, 안내자가 될 것이다.

공감의 핵심은 다른 사람의 살아 있는 경험으로 들어가는 능력이다. 오늘은 당신의 주변 사람들을 생각의 중심에 두는 시간을 가져라. 당신은 이야기의 주인공이 아니다. 그들을 주인공으로 만들어라.

당신의 최고의 작품은 다른 사람을 주인공으로 만드는 데서 생겨난다.

Today's Question

오늘 어떻게 고객을 주인공으로 만들 수 있을까?
그들의 이야기로 들어가는 시간을 가져라.

성공과 실패를 명확하게 정의하라

성공과 실패에 대한 정의가 없으면 창의적인 작업 과정이 지연된다.

성공적인 프로젝트가 어떤 모습일지 규정해두지 않으면 주변 사람들과 전혀 다른 목표를 갖게 될 가능성이 크다. 또한 작업 도중 목표가 변한다면 미세한 변동만으로 예상치 않은 곳에서 헤매게 될 수 있다. 반대로 실패에 대해 규정해두지 않으면, 길을 걷다 만난 돌부리와 재앙에 가까운 싱크홀을 구별하기 힘들 수도 있다.

성공을 정의하기 위해 다음과 같이 질문해보라.

▶ 우리가 성공하면 그것은 어떤 모습일까?
▶ 우리가 성공했다는 사실을 어떻게 알 수 있을까?
▶ 우리는 어떤 문제들을 풀어냈을까?

실패를 규정하기 위해 다음과 같이 질문해보라.

▶ 우리가 경로를 벗어났다는 것을 어떻게 알 수 있을까?
▶ 우리가 쓸 수 있는 자원의 한계는 무엇인가?
▶ 우리가 피해야 하는 것은 무엇인가?

성공과 실패를 명확히 정의할 수 있으면 성공할 가능성이 배가된다.

Today's Question

현재 작업에 대한 성공과 실패의 명확한 정의가 있는가?

가장 안전한 길이 가장 위험한 길이다

나는 팀원들에게 "안전은 선택지에 없다."라고 적힌 범퍼 스티커를 인쇄해준 적이 있다. (돌이켜보면 자동차 범퍼는 그 스티커를 붙이기 적합한 곳은 아니었다.) 내가 심어주려 했던 메시지는 안전만 추구하면 높은 성취를 이룰 수 없다는 것이었다. 높은 성취를 겨냥하는 작업은 실패할 가능성이 크다. 하지만 그것을 제대로 이뤄냈을 때 근사한 보상을 받을 수 있다.

당신은 사람들에게 가장 쉽고 편한 선택을 했던 때를 이야기하는가, 아니면 위험을 무릅쓰고 탁월한 성취를 이뤄냈던 때를 이야기하는가.

안전한 작업은 아이러니하게도 굉장히 위험하다. 안전한 행동만 한다면 절벽 끝에 다다랐을 때만 보이는 매력적인 길을 절대 탐험할 수 없기 때문이다. 극작가 닐 사이먼(Neil Simon)은 말했다. "미켈란젤로가 시스티나성당 바닥에 그림을 그렸다면 지금쯤 다 지워졌을 것이다."

나는 지금 당신에게 안전에 신경 쓰지 말라고 조언하는 것이 아니다. 위험을 줄이는 건 우리가 하는 모든 일에서 중요하다. 하지만 위험을 줄이되 피해서는 안 된다. 위험은 효과적인 창조 작업의 필수 요소다.

항상 제일 안전한 길을 선택하고 있다면, 그 무엇보다 큰 위험을 감수하고 있다는 뜻이다. 그 위험은 당신이 진정 무엇을 성취할 수 있는 사람인지 영영 알지 못하는 것이다.

안전은 선택지에 없다.

Today's Question

삶이나 일에서 더 좋은 길이 가능하다는 사실을 알면서도 안전한 길을 선택하고 있는 영역이 있는가?

창의성의 세계에 완성은 없다

더 나아질 수 있을까? 조금 더 수정해야 하나? 창의적 작업은 언제 정말 완성되는지 확신하기 어렵다. 언제나 조금 더 나아질 수 있는 가능성이 존재하기 때문에 프로젝트가 일단 완료돼도 작업을 내려놓기가 어렵다. 마감 기한을 훌쩍 넘긴 뒤에야 번뜩이는 아이디어나 완벽한 해결책이 떠오를 때도 있다.

당신이 내 책들을 차례대로 읽는다면 앞선 책에서 소개된 아이디어가 다음 책에서 구체화된다는 사실을 눈치챌 것이다. 딱 알맞은 설명을 찾을 때까지 그 개념을 내려놓지 못하기도 하고 어느 날 불현듯 해당 주제에 대한 획기적인 돌파구가 떠오르기도 한다. 이는 전형적인 창조 작업의 여정이다. 자신의 작품에 완벽하게 만족하기란 쉽지 않다. 만약 지금 만족한다고 해도, 나중에 되돌아보면 뭔가 아쉬운 부분이 남기 마련이다. 그것이 창의적 작업의 본성이다.

그러면 어떻게 해야 하는가? 계속해서 연구해야 한다. 당신이 몰두했던 작업을 떠올려보라. 어려웠던 점은 무엇인가? 지금 생각해보니 뭔가 다르게 할 수 있었던 부분은 무엇인가? 어떤 점을 다음 프로젝트에 적용할 수 있는가?

만족할 때까지 수정할 여유는 없다. 그러므로 우리는 자기 작품을 잘 탐구하고 거기서 배운 점들을 향후 작업에 적용해야 한다.

창의적 작업에 있어 절대적인 완성은 없다.

Today's Question

> 과거의 작업을 되돌아볼 때 당신이 지금 하는 작업에 적용할 만한 통찰이 있는가?

열정에 이끌려가지 말고 열정을 이끌어라

많은 사람이 열정의 의미에 대해 잘못 인식하고 있다. 우리는 종종 젊은 프로들에게 "자신의 열정을 따르라."와 같은 말을 던지곤 하는데 "자신이 좋아하는 일을 하라." 또는 "매일 하는 업무를 즐기라."라는 의미로 사용한다. 그러나 이것은 열정이라는 단어를 매우 기만적으로 사용하는 것이다.

열정(passion)이라는 단어는 '괴로움 또는 인내'라는 뜻의 라틴어 'passiō'에서 유래했다. 우리가 누군가에게 열정을 따르라고 말할 때 실제로는 "자신의 괴로움을 따르라."라고 말하는 것이다.

생산적인 열정이 있으면 다른 때보다 더 오래 프로젝트를 붙들고 작업할 용의가 생긴다. 주변 사람들보다 더 많이 고난, 야근, 어려운 문제를 견디게 된다. 괴로움을 쫓으라는 뜻은 아니다. 더 중요한 가치를 위해 기꺼이 괴로움을 견딘다는 뜻이다.

생산적인 열정은 당신에게 주어진 업무가 아니라 당신이 성취하고자 하는 결과다. 그것은 질서를 만드는 것일 수도, 당신의 작품을 본 사람들이 놀라고 기뻐하도록 만드는 것일 수도, 호소력 짙고 분명한 메시지를 선포하는 것일 수도 있다.

일단 생산적 열정이 타오르기 시작하면 일이 당신을 고무시키길 기다리는 대신 매일 스스로 영감을 들고 직장에 갈 것이다.

열정에 따라가지 마라. 열정을 불러들여라!

Today's Question

당신이 희생을 감수할 만큼 설레게 만드는 일이 있는가?

집중할 용기를 가져라

일상 업무에 쓸 수 있는 주의력의 양은 한정돼 있다. 한정된 주의력을 잘 배분하는 것이 성공의 지름길이다. 어디선가 나타나 당신의 주의력을 흐트러뜨리는 방해 요소는 수없이 존재한다.

내가 '핑(ping)'이라고 부르는 힘이 있다. 내 머릿속에서 끊임없이 나를 성가시게 하는 사소한 생각들이다. '이메일을 확인해야 돼!', '응답기를 확인해야 해. 대통령이 국가 안보 위기 문제로 전화했을지 모르니까!' 이것이 핑 소리가 전달하는 긴박함의 수준이다. 우리는 '핑'으로 인해, 경영 컨설턴트 린다 스톤(Linda Stone)이 '지속적인 주의력 분산'이라고 부르는 상태로 살아간다. 당신의 생각은 이곳에 머물러 있는 동시에 다른 곳에도 가 있다. 당신은 이런 식으로 일에 최선을 다할 수 있는가?

집중은 용기 있는 행동이다. 왜냐하면 한 가지 일을 수행하기 위해 다른 수많은 일을 거절해야만 하기 때문이다. 그렇다. 당신은 어쩌면 다른 것을 놓치게 될까봐 두려워하는지도 모른다. 그러나 그것은 예리하게 연마된 집중력을 통해서만 발휘되는 명료함을 위해 기꺼이 지불해야 하는 대가다.

오늘은 당신의 주의력을 지키기 위해 용감해져라. 가장 중요한 작업을 위해 다른 것에 신경을 끄고 한 곳에만 깊이 몰두하는 시간을 보내라. 분명 보상을 얻을 것이다.

집중은 용기 있는 행동이다.

Today's Question

사람들과 연락을 차단하고 작업에만 집중하는 시간을 가져본 적 있는가?

삶에도 가지치기가 필요하다

다른 사람의 부탁을 거절하지 못하는 사람은 일이 계속 추가돼 다른 일을 할 여유가 전혀 없다. 그런데도 계속해서 다른 일거리를 추가하곤 한다. 이런 사람은 조직 안에서도 마찬가지다. 조직에 새로운 시스템·계획·가능성을 즐겁게 추가하지만 기존 것을 제거하는 경우는 드물다.

홀륭한 농부는 가지치기의 가치를 안다. 주기적으로 가지치기를 하지 않으면 나무 전체가 균형 있게 자라지 못한다. 가지치기가 안된 나무는 기껏해야 중간 품질의 열매를 맺을 것이고, 가지치기가 잘된 나무는 최상급 열매를 맺을 것이다. 우리 삶에도 같은 원리가 적용된다. 정기적으로 가지치기하지 않으면 당신의 모든 작업 결과는 그저 그런 수준에 머물 것이다.

버리기 아깝지만 더 좋은 다른 것으로 채우기 위해 없애야 하는 무언가가 당신의 인생에 있는가? 한때는 희망이 보였지만 지금은 진부해진 프로젝트일지도 모르고, 위태위태하지만 포기하고 싶지 않은 인간관계일지도 모른다. 당신이 가장 중요한 일에 집중할 수 있는 에너지와 정신적 공간을 확보하기 원한다면, 가지치기를 하는 데 능숙해야 한다.

인생에서 중요한 것들을 위해 자리를 만들어야 한다.

Today's Question

가장 중요한 일에 집중력과 에너지와 시간을 쏟아붓기 위해 가지치기가 필요한 부분은 무엇일까?

이유와 목적이 없는 작업은 공허하다

상상해보라. 당신은 들판 어딘가에 활을 들고 서 있다. 거기엔 목표물이 있고 당신의 임무는 그 목표물을 맞히는 것이다. 다른 규칙은 없다. 그냥 목표물을 맞히면 된다. 그러나 한 가지 주의할 점이 있다. 당신의 눈은 가려질 것이다. 당신은 목표물의 위치를 전혀 알지 못한다.

자, 당신이 여러 번 시도하고 실패한 뒤에 정말 운이 좋아 목표물을 맞혔다고 상상해보자. 당신은 훈련이 끝나서 기쁘겠지만, 그 훈련에 만족할 수 있는가?

나는 당신이 크게 만족하지는 못할 거라고 생각한다. 의도와 목적을 가지고 만들어진 결과가 아닐 때는 만족감이 적기 때문이다. 인간은 자신이 직접 내놓은 작업 결과로부터 만족감, 심지어 자존감을 얻도록 설계돼 있다. 작업의 결과에 자신이 깊이 연결되지 않으면 성공마저도 공허하게 느껴진다.

당신이 작업하는 프로젝트 뒤에 숨겨진 의미를 이해해야 한다. 당신이 하는 작업이 왜 중요한지 알고 있는가? 그것을 이해하지 못하면 며칠, 몇 주, 몇 달 동안 계속 일해 많은 것을 이뤄도 별로 기쁘지 않을지 모른다. **의도와 목표가 뚜렷하지 않은 작업에서는 만족감을 얻을 수 없다.**

Today's Question

자신이 맡은 업무의 목적을 정확하게 이해하고 있는가?

어렵더라도 해야만 하는 대화

리더든, 팀 동료든, 의뢰인이든, 친구든, 세상에 어려운 대화를 즐기는 사람은 없다(마조히스트를 제외하고). 그러나 그 누구든 다른 사람들과 공동체 안에서 힘들고 복잡한 작업을 하고 있다면 어려운 대화를 피할 수 없다. 아이디어를 예리하게 다듬으려면 각자의 의견과 관점을 맞춰봐야 한다. 서로 다른 성격이 마찰을 일으킬 때도 있다.

다행히 마찰은 긍정적인 면이 있다. 마찰은 진전을 끌어낸다. 마찰이 없다면 밀어붙이는 힘도 없다. 어려운 대화가 효과적으로 잘 이루어지면 전보다 더 좋은 곳에 도달할 수 있다. 상호이해에 이르고, 상황은 개선된다. 일말의 불신 없이 자유롭게 협력할 수 있다. 하버드 법학대학 교수인 더글라스 스톤(Douglas Stone)은 이렇게 말한다. "어려운 대화는 사실관계를 명확히 하는 것과는 무관하다. 서로 대립하는 인식, 해석, 가치관과 상관 있다."

어려움이 예상되는 대화를 먼저 시작하고 싶어 하는 사람은 없다. 이런 상황에서 당신이 먼저 대화의 물꼬를 튼다면 문제를 개선하고, 불화를 제거하고, 신뢰를 쌓게 될 것이다.

어려운 대화를 즐겨라.

Today's Question

단지 두렵다는 이유로 대화를 회피하고 있지는 않은가?
어려운 대화를 시도할 계획을 세워라.

의자에서 일어나 자극에 뛰어들어라

당신은 마지막으로 언제 안전지대를 벗어나려는 시도를 했는가? 많은 이가 이 질문에 대답하기 어려울 것이다. 우리는 편안하고 익숙한 습관, 루틴, 특정한 업무 방식에서 잘 벗어나지 않는다. 그러나 변화 없이 안락한 일상을 반복하면 새로운 자극을 받지 못하고, 결국 최고의 작업을 수행할 수 없게 된다.

만약 우리가 틀에 박힌 생각에서 벗어나 새롭고 흥미로운 것을 발견하기 원한다면 그것을 적극적으로 찾아 나서야 한다. 나는 이것을 '자극에 뛰어들기'라고 부른다. 머릿속에 불꽃을 일으킬 수 있는 색다른 활동에 참여하는 것이다. 언젠가 나는 우리가 발견할 수 있는 새로운 자극이 무엇인지 알아내기 위해 팀을 이끌고 뉴욕시의 쓰레기통을 뒤졌다. (이 방법은 당신에게 추천하지 않는다!) 또 팀을 주변 동네로 내보내 그들의 브랜드 이야기를 대변해주는 사진들을 찍어오게 한 적도 있다.

의자에 앉아서 문제를 응시한다고 새로운 아이디어가 나오지 않는다. 세상에 나가서 패턴이 스스로 드러나고 점들이 연결되도록 해줘야 한다.

탁월한 아이디어는 낯선 장소에서 떠오른다. 오늘은 자신을 '창의적인 사고'가 일어날 수 있는 상황에 몰아넣어라.

새로운 영감을 얻고 싶다면 자신을 이례적이고 불편한 상황에 몰아넣어라.

Today's Question

다음 주 중 언제 자극에 뛰어드는 시간을 가질 수 있는가?
달력에 시간을 표시해둬라.

신뢰는 작은 바늘로도 터질 수 있다

흔히 신뢰를 은행 계좌에 빗대어 생각한다. 계좌에 신뢰를 약간 집어넣기도 하고, 때때로 조금씩 빼내기도 하지만 일정 정도의 잔고를 유지하기만 하면 괜찮다고 여긴다. 그러나 창의적인 작업에서는 신뢰 계좌를 이런 식으로 활용할 수 없다. 왜냐하면 결국 모든 노력이 헛되이 사라질지도 모를 모험적인 작업을 할 때는 미래의 잠재적인 보상을 위해 현재의 시간, 에너지, 집중력을 모두 털어 넣어야 하기 때문이다. 담당자와 협력자 간에 철저한 신뢰가 더없이 중요하다. 서로의 능력과 성격과 의도를 모두 신뢰해야 한다.

이 때문에 나는 신뢰는 은행 계좌가 아니라 물풍선에 더 가깝다고 생각한다. 물풍선은 아주 작은 구멍이라도 뚫리면 터져버린다. 신뢰 역시 아주 작은 부분이라도 흠집이 생기면 전부 붕괴된다.

문제는 어디에서 흠집이 생길지 모른다는 점이다. 회의에 계속 늦게 나타나거나, 마감 기한을 잊는 등 작은 실수 때문에 관계가 무너질 수 있다. 신뢰를 깨뜨리는 작은 행동들이 반복되면 가장 중요한 시기에 서로 의지하기 어려워진다.

사람들은 대부분 거창한 문제로 신뢰를 깨뜨리지 않는다. 우리를 넘어뜨리는 것은 대부분 작은 일들이다. 당신이 작은 일을 제대로 해내는 데 집중한다면, 함께 발맞춰나갈 탄탄한 신뢰를 얻게 될 것이다.

작은 영역에서부터 신뢰를 쌓으려고 노력해야 한다.

Today's Question

사소한 문제로 팀원, 동료, 친구들의 신뢰를 저버린 적이 있는가?
어떻게 신뢰를 다시 회복할 수 있을까?

벽 앞에서 멈춰 서지 마라

새로운 프로젝트의 시작은 언제나 긴장된다. 텅 빈 페이지, 불확실한 가능성 그리고 작업 초반에 방향을 잘못 설정하지는 않을까 하는 걱정이 우리를 초조하게 만든다. 정지해 있는 물체는 계속 정지해 있기를 원한다. 당신은 시작하기도 전에 벽에 부딪힌다.

  막상 작업을 하다 보면 다양한 영감이 떠오른다. 당신은 작업에 약간 진전을 이루었고 가고 있는 방향에 만족한다. 작업에 웬만큼 추진력도 생겼다. 그러다 갑자기 작업이 정체된다. 당신은 지쳤거나, 새로운 곤경에 처했거나, 프로젝트에 대한 열정을 갑자기 잃어버렸다. '두 번째 벽'에 부딪힌 것이다. 두 번째 벽에 부딪힌 순간, 당신은 눈을 질끈 감고 프로젝트를 마무리시켜 끝내버리거나 다 포기하고 다른 일을 하고 싶은 유혹을 느낀다. 이런 순간을 인식하는 것이 중요하다. 당신은 지금 중대한 갈림길에 서 있다. 당신이 두 번째 벽에 이르렀다면 그것을 뚫고 나아가야만 한다. 벽에 가로막힌 순간에 멈추지 마라. 이번에 이 벽을 뚫지 못하면 다음번에도 마찬가지일 것이다. 다 포기하고 싶어져도 무작정 손을 놓고 있어서는 안 된다. 다시 어느 정도 추진력이 생길 때까지 참고 계속 밀어붙여야 한다. 어느덧 당신은 작업의 다음 단계로 넘어가 있을 것이다.

  창작 과정에는 반드시 넘어야 할 벽이 나타난다. 그 벽 앞에서 절대 멈춰 서는 안 된다.

작업을 포기하고 싶은 유혹을 언제 가장 크게 느끼는가?
당신은 '두 번째 벽'을 경험해본 적 있는가?

유레카의 순간을 계획하라

만약 특정한 날에 어떤 일이 일어나기를 진심으로 원한다면 어떻게 하겠는가? 그냥 그 일을 잊지 않으려고 머릿속에 다시 한번 새기고 말겠는가? 포스트잇에 적어 책상 위에 대충 붙여놓겠는가?

물론 아닐 것이다. 그 일을 달력에 잘 표시해둘 것이다. 간절한 일들은 일정의 가장 중요한 자리를 차지한다. 그 일을 위해 시간을 철저하게 비워두는데, 그것이 그 일을 제대로 치르는 가장 확실한 방법이기 때문이다.

그런데 아이디어에 대해서는 어째서인지, 예상하지 않은 어떤 순간에 갑자기 떠오를 거라고 생각한다. '유레카의 순간'을 즉흥적이고 제어 불가한 행운으로 믿는다. 이것은 사실이 아니다. 우리는 유레카의 순간을 적극적으로 맞이할 수 있다.

어떻게 하면 될까? 아이디어를 위한 시간을 따로 계획해 달력에 기록하는 것이다. 나는 종종 'XYZ 트레이닝 아이디어' 또는 '챕터 21'과 같은 제목으로 달력에 표시해둔다. 이렇게 중요한 작업에 대해 생각할 시간이나 아이디어를 구상할 시간을 따로 확보한다.

정말 중대한 문제라면 달력에 잘 보이게 표시하라. 오늘은(혹은 이번 주 안에) 여전히 해결되지 않은 프로젝트의 아이디어를 구상할 시간을 조금 떼어둬라. 그 시간을 미리 계획한다면 창의적 아이디어가 얼마나 자주 정확히 계획된 시간에 모습을 드러내는지 깜짝 놀랄 것이다.

아이디어가 일상에서 불현듯 떠오르기를 기대하지 마라.

Today's Question

참신한 아이디어를 얻기 위한 시간을 언제 갖겠는가?
달력에 그 시간을 표시해둬라.

일을 통해 사람들을 사랑하라

내 친구 벤은 뛰어난 크리에이티브 디렉터다. 그는 당신도 알 만한 작품을 만든 팀을 여러 번 이끌었다. 그는 일전에 창의적인 작업의 본질에 대해 강연하면서 도발적인 질문을 던졌다.

"당신은 일을 통해 사람들을 사랑하는가, 아니면 사람들을 이용하는가?"

처음 이 질문을 받으면 당황할 수도 있고, 심지어 언짢을 수도 있다. 그렇지 않은가? 내 말은, 당신은 좋은 사람이다. 일을 잘하고 있다. 의뢰인을 도우려고 노력한다. 그러나 벤의 질문에는 훨씬 미묘한 측면이 있다. 이 질문은 관대함과 조종에 대해 다루고 있다.

팀을 이끌면서 팀의 이익보다 자신의 이익에 부합하는 일을 한다면, 팀을 이용하고 있는 것이다. 내가 어떤 제품을 만들면서 실제로는 그 제품이 훌륭하지 않다고 생각한다면 잠재고객을 '이용'하고 있는 것이다.

사랑은 모두가 사이좋게 지낸다거나, 우리가 하는 일을 모든 사람이 좋아한다는 뜻이 아니다. 여기서 사랑은 일하는 방식에서 관대함을 목표로 삼는다는 의미다. 일을 통해 당신이 보상을 얻을 수도 있지만, 그 일은 애초에 타인에게 이익을 주기 위한 의도에서 비롯됐다. 창의적 프로로서 우리가 할 일은 사람들을 돕고 그들의 잠재력을 불러일으키는 것이다.

훌륭한 창의적 작업은 다른 사람들에게 가능성을 열어준다.

오늘 당신은 자신의 작업을 통해 다른 사람들에게 어떤 도움을 줬는가?

나쁜 아이디어는 영리하게 활용하라

창의적인 작업에 대해 "나쁜 아이디어 같은 것은 없다."라는 표현이 있다. 이것은 틀린 말이다. 그렇다면 나쁜 아이디어가 출사표를 던질 때 어떻게 대응해야 하는가? 몇 가지 모범 답안을 제안해보겠다.

▶ 즉시 아이디어의 잠재적인 장점을 언급하라. "제가 마음에 드는 부분은…"라는 식으로 말하고, 어떻게 그 아이디어가 생산적인 방식으로 활용될 수 있는지 보여줘라. 처음부터 비판적인 말을 해서는 안 된다.

▶ 아이디어의 핵심은 차용하되, "대신 이러면 어떨까?"라는 식의 생산적인 방안을 제시하라. 아이디어 제안자는 자신이 팀에 기여했다고 느끼고, 아이디어는 팀에 더 가치 있는 방향으로 재구성될 수 있다.

▶ 대안이나 발전 방향을 제시하지 않으면 다른 사람의 아이디어를 비난할 수 없다는 규칙을 정하라. 공기가 부정적이면 대화가 억눌린다.

▶ 목표에 다시 초점을 맞춰라. 활용할 수도, 재구성할 수도 없는 아이디어라면, 다른 맥락에서는 가치 있을 수 있지만 현재의 목표에는 부합하지 않는다는 사실을 담백하게 전달하라.

나쁜 아이디어를 다루는 방식이 그룹 전체의 분위기를 결정한다. 서로에게 잔인할 만큼 정직하되 대화를 진전시키는 방향으로 정직해야 한다. **나쁜 아이디어는 즉시, 직접적으로 다뤄져야 한다.**

Today's Question

나쁜 아이디어를 다뤄야 했던 경험이 있는가?
어떻게 그것을 처리했는가?

아이디어에 대한 가드를 내려라

누군가가 당신의 관점에 이의를 제기할 때 얼마나 수용적인 태도를 보이는가? 만약 당신이 빛나고 재능 있고 역량 있는 사람들과 함께 일하거나 그들의 리더라면, 그들이 당신을 압박하고 당신의 아이디어에 도전하도록 독려해야 한다. 사실 그들이 그렇게 하고 있지 않다면 당신의 조직은 문제가 있다. (그들은 조직이 자기 이야기를 받아들이지 않는다고 느끼는지도 모른다!)

누군가가 (예의 바르게) 당신의 아이디어에 이의를 제기할 때 방어적인 태도를 취하면, 당신은 실제로는 그들의 생각을 듣고 싶지 않으며, 당신의 생각을 재고할 의사가 없다는 신호를 전달하는 것이다. 방어적으로 상대하는 것이 당신의 입장을 강화해주고, 당신의 정당성을 증명하는 방식이라고 생각하겠지만 그것은 종종 역효과를 가져온다. 방어적인 태도를 보이게 되는 상황이 있는가? 자신의 아이디어에 대한 아주 사소한 비판조차 받아들이지 못하고는 하는가?

이번 주에는 가드를 내려보라. 팀이 성공하려면 각종 아이디어를 내보이는 공간이 필요하다. 견해를 고수하고 관점을 방어하는 것은 다양한 아이디어가 선보여지는 걸 막는 가장 빠른 방법이다. 당신의 팀과 협력자들은 새로운 의견을 제시하려는 시도를 멈출 것이다.

방어적인 태도는 성장을 가로막는다.

Today's Question

생활과 직업 속에서 과도하게 방어적으로 되는 특정 분야가 있는가?
오늘은 어떻게 하면 가드를 내릴 수 있을까?

긴장은 일의 일부다

창조적인 일에서 가장 방해가 되는 것 중 하나가 바로 긴장감이다.

당신은 항상 어떤 결정의 장단점을 따지거나, 팀 내 갈등을 다루거나, 조직·의뢰인·팀 모두에게 옳은 선택이 무엇인지 고민하고 있을 것이다. 이것이 긴장감이다.

노련한 창의적 프로들은 책임이 곧 긴장감을 의미한다는 사실을 안다. 긴장되는 상황을 제대로 인지하고 해결할 때까지 감내하는 수밖에 없다. 그런데 어떤 사람들은 긴장감을 무시하거나, 조급하게 해소하려고 한다. 그들은 불안감을 느끼면 긴장감이 주는 불편함을 견디기보다 차선책에 안주하거나 뒤로 미루고 문제를 회피하려고 한다.

일하거나 리더십을 발휘하는 과정에서 긴장감을 일으키는 문제를 정면으로 돌파하지 않고 조급하게 해소하려고 한 적이 있는가? 그렇게 하면 고통을 잠시 유예할 수 있을지언정 결국에는 고통이 더 증폭된다는 사실을 알아야 한다.

조급하게 긴장을 해소하려고 해서는 안 된다. 긴장은 적절한 시기에 적절한 방법으로 해결해야 하며, 긴장이 가져오는 불편함을 기꺼이 겪어내야 한다. 그래야 궁극의 가치를 달성할 수 있다.

긴장은 건강한 창조의 필수적인 요건이다.

Today's Question

작업 과정에서 긴장을 일으키는 문제를 직접 다루지 않고 조급하게 해결하려 한 적이 있는가?

분주함에 휘둘리지 마라

최근에 존 록펠러(John D. Rockefeller)의 전기《부의 제국 록펠러》를 읽었는데, 그 유명한 석유왕이 남긴 이야기 중 한 구절이 특히 인상 깊었다.

"서두르지 않고 일정한 페이스로 나아가며 지나치게 많은 일을 시도하지 않는다면 우리가 얼마나 많은 일을 해낼 수 있는지 놀라울 정도다."

그가 한 말에는 많은 진실이 담겨 있다. 분주함은 당신을 몰아붙이지만, 리듬은 당신을 지속시킨다. 당신이 끊임없이 분주한 상태라면 점점 일의 효율이 떨어질 것이다. 당신은 진전하고 있다고 생각하겠지만 실제로는 제자리걸음일 뿐이다.

당신은 기계가 아니다. 몸과 마음을 보살피지 않는다면 머지않아 부서질 것이다. 삶 속에 본인의 야망을 실현해나갈 수 있는 기반을 세워야 한다. 생각할 시간을 마련하고, 세상을 새로운 방식으로 바라보게 해주는 인간관계를 쌓고, 결정적인 순간에 역량을 발휘할 수 있도록 에너지를 잘 관리해야 한다. 당신이 끊임없이 분주하다면 너무 많은 일에 에너지가 분산되기 때문에 스스로 빛날 기회를 놓칠지도 모른다. 분주함이 매일 같은 일상을 반복시킨다면, 리듬은 직관적인 도약을 가능하게 한다.

물론 최선을 다해 열심히 일해야 한다. 하지만 분주함의 함정에 빠져서 정신 차렸을 때 쳇바퀴 위를 끝없이 달리고 있지 않도록 주의하라.

끊임없는 분주함을 거부하고 당신만의 리듬을 만들어야 한다.

Today's Question

아무리 바쁘게 애써도 돌파구를 찾을 수 없는 일이 있는가?
한 걸음 물러서서 다르게 접근해보라.

새로운 질문으로 전환을 맞이하라

아무리 노련하고 준비가 잘된 사람이라도 곤란한 문제에 빠져 앞길이 보이지 않는 순간을 피할 수 없다. 정체에 빠진 프로젝트 하나를 선택해 다음의 질문들을 던져보라.

▶ 어떤 가정이 장애가 되고 있지 않은가?

▶ 최악의 시나리오는 무엇인가?

▶ 어떻게 하면 최종 사용자를 감격시킬 수 있을까?

▶ 나는 무엇을 두려워하는가?

▶ 비슷한 일이 또 어디에서 일어났는가?

▶ 무엇을 기대하며, 왜 기대하는가?

▶ 적은 누구이고, 어떻게 그들을 저지할 것인가?

▶ 다른 방식으로 질문할 수 있는가?

▶ 누가 어떻게 이 문제를 해결할 수 있을까?

▶ 내가 가장 좋아하는 영화 속 인물이라면 어떻게 행동할까?

▶ 부족한 자원이 있는가?

▶ 누구에게 도움을 요청할 수 있는가?

▶ 주요 장애물은 무엇이며, 그 이유는 무엇인가?

문제에 갇히지 마라. 새로운 영감을 일으키려면 새로운 질문을 던져라.

Today's Question

당신의 가정 중에 재고해봐야 할 것은 없는가?
어떻게 해야 정체된 자신을 탈피할 수 있을까?

실패의 서사를 스스로 새기지 마라

당신이 이미 백번은 건넜을 밧줄다리를 걸어가고 있다고 상상해보라. 갑자기 밧줄 사이의 널빤지가 흔들리다 떨어진다. 이때 당신의 다음 행동이 엄청나게 중요하다. 겁에 질려 그냥 떨어질 것인가? 꼼짝 못 하고 있다가 비명횡사할 것인가? 아니면 앞으로 나아갈 길을 찾을 것인가? 이런 상황에서 당신은 다리를 성공적으로 건넜던 모든 경험을 되새겨봐야 한다.

난항을 거듭하고 있는 장기 프로젝트를 작업하고 있다면 프로젝트가 기대에 부응하지 못했을 때의 절망과 고통을 잘 알 것이다. 시간, 에너지, 노력을 쏟았던 뭔가가 성공적이지 못했을 때 큰 충격을 받을 수 있다. 이때 당신의 다음 행동이 매우 중요하다. 그런 순간에 자신에게 어떤 이야기를 하는지가 다음 몇 년간 당신의 삶과 일을 규정할지 모른다.

심리학자 마틴 셀리그먼(Martin Seligman)은 내면의 믿음과 서사가 손상되는 데는 세 가지 방식이 있다고 설명했다. 그것을 개인화하고(나는 실패했다. 그러니 나는 실패자다), 일반화하고(나는 이런 경우에 실패했다. 그러니 모든 경우에 실패할 것이다), 영구화하는(나는 한 번 실패했으니, 항상 실패할 것이다) 경우다. 물론 세 가지 서사 모두 거짓이지만, 그 순간에는 정말 사실처럼 느껴진다. 실패 후 마음의 빈자리를 이런 서사가 채우는 것이다. 절대 '실패'에 이런 식으로 답하지 마라. 좋든 싫든 당신이 선택한 서사가 당신의 한계를 정한다.

실패는 가슴에 달아야 할 수치스러운 이름표가 아니다.

Today's Question

실패에 관한 거짓 서사가 당신의 작업을 방해하고 있지는 않은가?

'적당히'의 유혹을 뿌리쳐라

탁월함을 가로막는 가장 큰 장벽이 무엇일까? 적당함이다.

우리는 일이 다음 순서로 적당히 넘어가는 것만으로 잘 돼가고 있다고 생각하곤 한다. 솔직히 말해 이런 방법이 항상 잘못된 것은 아니다. 어떨 때는 적당한 것이 적합하다. 하지만 대부분의 경우에 옳지 않다. 그런데도 왜 우리는 안주하려 하는가?

▶ 사고가 마비되는 반복 작업: 작업이 매우 반복적이라면, 당신이 나서서 일을 추진한다기보다 일에 따라 수동적으로 움직인다고 생각하게 된다. 조류에 휩쓸리지 않도록 작업의 목표를 명확히 해야 한다.

▶ 불분명한 경계와 정의: 책임 소재가 분명하지 않으면 중대한 결정을 다른 누군가에게 미루기 쉽다. 모든 사람이 탁월함을 발휘하는 문화를 원한다면 모두가 최종 결과물에 책임감을 느껴야만 한다.

▶ 전체를 관통하는 주제의 부재: 여러 업무를 하나로 묶어주는 '목표의 식'이 부족하다면 열정을 잃기 쉽다. 당신의 역할이 이 일에서 어떤 의미를 지니는지 전체 작업의 맥락을 이해하려고 노력하라.

적당한 타협이 현명할 때도 있지만, 일상 업무의 고단함 때문에 안주하지 마라.

적당함의 횡포에 굴복하지 마라.

Today's Question

당신의 작업에서 적당히 안주하고 있는 부분은 없는가?

타인의 가슴에 불을 지펴라

자기중심적인 사람들은 태생적으로 꽉 막혀 있다. 그들은 자신의 성과와 보상, 다른 사람의 성과와 보상 그리고 명성이 분배되는 방식에 너무 집착한 나머지 다른 사람의 성공을 축하하기 어려워한다. 혹시 그들이 축하할 때는 '당신이 이런 축하를 받게 될지 정말 몰랐지만'이라는 식으로 꼬아서 말하곤 한다.

창의적 에너지를 얻는 최고의 방법은 다른 사람을 격려하는 것이다. 다른 사람을 격려(encourage)한다는 것은 말 그대로 다른 사람에게 용기(courage)를 불어넣는 것이다. 또한 용기는 마음이라는 뜻의 'cord'에서 유래했기 때문에 결국 누군가를 격려한다는 것은 그들에게 마음을 주는 것이다. 그들의 불꽃에 연료를 공급하는 것이다.

다른 사람에게 연료를 공급하는 일이 왜 당신에게 창의적 에너지를 주는가? 왜냐하면 당신의 마음을 결핍에서 관대함으로 이동시키기 때문이다. 당신은 보수적으로 생각하는 대신 생산적으로 생각하기 시작한다. 심리적, 감정적으로 상승 효과가 있다.

오늘은 당신에게 깊은 인상을 남긴 누군가에게 손글씨로 격려의 메시지를 남겨라. 동료에게 전화를 걸어 그의 뛰어난 작업에 관해 대화를 나눠라. 오늘 누군가에게 용기를 불어넣어라.

자신의 창의적 불꽃을 키우는 최고의 방법은 다른 사람의 마음에 불을 지피는 것이다.

Today's Question

오늘 누구를 격려할 것인가?

당신만의 강점은 분명히 존재한다

젊은 사람들은 흔히 자신만의 '뭔가'를 발견하지 못할까봐 두려워한다. 특히 자신이 사회에 기여하지 못하고 성공의 기회를 놓칠까봐 걱정한다. 그 과정에서 목적의식이 마비된다. 어떤 방향이 맞는지 확신하지 못해 앞으로 나아가지 못하고 정체된 채로 불안해하는 것이다.

나는 모든 사람이 각자 자신의 능력을 최대한 발휘할 수 있는 스위트스폿(공을 치기 가장 효율적인 곳-옮긴이)을 가지고 있다고 믿는다. 그러나 스위트스폿은 쉽게 발견할 수 없으며 우연히 알아낼 수도 없다. 그 지점은 오랜 시간에 걸쳐 점진적으로 드러난다. 당신의 스위트스폿은 빠르게 인쇄할 수 있는 디지털 사진이 아니라, 암실에서 현상해야 하는 필름 사진에 가깝다. 시간과 과정과 인내를 요하기 때문이다. 시간이 흐르면서 어떤 패턴이 드러날 것이다.

당신이 어떤 면에서 뛰어난지 알려주는 작은 단서들에 주의를 기울여라. 당신이 보다 쉽게 하는 일은 무엇인가? 동일한 노력을 기울이고 다른 사람보다 많은 보상을 얻은 경험이 있는가? 어떤 작업이 당신에게 생명력을 주는가?

이런 순간들을 메모하다 보면 당신이 매일 어디에 더 많은 시간과 에너지를 투자해야 할지 알아차릴 수 있을 것이다.

기억하라. 당신의 독특한 천재성은 단숨에 발견되지 않고 시간이 흐름에 따라 점진적으로 나타난다.

Today's Question

작업하다가 목적의식을 상실한 적이 있는가?
어떻게 해야 불확실성 속에서도 한 걸음 앞으로 내디딜 수 있을까?

아이디어 사냥길을 개척하라

우리 이웃집은 마당에서 레오라는 이름의 고양이를 키운다. 레오는 하루에도 몇 번씩 내 방 창문에 찾아와 인사한다. 글쎄, 적어도 나는 레오가 인사하는 거라고 생각한다. 사실 레오는 우리집 정원에서 작은 사냥감을 찾는 탐험을 즐긴다.

레오에게는 정해진 사냥로가 있다. 레오의 사냥로는 우리집 앞을 지나간다. 매일 우리집을 끼고 돌아 옆집 정원을 통과하고, 그집 주변을 돌고 우리집 옆 덤불을 넘어 장작더미로 간 다음, 마침내 숲속으로 들어간다.

레오가 이 길을 오가는 것은 수익성이 좋기 때문이다. 레오는 이 길에서 규칙적으로 자기가 원하는 바를 얻는다.

우리는 레오에게서 창조성에 대해 많은 것을 배울 수 있다. 새로운 아이디어가 떠오르도록 도와주는 사냥로를 개발할 필요가 있다. 새롭고 가치있는 자극을 얻으려면 특정한 장소를 찾아가거나, 주기적으로 확인하는 영감의 원천을 만들거나, 생각을 점검하고 새로운 통찰을 얻는 습관과 의식을 정립해야 한다.

당신의 사냥로는 어디인가? 당신의 삶에 지속적으로 아이디어를 공급하는 경로가 있는가? 레오처럼 돼라. 사냥감을 찾을 수 있는 길에서 사냥하라.

훌륭한 아이디어가 떠오를 것 같은 공간을 매일 탐험하라.

Today's Question

어떤 습관, 장소가 당신에게 새로운 아이디어를 촉발하는가?
어떻게 그것들을 매일의 일과에 포함시킬 수 있을까?

책임 회피를 위한 가정법

결과에 책임지기보다 다른 사람을 탓하기가 쉽다. 그런데 우리 대부분은 대놓고 다른 사람을 탓하지는 않는다. 그러기에는 너무 영리하고 교활하다. 대신 우리는 실패할 가능성이 있는 어떤 일을 빠져나갈 서사를 만든다.

우리는 한계를 시험해 자신의 실체를 깨닫는 대신, 자신에게는 아무 부족함이 없다는 망상 속에 살아가는 편을 선택한다.

우리가 자주 적용하는 서사 중 하나는 '…하면 즉시'다.

"상사가 기분이 좋아 보이면 즉시 …하겠다."

"내 일이 모두 정리되면 즉시 …하겠다."

"완벽한 전략을 세우면 즉시 …하겠다."

우리는 계속 기다린다. 그러나 진정 무엇을 기다리는가? 정직하게 말하면, 누군가가 우리에게 책임을 지지 않아도 된다는 허가를 내려주기를 기다린다. 많은 사람이 이런 기다림에 삶과 커리어 전체를 소모하지만, 그들이 기대하는 허가는 절대 주어지지 않는다.

더 이상 책임을 회피하기 위해 누군가의 허가를 기다리지 마라.

Today's Question

당신이 해야 하는 일임을 알면서도 바로 실행하지 않고
책임을 피하려고 누군가의 허가를 기다리는 일이 있는가?

하려는 일과 문제를 정확히 알라

창의적 돌파구를 찾기 어려운 이유 중 하나는 우리가 하려는 바가 정확히 무엇인지 명료하지 않기 때문이다. 너무 오랫동안 무언가를 붙잡고 있으면, 익숙한 방식으로 추정하거나, 자신이 알고 있는 길로만 가게 된다.

그러나 이런 방식은 새롭고 신선한 아이디어를 발견하는 데 걸림돌이 된다. 벽에 가로막힌 기분이 든다면 뒤로 물러서서 자신에게 물어보라.

"내가 여기서 진정 무엇을 하고자 하는가?"

가능한 한 적은 단어로 대답하라. 정확히 말하라. 명확한 단어를 사용하라. 문제의 진짜 핵심을 찔러라. (당신이 프로젝트를 시작한 이래 핵심이 바뀌었을 가능성도 있다!)

문제의 핵심을 잘 파악할수록 아이디어를 효과적으로 떠올릴 수 있다. 일하다 벽에 가로막힌다면 다시 한번 자신 앞에 놓인 문제가 무엇인지 차분히 생각해보라. 기존의 관성을 그대로 따르지 말고 지금 상황에서 다시 한번 그 일을 바라보라.

아무런 생각이 떠오르지 않고 꽉 막혀 있는 상황이라면 당신 앞에 놓인 문제를 재정의하라.

Today's Question

헤어나오지 못하고 있는 문제가 있는가?
그것에 뭐라고 새로운 정의를 붙일 수 있을까?

좋은 결과에는 그만한 과정이 필요하다

아무 일을 하지 않아도 매일 모든 일이 깔끔하게 처리되고 정리된다면 얼마나 좋을까?

실제로는 그리 좋은 게 아니다. 오히려 끔찍하다. 아무것도 안 해도 된다면 너무 좋을 것 같지만 현실에서 생생하게 살아 있음을 느끼려면 적당한 고통과 긴장이 필요하다. 긴장 없이는 성장도 없다. 도전 없이는 희열도 없다.

건강한 낙관주의는 더 나은 미래를 위해서는 노력이 필요하다는 사실을 받아들이고, 그 미래를 믿는 것이다. 근거 없는 희망은 좋은 상황이 그저 벌어지기를 바라는 게으른 생각이다. 건강한 낙관주의자는 기꺼이 수고로운 일에 참여하는 반면, 막연한 희망에 사로잡힌 사람은 일이 저절로 이뤄질 거라는 망상 속에 살기 원한다.

창의적으로 일하려면 낙관적인 태도가 필요하다. 낙관적인 태도 없이는 도약을 이룰 수 없다. 그러나 우리가 원하는 비전을 실현하기 위해 충분히 노력해야 할 책임이 있다.

더 나은 미래에 대한 믿음을 갖고, 믿음을 실현할 구체적인 계획을 세워라. 그리고 그 계획을 이루기 위해 부단히 노력하라.

낙관주의는 창의적 연료다. 근거 없는 희망은 게으른 낙관주다.

Today's Question

희망사항의 덫에 빠져 있지 않은가?
계획이 필요한 부분은 무엇이고, 꿈이 필요한 부분은 무엇인가?

8월

나를 돕는 질서를
정립하는 시간

August

"당신의 생활을 규칙적이고 질서정연하게 가꿔라.
그래야 파괴적이고 독창적인 작업을 할 수 있다."
– 귀스타브 플로베르(Gustave Flaubert)

당신의 세계가 혼돈 그 자체라면,
한정된 시간·에너지·주의력을
정말 중요한 작업에 투여할 수 없다.
작업을 시작하기도 전에 주변을 정리하느라
귀중한 자원을 낭비할 것이다.
이번 달에는 당신의 생활과 작업 안에서
어긋나고, 어지럽고, 혼란스러운 영역에
질서를 부여하는 데 집중하라.

전투에 앞서 갑판을 치워라

아인슈타인이 죽은 바로 다음 날, 그의 사무실 내부를 담은 유명한 사진이 있다. 그 사진은 천재가 일하는 모습에 대한 예시로 회자되곤 한다. 그의 책상은 책, 서류 더미와 파일들이 어지럽게 흩어져 무엇 하나 올려놓을 공간이 없다.

맞다. 그래도 된다. 창의적 작업 과정은 어지럽고 무질서할 수 있다. 하지만 많은 사람이 아인슈타인의 사례를 무질서와 지저분함을 정당화하는 데 사용하는 경향이 있다. 엉망진창이 창의성으로 이어지는 게 아니라 창의성이 엉망진창을 만들어내고, 그런 다음 재구성되는 것이다.

나는 굉장히 유익한 삶의 지혜 하나를 발견했다. 무엇을 해야 할지 모를 때는 청소를 하는 것이다. 정신없이 쌓여 있는 물건들을 항목별로 분류해 서랍 안에 넣는다. 책상이나 컴퓨터를 정리한다. 내 세상에 질서를 조금 더 부여할 수 있는 일을 한다. 재밌게도 이 과정에서 종종 창의성의 불꽃이 일어난다. 질서는 이따금 혼돈을 불러오지만, 혼돈이 질서로 이어지는 경우는 드물다.

오늘 프로젝트를 어떻게 진행할지, 이메일에 어떻게 답장할지 생각하는 동안 몇 분간 짬이 생긴다면, 그 시간을 자신이 일하는 공간을 청소하고 정리 정돈하는 데 사용하라. 당신의 삶이 조금 더 질서정연해지면 생각도 더 명료해질 것이다.

무엇을 해야 할지 모를 때는 정리 정돈을 하라.

Today's Question

삶에서 당장 정리 정돈이 필요한 부분이 있는가?

잘 안될 수도 있다

작가 세스 고딘(Seth Godin)이 내 팟캐스트에 출연했을 당시, 그날 이후 내 주문이 돼준 구절 하나를 말해줬다.

"잘 안될 수도 있다."

나는 새로운 프로젝트나 아이디어를 진행할 때, 새로운 강연을 할 때, 또는 새로운 매체를 시도할 때마다 이 문장을 되뇐다. 이 구절은 모든 창의적 노력은 실패의 가능성이 있다는 진실을 말해준다. 우리의 노력은 언제나 실패할 수 있다. 실패해도 당신의 잘못이 아니다. 단지 그 문제가 어렵기 때문이다.

쉬운 일들은 전부 이미 완료됐다. 남은 일, 즉 가치 있는 일은 어려운 것들뿐이다. 어렵고 불확실한 작업은 원래 성공을 장담할 수 없다.

그러므로 "잘 안될 수도 있다."라는 말은 결과를 걱정하지 않고 어려운 일을 시도할 수 있도록 일종의 허가를 내주는 문장이다. 실패가 두려워 위험을 계속 회피하면 훨씬 치명적인 방식으로 실패할 수도 있다.

오늘은 "잘 안될 수도 있다."라는 말을 되뇌보라.

실패가 치명적인 경우는 드물다. 단 한 번도 실패하지 않는 것이 훨씬 치명적이다.

실패에 대한 두려움으로 꼼짝 못 하고 멈춰버린 지점은 무엇인가?
오늘 '잘 안될 수도 있다'라는 태도로 한 발짝 나아갈 방법은 무엇일까?

방향성이 분명한 거북이가 이긴다

성공의 비결로 회자되는 격언 중 "느리고 꾸준한 사람이 결국 경주에서 이긴다."라는 말이 있다.

이 말에는 오해의 여지가 있다. 느리고 꾸준하기만 해서는 경주를 이길 수 없다. 간간이 뜀박질을 병행하며 목적성을 가져야만 경주에서 승리한다. 하나 더 여기에서 반드시 유념해야 할 것은 '계획적으로' 일을 진행해야 한다는 점이다. 매일 일정하게 일을 진행하는 것만으로는 충분하지 않다. 의미 있는 방향으로 나아가지 않는다면 아마도 그 결과는 실패일 것이다. 대부분의 창의적 프로들이 이 사실을 알고 있지만, 실제로 일을 진행할 때는 곧잘 잊어버린다. 일을 제대로 정의하는 대신 하루하루 흘러가는 대로 끌려다닌다. 일을 시작하기 전에 해결하고자 하는 문제를 명확하게 파악하지 않고 자신에게 주어진 도전을 거창하고 추상적으로만 인식해 시작부터 실패를 향해 나아가고 만다.

오늘은 당신에게 의미 있는 진전이 무엇인지 규정하라. 분주하게 일을 진척시키기만 하면 성공에 도달하리라고 착각하지 마라. 행동에는 목적성이 분명해야 한다. 그리고 상황이 요구할 때는 기꺼이 전력 질주를 해야 한다.

꾸준히 신중하게 그리고 의도를 가지고 나아가는 것이 성공의 열쇠다.

Today's Question

당신은 하루하루를 분주한 일정으로 가득 채우며 정신없이 일하고 있는가? 어떻게 하면 일을 더 계획적으로 할 수 있을까?

리추얼을 올바로 활용하라

"틀에 박힌 일과는 열린 무덤과 같다."

나는 이런 말을 들으며 자랐지만, 직업의 세계에 들어서기 전까지 그 뜻을 제대로 이해하지 못했다. 일을 시작하면서부터 의무적인 회의, 업무와 관련 없지만 매일 처리해야 하는 성가신 문제들이 굉장히 치명적이라는 사실을 배웠다. 그때 나는 리추얼은 길이지, 마법 공식이 아님을 깨달았다.

환경이나 생산 시스템을 바꾸면 작업에 어느 정도 에너지를 불어넣고 잠시 당신에게 활력을 줄 수 있지만, 결과에 전념하지 않으면 생산량 증가는 단기간에 끝난다. 시스템과 절차는 그 자체가 목적이 아니라 당신의 에너지가 목표를 향해 흘러가도록 인도하는 길이다. 다음과 같이 질문해보라.

▶ 당신은 오늘 어떤 결과를 성취하고자 하는가?
▶ 어떻게 하면 루틴, 리추얼이 목적을 달성하는 데 도움이 될까?
▶ 어떤 루틴, 리추얼이 목적 달성에 방해가 되는가?

리추얼은 반복적인 행동 그 이상이다. 리추얼은 보다 의미 있는 활동으로 채워질 공간을 창출한다. 그러나 리추얼이 아무 생각 없는 산만한 행동으로 변질돼 자칫 하루의 에너지와 집중력을 고갈시키지 않도록 주의하라. **당신이 리추얼을 돕는 게 아니라 리추얼이 당신을 도와야 한다.**

Today's Question

당신의 리추얼은 어떤 식으로 목표 달성에 기여할 수 있을까?

과정 말고 결과에서 성공을 느껴라

몇 년 전 CNN에서 방영하는 〈영국의 침공(British Invasion)〉이라는 방송에 출연했다. 반쯤 멍한 상태로 있던 나는 롤링스톤스 믹 재거(Mick Jagger)의 인터뷰에서 정신이 번쩍 들었다.

믹 재거는 롤링스톤스의 성공이 언제까지 지속되리라고 생각하느냐는 질문을 받았다. 그가 어떻게 대답했을까?

"적어도 1년은 더 잘될 수 있게 준비돼 있다고 생각합니다."

그가 이렇게 발언한 것이 1965년이라고 말했던가?

되돌아보면 이런 말들은 우스꽝스럽다. 큰 성공을 이룬 뒤에 되돌아보면 그 성공이 필연적으로 보인다. 그러나 결과적으로 훌륭하다고 인정받은 작품도 그것을 만드는 과정 중에는 그렇게 확실해 보이지 않는다.

시작 전에 이미 성공을 잔뜩 기대하고 작업하는 것은 위험하다. 작업이 과연 성공적일지 불안해하고 고뇌하는 가운데 일해야 한다. 궁극적으로 성공은 당신이 결정할 수 있는 것이 아니기 때문이다. 이 지점이 바로 재거의 대답이 멋진 이유다. 재거는 자신이 가진 모든 것을 음악에 바치고도 고작 1년 정도의 작은 성공을 예상했다.

성공하는 사람들에게는 성공에 대한 확신이 생긴다는 거짓말을 믿지 마라. 그들 역시 온갖 위험을 감수하고 있으며, 언제든 다 산산조각이 날 것 같은 두려움을 느낀다. 성공은 바로 그런 과정을 통해 이뤄진다.

성공은 다 이룬 뒤에야 필연적으로 보인다.

Today's Question

당신은 너무 큰 성공을 기대하며 일하고 있지는 않은가?

단순화는 낭비를 막는다

우리는 어려운 창의적 과제에 직면했을 때 한 걸음 물러서서 어떻게 접근할지 전략적으로 생각하기보다 바로 문제에 뛰어들어 당장 뭐라도 하고 싶은 유혹을 느낀다.

팀 페리스(Tim Ferriss)는 자신의 팟캐스트에서 그가 작업할 때 명료함을 찾도록 도와주는 질문을 공유한 바 있다. 팀은 프로젝트에 부담을 느낄 때 이렇게 자문한다고 했다. "만약 이 일이 쉬웠다면 어떤 모습이었을까?" 이것은 게으른 질문이 아니다. 노력이 많이 필요한 작업은 하지 말아야 한다는 뜻도 아니다. 그의 질문은 정신력을 과정의 복잡함을 해결하는 데 낭비하지 않고 작업 자체에 최대한 집중할 수 있도록, 접근법을 단순화하는 것이다.

오늘 자신의 작업에 대해 생각할 때, 잠시 멈춰 질문하라. "만약 이 일이 쉬웠다면 어떤 모습이었을까?" 어떻게 작업 방식이나 목표를 단순화해 노력 대비 효과가 나지 않는 에너지 낭비를 줄일까?

단순한 과정이 복합적이고 흥미로운 아이디어를 산출한다.

Today's Question

그 일이 쉬웠다면 어떤 모습이었을까?

경험의 오류를 고치는 법

어느 때는 경험이 당신의 최대 적이다. 지난 경험의 광범위한 지식은 서로 연결망을 형성해 직관적인 도약을 돕지만, 무엇이 가능하고 무엇이 가능하지 않은가를 단정하게 만들고, 급기야 탐험하고자 하는 아이디어를 제한한다. 자신의 고유한 경험 안에 갇혀 바로 앞에 놓인 탁월한 아이디어를 간과하고 놓치게 만들 수 있다는 것이다.

삶과 일에서 어느 정도 성공을 거두었을 때 특히 더 그렇다. 지켜야 할 무언가가 생기면 자신의 명성이 손상될지 모를 작은 위험도 감수하지 않으려 할 것이다.

오늘 자신의 작업을 떠올리며 어떻게 다시 초심자가 될 수 있을지 생각해보라. 이렇게 질문하라.

"만약 지금 알고 있는 것을 몰랐다면, 나는 어떻게 행동했을까?"

"내가 미루어 짐작하고 있는 것 중에 재고해봐야 할 것은 무엇인가?"

초심자의 미덕은 자신이 무엇을 모르는지 모른다는 점이다. 그래서 새로운 길을 탐험하고, 예기치 못한 점들을 연결할 수 있다. 경험을 통해 당연히 그럴 거라고 미루어 짐작하는 태도를 버릴 때, 일을 더욱 새롭고 흥미진진한 관점으로 바라볼 수 있다.

과거의 경험을 잊고 오늘 처음 하는 것처럼 일하라.

Today's Question

오늘은 어떻게 작업에 초심자처럼 접근할 수 있을까?

왜 이 일을 해야 하나

모든 조직에는 내가 '블랙박스 현상'이라고 부르는 문화가 존재한다. 모든 결정은 소수의 리더 사이에서 이뤄지고, 누군가 블랙박스에서 나와 명령을 내리기 시작한다.

"조, 당신은 이 일을 하세요. 질은 저 일을 하시고요. 당신은 다른 일을 하세요."

그 뒤 그들은 떠나버리고 남아 있는 모두는 의문을 가진다.

"내가 왜 이 일을 하는 거지?"

자신이 왜 해당 업무를 해야 하는지 이해하지 못하면 재능이 있더라도 최고의 기량을 발휘하기 어렵다. 매일 최선의 노력을 기울이려면 자신에게 기대되는 바가 무엇인지뿐 아니라 그것이 왜 중요한지도 알아야 한다. 거대한 존재론적 이유가 아니라, 실용적이고 전략적인 이유를 말하는 것이다. 실제로 해결하라고 요구받은 문제가 무엇인지, 그 문제가 왜 중요한지를 이해하면 다르게 생각할 수 있다.

오늘은 당신이 요청받은 작업 중에 왜 해야 하는지가 명확하지 않은 것에 주목해보라. 해당 작업에 더 의미 있는 방식으로 접근할 수 있도록 '이유'를 명확히 파악해야 한다.

왜 중요한지를 이해하지 못하면 그 일에 온전히 몰두하기 어렵다.

Today's Question

현재 작업하고 있는 일 중에 이유가 명확히 규정되지 않은 것이 있는가?

완료보다 해결에 집중하라

당신이 경주를 시작하기 직전이라고 상상해보라. 출발선에 섰는데 결승선이 보이지 않는다. 그래서 옆에 있는 사람에게 이렇게 묻는다. "이 경주는 몇 미터인가요?" 그들이 대답한다. "나도 모릅니다. 우리는 그냥 저 사람들이 멈추라고 할 때까지 계속 달릴 뿐입니다."

어리석은 일이다. 거리가 정해져 있지 않은 경주는 없다. 그러나 우리는 종종 일하면서 이와 유사하게 행동한다. 명확한 경계를 짓지 않는다. 무슨 일을 언제 완료해야 하는지 분명하게 말하지 못한다. 대신 누군가가 멈추라고 얘기할 때까지, 시간과 돈이 소진될 때까지 계속 일한다.

이는 작업을 '해결해야 할 문제'가 아니라 '완료해야 할 프로젝트'의 관점에서 생각할 때 종종 발생하는 일이다. 프로젝트에 있어 완벽한 끝은 없다. 프로젝트는 언제나 더 좋아질 가능성이 있고 완성도를 높일 여지가 있기에 창의적 프로에게, 특히 완벽주의를 추구하는 사람에게는 큰 시험이 된다.

"이 작업은 끝난 것일까?"

대답하기 어려운 질문이다. 그러나 다음 질문은 훨씬 대답하기 쉽다.

"문제를 해결했는가?"

당신의 작업 목표를 프로젝트를 수행하는 데 두지 말고, 문제를 해결하는 것으로 설정하라.

Today's Question

당신의 작업을 '완벽하게 해내야 할 프로젝트'로 바라보지 말고
'해결해야 할 문제들'로 쪼개어 생각할 방법은 무엇인가?

모기를 잡느라 호랑이를 놓치지 마라

회사가 당신에게 돈을 주는 진짜 이유는 뭘까? 당신의 하루를 채우는 수백 가지 일 중 '돈을 받을 만한 일'을 하는 데 시간을 얼마나 사용하는가?

회사는 당신이 이메일에 답장하거나 회의에 참석하라고 돈을 지불하지 않는다. 회사는 당신이 창출하는 가치에 대해 돈을 지불한다. 회사는 당신이 받는 임금보다 더 많은 가치를 창출하리라 믿고, 투자하는 것이다.

데이비드 앨런(David Allen)은 이런 말을 남겼다. "큰 짐승 사냥을 모기가 망칠 수 있다." 모기를 때려잡는 데 정신이 팔린다면 바로 앞을 지나가는 큰 사냥감을 놓칠지도 모른다. 당신에게 큰 사냥감은 무엇인가? 중요한 아이디어, 아직 다듬어지지 않은 발상, 에너지 집중이 필요한 직관적인 도약 등이 바로 그것이다. 작고 성가신 업무들이 당신의 사냥을 방해하고 있지는 않은가?

물론 우리 모두 작고 성가신 일도 해야만 한다. 그러나 진짜 몰두해야 할 일을 위해 핵심적인 시간을 확실히 지켜내야 한다. 모기 때문에 진짜 사냥감을 놓치지 마라.

작고 성가신 임무가 쌓이면 창조적 작업에 커다란 장애물이 될 수 있다.

오늘 중 언제 방해받지 않는 시간을 마련해 가장 중요한 일에 집중할 것인가?

막연한 스트레스 대신 계획과 인내를 택하라

잠시만 멈춰보라. 그리고 이 순간 당신에게 가장 큰 스트레스를 주는 일이 무엇인지 생각해보라. 당신의 직업이 무엇이든 아마 해결하지 못한 어떤 불확실성이 가장 큰 스트레스 요소일 것이다. 아직 떠오르지 않은 아이디어, 어떻게 해야 할지 모르는 불편한 인간관계, 명확한 방향을 잡지 못해 답답한 커리어 등 온갖 미완성된 것들이 당신을 힘들게 한다.

문제는 이런 불확실성을 통제할 수 없다는 것이다. 아이디어가 언제 찾아올지 알 수 없고, 간절히 원한다고 해서 억지로 떠올릴 수도 없으니 스트레스를 받게 된다.

당신의 모든 스트레스 요인을 목록으로 만들어라. 당신이 그것을 해결하기 위해 실제로 뭔가를 할 수 있는 항목에 별표를 하고, 달력에 그 일을 진행할 시간을 표시해둬라. 미완성된 일들로 인한 스트레스를 완화하는 방법은 그것을 언제 완료할지 계획을 세우는 것이다.

그리고 당신이 통제할 수 없는 것들에 대해서는 스트레스가 아닌 인내를 선택하기로 결심하라. 참고 기다리다, 아이디어가 찾아오거나 인간관계가 풀리거나 커리어의 전환점을 맞이하면 기쁘게 맞이하라. 당신이 통제할 수 없는 일에 대해 스트레스를 받지 마라.

창조적인 작업을 할 때 가장 큰 스트레스는 종종 작업 그 자체보다 미완성인 일의 무게 때문에 발생한다.

Today's Question

당신에게 스트레스를 주는 일은 당신의 통제 밖에 있는가, 아니면 구체적인 해결 방안이 있는가?

거인을 의식하지 마라

어느 해 생일에 아내가 애플의 '다르게 생각하라(Think Different)' 캠페인의 포스터 세트를 구해줬다. 그 포스터는 전통적인 접근법을 거부하고 자신만의 길을 개척한 문화예술계 유명인사들을 모델로 다뤘다. 나는 그 포스터를 사무실에 걸어두면 좋겠다고 생각했다. 액자에 넣어 팀원들에게 지속적인 영감을 줄 수 있는 장소마다 걸어뒀다.

그중 알프레드 히치콕(Alfred Hitchcock)의 포스터는 특별히 한 팀원의 작업실 바로 앞에 배치했다. 그런데 어느 날 그 팀원이 나를 찾아와 이렇게 부탁했다. "히치콕 포스터를 치워도 될까요?"

나는 어리둥절해서 물었다. "당신은 히치콕에게서 많은 영감을 받지 않았나요?" 그가 말했다. "바로 그게 문제입니다. 매번 영상을 편집할 때마다 히치콕이 내 어깨 위에서 내려다보며 나를 평가하고 있는 기분입니다." 아, 그렇다. 충분히 그럴 수 있다. 나는 그 포스터를 내렸다.

자기 분야의 영웅과 자신을 비교하는 것은 우리를 좌절하게 만든다. 어떤 작업도 충분해 보이지 않고, 존경하는 그들의 작품에 결코 닿을 수 없을 듯하다. 하지만 대단한 명작도 창작 과정에서는 우리의 작품과 마찬가지로 거칠고 서툴렀다는 사실을 잊어서는 안 된다. 그 영웅들도 아마 우리와 동일한 기분을 느꼈을 것이다. 다른 누군가의 걸작과 아직 진행 과정 중에 있는 당신의 작품을 비교하지 마라.

영웅과 비교해 스스로 좌절할 필요는 없다.

Today's Question

현재 작업이 기대한 수준에 미치지 못해 답답한가?

숨 돌릴 시간을 마련하라

회의는 기본적으로 60분이어야 한다고 누가 정했는가? 마이크로소프트? 아니면 구글?

어떤 이유에선지 60분이 기준이 된 것 같다. 두 사람이 모여 회의를 잡으면 거의 항상 60분이다. 문제는 60분씩 회의하다 보면 다음 회의도 거의 정시에 시작하므로, 회의를 마치고 바로 다음 회의로 뛰어갈 공산이 크다는 것이다. 그다음 회의도 마찬가지다. 숨 돌릴 여유가 없고, 스트레스로부터 우리를 보호해줄 완충제도 없다.

하루가 시작하고 끝날 때도 같은 원리가 적용된다. 우리는 하루를 시작하자마자 일에 뛰어들고, 다음 일을 준비해야 한다. 긴장을 내려놓을 여유도 없이 하루가 끝날 때까지 정신없이 소리를 지르며 달린다. 다시 말하지만 우리에게는 완충제가 필요하다.

다음 주 일정을 살펴보고 어떻게 하면 '사이사이에' 자투리 시간을 마련할 수 있을지 생각해보기를 권한다. 한 가지 임무를 마친 뒤 다른 임무로 바로 뛰어들지 말고, 준비하고 생각할 시간적 여유를 가져라.

생산적이고, 탁월하고 건강한 상태를 유지하려면 적당한 여유가 필요하다.

Today's Question

오늘 하루 완충 시간을 마련할 수 있는가? 이번 주에는?
이번 달에는 어떤가?

프리라이팅으로 통찰 발견하기

지금 이 순간 당신의 머릿속에는 어떤 생각들이 들어 있는가?

사실 당신도 잘 모를 수 있다. 누구나 종종 그럴 때가 있다. 머릿속에 아직 해결하지 못한 일련의 작업들과 여러 가지 생각의 편린이 가득해 무의식에서 맴돌고 있는 귀중한 창조적 패턴을 놓치기 쉽다.

깊은 곳에 잠재된 생각을 꺼내는 방법 중 하나로 나는 형식에 얽매이지 않고 생각나는 대로 써내려 가는 글쓰기 기법인 프리라이팅(freewriting)을 추천한다. 무엇이든 머릿속에 떠오르는 대로 글을 쓰는 데 10분에서 15분 정도만 할애하라. 이때 쓴 글은 편집할 필요도 없고 미리 고민할 필요도 없으며 다른 사람과 공유하지 않아도 된다.

그저 머릿속에 있는 것을 종이 위에 쏟아낸 다음, 그 안에 뭐가 있는지 살펴보기만 하면 족하다. 자유롭게 써내려 간 글에서 알곡 같은 통찰력, 관계성과 숨겨진 감정들을 발견하고 깜짝 놀랄지 모른다. 프리라이팅을 꾸준히 훈련하면 종종 참신한 돌파구를 만날 수 있다.

오늘은 또는 이번 주에는 프리라이팅 훈련 시간을 계획하라. 머릿속에 떠오르는 것은 무엇이든 종이 위에 내려놓고, 자체 편집을 하지 마라. **몇 분간 당신의 눈이 종이 위에 적힌 단어들 사이를 헤매도록 둬라. 스스로도 몰랐던 숨겨진 창조적 통찰을 발견하게 될 것이다.**

Today's Question

글을 쓰는 중에 갑자기 아이디어가 떠오른 적 있는가?
그 일은 어떻게 일어났는가?

작업의 한가운데 지점이 위기다

어떤 사람은 창조적 작업의 가장 힘든 부분은 '시작'이라고 말한다. 또 어떤 사람은 '마무리'라고 말한다. 나는 둘 모두에 동의하지 않는다. 가장 힘든 부분은 작업의 한가운데라고 믿는다.

돌이키기엔 이미 너무 많이 투자했고, 노력에 대한 보상을 확인할 끝에 도달하려면 아직 멀었다. 여전히 할 일은 많이 남았으나 영광스러운 결과에 대한 약속은 보이지 않는 짙은 회색지대에 서 있다.

많은 사람이 바로 그때 프로젝트를 포기해버린다. 당신도 알다시피 작업 초반에는 흥분, 새로움, 가능성 등에 동기가 부여된다. 작업 후반에는 최종 결과가 명료하게 보이기 시작한다. 그러나 한중간에는 일 자체만이 우리 앞에 놓일 뿐이다.

작업의 중간에 이르며 일이 점점 더 어려워지기 때문에 프로젝트를 그만두고 싶은 유혹을 느낄지 모른다. 심지어 다른 프로젝트로 옮겨 타서 현재 프로젝트를 중단하는 것을 정당화하고 싶을 수도 있다. 그러나 많은 잠재적 예술작품들, 믿을 수 없을 만큼 놀라운 제품들, 세계적인 수준의 기업들이 그 중간의 벽을 넘지 못해 사라져버렸다는 사실을 기억하라.

그러니 친구여, 끝까지 밀고 나가라. 모든 작업의 가장 힘든 구역은 한중간이다. 우리 모두는 지금 당신과 함께 그곳에 있다.

작업이 궤도에 오르기 전에 포기하지 마라.

Today's Question

지금 당장 프로젝트를 그만두고 싶은가? 작업에 새로운 에너지를 주입하거나 그 과정에 빠져들려면 어떻게 해야 할까?

창조적 쓰레기 더미에서 보석 찾기

만약 외과의사가 맹장수술을 할 때마다 맨 처음부터 다시 떠올리며 수술한다고 상상해보라. 수술에 대한 모든 지식을 잊어버리고, 교과서에서 수술 과정, 수술 도구를 사용하는 법, 절개하는 법에 대해 읽기 시작한다고 생각해보라. 말도 안 되는, 있을 수 없는 일이지 않은가?

하지만 당신은 창조적인 문제를 풀 때 종종 이처럼 일한다. 손쉽게 활용할 수 있는 수많은 경험이 있는데도 그것을 제대로 활용하지 못한다.

내가 '창조적 쓰레기 더미'라고 부르는 것이 있는데, 잠재가치는 있으나 당시 상황에 적합하지 않아 버려진 영감, 아이디어, 해결책의 집합체다. 이렇게 버려진 아이디어들이 공책, 파일, 하드 드라이버를 차지하고 있을 것이다. 그것들은 사용되기를 기다리고 있다. 그러나 당신이 주기적으로 메모를 재검토하며 광산에서 보석을 발굴하는 훈련을 하지 않는다면 결코 그것들을 발견할 수 없다.

오늘 시간을 투자해 예전 메모나 프로젝트 노트 등을 다시 훑어보고 오랜 시간 잊고 있었던 숨겨진 보석이 있는지 확인해보라.

당신이 찾아 헤매던 멋진 영감을 쓰레기 더미에서 찾을지 모른다. 당시에는 준비가 되지 않아 별 쓰임새가 없었어도 이제는 빛을 발할 수 있는 보석이다.

Today's Question

과거의 메모와 아이디어를 주기적으로 검토하는 습관을 어떻게 만들 수 있을까?

누구나 모방에서 시작한다

창의적인 작품에 대해 당신이 할 수 있는 최악의 논평은 무엇일까? 아마도 "그것과 비슷하다."라고 말하는 것이다.

누구도 다른 사람을 모방했다고 비난받고 싶어하지 않는다. 그러나 모든 창작은 모방에서 시작한다. 우리가 하고 싶었던 것을 이미 하고 있는 다른 사람을 관찰하고, 그들을 흉내 내고, 그들의 스타일과 경험을 배운 다음, 시간의 흐름에 따라 자신을 표현하는 독특한 방법을 찾아간다. 이런 방식은 디자인부터 글쓰기, 기업 경영에 이르는 모든 분야에 통하는 진리다. 신임 관리자들은 대부분 자신만의 고유한 리더십 스타일을 찾기 전에는 이전에 함께 일한 관리자들을 모방한다.

당신이 만약 벽에 가로막힌 기분이 들어 새로운 기술을 개발하고 싶다면 가장 좋은 방법은 이미 그 기술에 능통한 사람을 찾아 따라 하는 것이다. (긴급 경고: 공개적인 작업이나 직장에서 일할 때는 이 방법을 시도하지 마라! 우리는 표절이 아니라 기술을 개발하는 방법을 얘기하고 있다.)

모방은 존경을 표하는 가장 좋은 방법이다. 전문가로 성장해 궁극적으로 다른 사람의 모방 대상이 되는 과정의 첫걸음이다.

전략적인 모방을 통해 능력을 개발할 수 있다.

Today's Question

당신이 감탄해 마지않는 작품을 만든 사람은 누구인가?
그 작품의 어떤 요소를 모방할 수 있을까?

동기부여는 셀프다

내가 가장 좋아하는 방송 중 하나인 〈새터데이 나이트 라이브〉에서 배우 크리스 팔리(Chris Farley)가 동기부여 연설가 매트 폴리(Matt Foley) 역을 맡은 적이 있다. 아이들이 좀 더 착실하게 학교에 다닐 수 있도록 동기를 부여하기 위해 학부모들은 큰 기대를 가지고 폴리를 집에 데려왔다. 하지만 폴리는 주어진 시간 내내 아이들에게 소리를 질러댔고, 심지어 아이들에게 착실해지지 않으면 자신처럼 '강가의 승합차'에서 사는 신세가 될 거라고 경고했다.

나는 수많은 시간 동안 여러 회사에서 연설해오며, 때때로 매트 폴리라는 인물에 공감했음을 고백한다.

관리자들은 종종 내게 자기 팀원들에게 '동기부여'해달라고 말하지만, 나는 항상 동기부여는 남이 해줄 수 있는 일이 아니라고 미리 경고한다.

대부분의 능력 있는 프로들은 작업이 그들에게 동기를 부여할 때까지 기다리지 않는다. 자신의 작업에 스스로 동기를 부여한다. 멋진 슬로건 따위가 동기를 유발하지는 않는다. 자신이 원하는 바와 해야 할 일이 어떻게 상호작용하는지 이해하는 순간 의욕이 불타오르는 것이다. 당신이 최고로 몰입했던 순간들을 떠올릴 때, 그 순간들의 공통점은 무엇인가? 어떻게 하면 당신의 작업에서 그런 순간을 더 많이 만들 수 있을까?

일이 당신에게 동기부여해주기를 기다리지 마라. 스스로 일에 동기를 부여해야 한다.

Today's Question

당신의 삶과 일에서 깊은 몰입의 순간을 경험한 적이 있는가?
무슨 일을 할 때 그런 느낌을 경험했는가?

관대함이 당신의 세계를 넓혀준다

당신이 아는 가장 고약한 사람은 누구인가?

맞다. 이것은 괜찮은 질문이 아닐지도 모른다. 이 질문을 보자마자 당신의 머릿속에 떠오른 사람이 누구인지는 알 수 없지만, 그들에 대해 한 가지는 유추할 수 있다. 아주 자기중심적인 사람일 것이다.

내가 만났던 직업인 중 가장 고약한 유형은 오직 한 사람, 즉 자기 자신만 생각하는 사람이다. 그들은 항상 자신이 불리한 입장에 처해 있다고 느낀다. 뭔가가 잘못되면 언제나 의뢰인을 탓한다. 그리고 언제나 공로를 보상하는 자리에 나타나 당연하다는 듯 자기 것을 챙긴다. 당신이 자기중심적일 때, 당신의 세계는 점점 더 작아진다. 당신의 관점, 당신의 세계관, 당신의 최대 이익…. 그렇게 좁혀들다가 결국 자기 안에 갇히고 만다.

해독제가 무엇일까? 관대함과 봉사다. 보상이나 대가를 기대하지 않고 다른 사람을 위해 뭔가를 하는 것이다.

오늘은 다른 사람에게 봉사하는 데 집중하라. 커피를 가져다줘라. 그가 했던 일의 공로를 인정해줘라. 격려의 메모를 남겨라. 재밌는 것은 당신이 다른 사람을 세워주는 일에 전념할 때, 훨씬 더 많이 돌려받는다는 사실이다. 단지 좋은 일을 했다는 기분을 느끼는 데 그치지 않고 현실적이고 명확한 창의적 영감을 얻을 수 있다. 선의를 베푸는 행동이 당신의 머릿속에 막혀 있던 뭔가를 풀어준다.

창의성은 관대함이라는 비옥한 대지에서 번성한다.

Today's Question

오늘 다른 사람에게 무엇을 봉사할 수 있을까?

나무는 돌밭에서도 살 길을 찾는다

돌밭 한가운데 나무 한 그루가 서 있다고 상상해보라. 토양이 거칠어 뿌리 내리기 쉽지 않다. 돌밭 옆에는 부드럽고 비옥한 토양과 풍부한 물이 있는 아름다운 목초지 한가운데 떡갈나무가 우뚝 솟아 있다. 어떤 나무가 더 잘 자랄까?

정답은 두 나무 모두 잘 자란다는 것이다. 이유가 뭘까? 나무는 자신의 땅에 적응하면서 성장하기 때문이다. 거친 토양에 심긴 나무는 돌들을 피해 뿌리를 내리고 결국 생존에 필요한 지하수와 영양분이 있는 심층까지 도달할 것이다. 비옥한 땅에서 자란 나무 역시 뿌리를 내리지만 이처럼 멀리까지 뻗어나가지는 않는다.

자신이 좀 더 비옥한 땅에 심어졌길 바라기 쉽다. 관리자가 마음에 들지 않을 수도, 비전과 가치관이 맞지 않는 사람들에게 둘러싸여 있을 수도, 당신이 속한 조직이 제대로 성장하지 못하고 있을 수도 있다.

물론 자신을 다른 곳으로 옮겨 심어야 할 순간이 올지도 모른다. 그러나 처음 자리에서 성장을 위해 할 수 있는 일을 다한 게 아니라면 옮겨 심지 마라. 모든 곤경은 결과적으로 뭔가를 배우고, 적응하고, 새로운 기술과 더 단단한 마음을 기를 기회가 된다. 새로운 밭을 찾기 전에 당신의 땅에서 할 수 있는 성장을 다 이뤘는지 확인하라.

처음 그 자리에서 성장하라.

Today's Question

현재 상황을 어떻게 성장의 발판으로 활용할 수 있을까?

시야를 넓혀 기회를 포착하라

"모든 것은 타이밍이다."라는 말은 인기 있는 조언이지만 틀린 말이다. 창의적 프로를 성공으로 이끄는 것은 타이밍만이 아니다. 직관도 필요하다. 그리고 직관의 가장 큰 요소는 기회가 왔을 때 알아보는 능력이다. 즉, '아하!' 하는 깨달음의 순간을 포착하는 능력으로, 흩어진 점들이 연결되고 퍼즐 조각이 맞춰질 때 이를 알아차리는 힘이다. 많은 사람이 주의를 기울이지 않아 이 멋진 순간을 놓친다.

복잡하고 창의적인 작업이 어려운 이유는 당신의 시야가 미시적인 동시에 거시적이어야 하기 때문이다. 당신은 반드시 특정 업무의 디테일을 살피고 그것을 달성하기 위해 무엇이 필요한지 정확히 이해해야만 한다. 하지만 또한 해결하고자 하는 보다 큰 문제를 바라보고 해당 임무를 거시적 맥락에서 이해할 수 있어야 한다. 그런데 많은 사람이 작은 부분에 너무 집착한 나머지 큰 것을 놓치곤 한다.

오늘 해야 할 일을 떠올리면서 시야를 넓히고, 당신이 실제로 해결하고자 하는 문제가 무엇인지 숙고해보는 시간을 가져라. 작은 부분에 지나치게 사로잡혀서 큰 기회를 놓치지 마라.

많은 사람이 기회를 포착하는 법을 배우지 못해 기회를 놓치고 만다.

Today's Question

하고 있는 일을 넓게 바라보면 어떤 기회들이 보이는가?

영감의 원천, 비망록

뛰어난 창의력을 지닌 사람은 일반적으로 영감을 수집하는 데도 능숙하다. 그들은 잡지를 스크랩하고, 컴퓨터에 스크린숏을 저장하는 폴더가 있으며, 나중에 활용할 인용구들로 가득한 문서를 보관하고 있다. 이런 저장소들을 '비망록'이라고 부른다. 수 세기 동안 가장 유명한 창조가, 과학자, 리더 들은 어떤 형태로든 비망록을 기록하는 습관을 실천해왔다.

비망록이 주는 장점은 무궁무진하다. 영감이 필요할 때 찾아보면 생각지도 않던 좋은 아이디어가 떠오른다. 당시에는 적합하지 않았지만 지금, 최적의 타이밍에 유용하게 사용할 수 있는 과거의 아이디어를 상기시켜준다. 또한 비망록은 오랜 시간 쌓아온 자신의 창의적, 지적 호기심에 대한 일종의 기록이다.

디지털 도구를 사용하든, 물리적으로 종이에 기록하든 상관없다. 자신만의 비망록을 만들어라. 언제든 흥미를 자극하거나 영감을 주는 것을 만나면 비망록에 추가하라. 특히 아직 세상에 내보일 준비가 되지 않은 아이디어의 조각들을 보관하라. 그리고 새로운 영감을 불러일으키기 위해 비망록을 주기적으로 훑어보는 습관을 들여라.

우리는 이미 아는 것들의 맥락 안에서 새로운 것을 배운다. 우리는 이미 자신에게 영감을 줬던 것들의 맥락 안에서 새롭게 창조할 수 있다.

자주 훑어볼 수 있는 곳에 자신에게 영감을 주는 것들을 보관하라.

Today's Question

오늘은 당신의 비망록에 무엇을 추가해야 할까?

과장된 두려움의 서사를 바꿔라

창의성을 억제하는 것은 진짜 위험이 아니라 가짜 위험이다. 우리는 실패의 결과를 인위적으로 과장해 스스로 마비시킨다. 창의적 도약을 위해 필요한 작은 위험도 감수하려 하지 않는다. 그 대신 우리가 그 일을 제대로 해내지 못한다면 무슨 일이 벌어질지 상상하며 움츠러든다.

"나는 해고당할 거야."

"그들이 날 비웃을 거야."

"그들이 더이상 나를 존중하지 않을 거야."

"나는 다시 일할 수 없을 거야."

이런 종류의 서사가 뿌리내려 위험을 무릅쓰지 않는 태도를 정당화하고, 타성에 젖게 한다. 우리는 넘어지고 싶지 않기 때문에 뛰지 않고, 예상 가능한 일만 하고, 그래서 실패한다. 이것이 두려움에 대한 반응이 가지는 모순이다. 소심한 태도는 결국 두려워하던 바로 그것을 경험하게 만든다.

서사를 바꿔야만 한다. 과대평가와 실제로 일어날 수 있는 실패의 결과 사이 차이점을 인지해야 한다. 분명 실패할 수도 있지만, 그 결과는 두려움이 우리 귀에 속삭이는 것만큼 파괴적이지 않은 경우가 많다.

두려움은 어둠 속에서 번성한다. 두려움을 빛 가운데로 끌어내면 흩어져버린다.

Today's Question

어떤 두려움 혹은 서사가 당신이 창의적 위험을 감수하지 못하게 가로막고 있는가?

자신의 특별한 기둥

당신은 무엇으로 잘 알려져 있는가? 주로 어떤 종류의 일이 생겼을 때 조직 내부에서든 외부에서든 사람들이 당신을 제일 먼저 찾는가?

모든 사람은 자신의 브랜드를 대표하는 독특한 '기둥'을 가지고 있다. 기둥이란 자신을 다른 사람과 차별화하고 고유한 존재임을 보여주는 특징이다. 그것은 당신이 문제를 생각하는 독특한 방식일 수도, 다른 사람이 갖지 못한 기술일 수도 있고, 다른 사람은 한 단락을 써야 하는 내용을 단어 몇 개로 표현해내는 언어 세공의 능력일 수도 있다.

이런 기둥은 당신만의 고유한 통화라고 할 수 있다. 오직 당신만 사용할 수 있으니 쓸 수 있을 때마다 실컷 활용해야 한다. 누구나 할 수 있는 일에 시간을 낭비하지 마라. 당신을 진정 유일무이한 존재로 만들어주는 일에 집중하라.

오늘은 잠시 짬을 내서 주변 사람에게는 없는, 당신만이 가진 몇 가지 자질을 떠올려보라. 그리고 자신의 업무에 어떻게 활용할 수 있을지 숙고해보라. 자신이 무리에서 두드러지는 점이 무엇인지 시간을 두고 생각해보라.

인생에서 성공하려면 반드시 자신을 고유하게 만들어주는 '기둥'이 무엇인지 밝혀내야 한다.

Today's Question

당신을 다른 사람과 다른 고유한 존재로 만드는 기둥은 무엇인가?

정확성은 탁월함의 필수조건이다

당신이 아는 가장 뛰어난 리더를 떠올려보라. 그들이 자신의 업무에 그토록 탁월한 이유는 무엇일까? 분명 능숙함, 호기심, 신뢰성 같은 단어가 머릿속에 떠오를 것이고, 이런 자질은 두말할 것 없이 중요하다. 그러나 우리가 종종 간과하는 특징이 있다. 바로 정확성이다.

좋은 리더, 특히 창의적인 작업을 이끄는 리더는 기대하는 바가 정확하다. 그들은 팀원들과 정확하게 소통한다. 또한 작업에 대한 피드백을 정확하게 공유한다. 그들의 의사소통에는 모호한 지점이 거의 없다.

많은 리더가 작업이 복잡해지면 불분명한 방식으로 소통하기 시작한다. 틀렸을 경우를 대비해 자신의 의견을 얼버무리기 때문에 정확성이 떨어진다.

훌륭한 리더는 확신이 없을 때조차 분명하다. 이것은 창의적 프로와 그들이 생산하는 제품에도 해당하는 진리다. 창의적 프로는 자신이 맞는지 확신하지 못할 때조차 자신의 관점을 분명하게 표현한다.

창의적 프로로서 효율적으로 일하려면 스스로 확신하지 못할 때조차 정확하게 소통하고 창조해야만 한다.

Today's Question

당신에게 정확성이 부족한 부분은 무엇인가? 어떻게 하면 불확실한 상황에서도 정확하고 명료하게 표현할 수 있을까?

주기적으로 초심자의 마음을 찾아라

기술과 솜씨를 개발하면서 경험하게 되는 뚜렷한 성장의 단계들이 있다. 먼저 표현의 기본적인 기반을 형성하기 위해 주로 다른 사람을 모방한다. 이는 우리가 기본적인 솜씨를 갈고닦는 방법이다. 그런 다음 모방에서 벗어나 자신만의 목소리를 찾기 시작하고, 그것을 작업에 적용한다. 이때 우리는 자기 분야에 고유한 영역을 표시하고, 독특한 기여를 하면서 성공을 경험할지도 모른다.

그러나 그 후에 내가 '위기'라고 부르는 단계를 만날 것이다. 작업이 잘 진행되고, 기대에 부응하고, 주변 사람들이 자신의 노력에 만족하고 있지만 갑자기 정체된 기분을 느낀다. 늘 해오던 일을 하고, 또 잘하고 있지만, 더 이상 도전한다고 느껴지지 않는다. 정체에 빠진 것이다.

위기 단계를 뛰어넘으려면 성장 곡선의 시작점으로 돌아가 새로운 기술을 배우기로 결정하고, 처음처럼 또다시 다른 사람을 모방하기 시작해야 한다. 초심자의 마음가짐으로 돌아가야만 한다. 위기 단계에 갇힌 채로 머무르지 마라. 성장하고 있지 않다면, 즉 새로운 기술을 개발하고 있지 않다면 당신의 효율성은 급격히 떨어질 것이다.

오늘 당신을 세상에 알린 그 기술이 내일은 당신을 지탱해주지 못할 수도 있다. 당신은 계속 성장해야만 한다.

Today's Question

어떤 새로운 기술이 당신에게 활력을 주고, 작업에 깊이 몰두해 효율을 증진하도록 도와주는가?

정확하게 구분해 피드백하라

동료나 팀원에게 불편한 피드백을 주고 싶은 사람은 없다. 당신이 기대에 미치지 못했다고 말하는 것은 어려운 일이다. 그러나 신뢰를 형성하고 건강한 팀을 만들려면 솔직한 피드백이 필요하다.

하지만 먼저 자신을 향해 현미경을 들이대야 한다. 당신이 기대했던 바는 명확했는가? 그것들은 현실적이었는가? 자신의 부족함에 대해 다른 사람에게 책임을 물을 수는 없다.

그런 다음 노력 피드백과 실행 피드백을 구분하라. 좋은 아이디어를 잘 실행하지 못해 실패했는가 혹은 아이디어 자체가 나빴는가. 아주 어려운 작업을 시도하고 있다면 결국 어떤 방식으로든 실패를 경험할 것이다. 이런 경우에는 관대한 태도를 보여야 한다. 그러나 노력 부족으로 인한 실패는 용인될 수 없다. 당신이 뭔가를 가르쳐줘야 하는 순간(나쁜 아이디어를 잘 실행했을 때)인지, 잘못을 지적해야 하는 순간(좋은 아이디어를 잘못 실행했을 때)인지 잘 구별하라.

"이 작업은 저한테 잘 와닿지 않습니다."는 좋은 피드백이 아니다. 당신은 올바른 접근인지 완전히 확신할 수 없을 때조차 명확하게 하는 것을 목표로 해야 한다. 공감하는 태도로 피드백을 하되, 무엇보다 중요한 것은 주지해야 할 내용을 모두 전달하는 것이다.

명확하고 솔직한 피드백은 협업의 과정을 보다 효율적으로 만든다.

Today's Question

오늘 누군가에게 얘기해야 할 필요가 있지만 피하고 있는 피드백이 있는가?

매일의 습관이 능력을 만든다

어떤 사람은 잘 훈련돼 있고, 어떤 사람은 훈련돼 있지 않다. 당신이 잘 훈련됐다고 생각하는 사람들 대부분은 자연스럽게 그렇게 된 것이 아니다. 그들도 다른 사람들과 마찬가지로, 할 수만 있다면 가장 편안한 상태로 돌아가려는 경향이 있다. 다만 그들은 습관적으로 관성의 힘을 막는 훈련을 하기 때문에 그 힘을 거스를 수 있는 것이다.

몇 년 전 나는 매일 글을 쓰기로 결심했다. 항상 쉽지는 않았고, 어떨 때는 결과물이 내 기준에 미치지 못했지만, 그 사실은 중요하지 않다. 중요한 것은 내가 그 훈련을 매일 한다는 사실이다. 기술을 매일 연마하면 작업의 품질은 시간이 지나면서 저절로 좋아질 것이기 때문이다.

이것이 창의적 작업에서 단련법이 기능하는 방식이다. 당신이 매일 하루도 빠짐없이 반복하는 일련의 활동을 정립해놓으면 그것을 하지 않으면 오히려 불편해질 것이다. 매일 특정한 단어 수만큼 글을 쓰는 것, 매일 관리자와 대화를 나누는 것 또는 팀 동료들과 협업해서 업무를 처리하는 방식일 수도 있다. 어떤 종류의 단련이든 그것을 꾸준히 실천하다 보면 당신은 성장할 것이다. 그리고 시간이 흐르면 다른 사람이 당신을 놀랍도록 잘 훈련된 사람 중 하나라고 생각할 것이다.

습관은 창조적 절제력의 토대를 제공한다.

Today's Question

무슨 일이 있어도 매일 해야 하는 활동은 무엇인가?

바로 오늘, 용감해지기로 선택하라

창의적 용기란 무엇인가.

용기는 불편한 상황에서도 옳은 일을 하는 것이다. 이런 용기는 지금 경쟁 시장에서, 정치 영역에서 그리고 우리의 학교와 지역사회에서 그 어느 때보다 필요하다. 세상에 필요한 용기의 대부분은 큰 노력이 들지 않고, 사소하고 일상적인 행동에서 드러난다.

용기는 타고난 성격적 특성이 아니라 선택이다. 사적인 손해를 감수하고 올바른 일을 선택한 사람들은 더 나은 미래를 위해서 자기 삶과 편리함을 희생하기로 선택한 것이다. 용기는 언제나 이해심이 있다. 용기는 자기 자신이 아니라 다른 사람을 위한 것이다. 용기는 두려움에도 불구하고 행동하는 것이다. 용감하게 행동하는 사람들도 다른 사람들과 똑같이 두려움과 불안을 느낀다. 단지 그들은 대의를 위해 이겨낼 뿐이다.

그러면 창의적 용기가 아닌 것은.

무모하게 위험에 뛰어드는 것은 용기가 아니다. 용감한 사람은 행동의 대가를 생각하고, 행동하지 않은 대가가 훨씬 감당하기 어렵다고 판단하기 때문에 행동하는 것이다. 허세를 부리는 것은 용기가 아니다. 많은 사람이 (특히 몇몇 정치인들) 행동보다 허풍을 앞세우기 좋아한다. 하지만 용감한 사람들은 허세 부릴 필요를 느끼지 못한다. 용기는 엄선된 소수에게만 허락된 것이 아니다. 우리에게는 매일 어디에서나 용감해질 기회가 있다.

오늘은 용기를 내자.

오늘 당신의 삶이나 일터에서 용감해지기 위해 무엇을 선택해야 하는가?

가설이 잘못된 안내자일 수 있다

"그것이 진실이 아니면 어떡하지?"

프로젝트 진행 중에 던질 수 있는 가장 강력한 질문 중 하나다. 종종 우리는 작업에 너무 깊이 함몰돼 자신의 틀 바깥을 보지 못해서 주요한 가설들을 간과하곤 한다. 그러면 아이디어와 가능성을 제한하는 핵심 가설을 정립하기 시작한다. 그래서 자신보다 경험이 적은 사람들도 발견할 수 있을 법한 명백한 패턴을 놓치고 만다.

이런 함정을 피하려면 진실로 판명된 듯이 보이는 가설일지라도 주기적으로 재고해야 한다. 가설을 꾸준히 재고하는 일은 그 순간에는 비효율적으로 보이는 탓에 많은 사람이 실천하지 않는다. 그러나 눈을 가리고 있던 잘못된 가설을 우연히 발견한다면 그것은 뒤뜰에서 다이아몬드 광산을 발견하는 것과 같다.

현재 작업 중인, 여전히 돌파구를 찾아 헤매는 핵심적인 문제를 떠올려보라. 이제 당신이 그것을 해결하는 방법에 대해 어떤 가설들을 세웠는지 고려해보라. 당신이 계속 회귀하는 특정한 방식, 조금씩 말라가는 영감의 샘 또는 더 이상 문제와 관련이 없을지도 모를 어떤 규칙이 존재하는가?

하나 이상을 확인했다면 "이것이 사실이 아니면 어떡하지?"라고 자문하라. 새롭게 샘솟는 아이디어에 깜짝 놀랄 것이다.

당신이 세운 가설들이 아이디어를 찾는 영역을 제한하도록 허용하지 마라. 가설에 도전하라.

Today's Question

오늘 당신이 도전할 가설은 무엇인가?

창의성이 찾아올 그 자리에 있어라

갑자기 발생하는 일에 영리하게 대처하려면 아이디어가 필요하기 훨씬 전부터 작업을 시작해야 한다. 나는 이 과정을 '창조적 사고가 일어나기 쉬운 위험한 교차로에 서 있기'라고 표현한다.

▶ 자기 분야와 관련된 광범위한 자극을 흡수하기 위해 규칙적이고 절제된 시간을 마련하라. 또한 창의적인 호기심에 불을 붙여줄 자극을 꾸준히 흡수하고 있는지 확인하라.

▶ 업계 작업물 자체에만 주의를 기울이지 말고, 결과물에서 드러나는 특정한 결정의 배경과 이유가 무엇인지 질문하는 데 시간을 투자하라. 그 작업의 심층 주제는 무엇인가? 당신이라면 그 작업을 어떻게 개선할 수 있을까?

단순히 작업에 대해 생각할 뿐 아니라, 작업에 접근하는 방식에 대해 생각하는 시간을 갖기 위해 꾸준히 자신의 일정을 관리하라. 당신의 정신을 가치 있는 자극들로 채워라. 생각의 실험을 하라. 가정들에 도전하라. 창의적인 발견을 경험할 가능성을 증가시켜라.

꼭 필요한 순간에 돌파구를 만들려면 아이디어들이 충돌할 가능성이 큰 '위험한 교차로' 위에 서 있어야 한다.

Today's Question

오늘은 어떻게 하면 창의적인 과정에 더 의도적으로 참여할 수 있을까?
이번 주 안에는 어떤 방법을 시도해볼 수 있을까?

9월

가까운 곳에서
영감을 찾는 시간

September

"나는 새 이름을 발명하기 좋아하지만,
한편으론 특이한 이름을 수집하기도 좋아한다.
그래서 새로운 캐릭터가 등장했을 때
내 공책을 훑어보며 어울리는 이름을 고른다."
– J. K. 롤링(J. K. Rowling)

탁월한 창의적 영감들은 종종 아무 의미 없는 곳에서
불쑥 떠오르는 듯이 보이지만,
실은 어느 순간 패턴이 명료하게 드러나거나
흩어진 아이디어들이 연결된 결과다.
이번 달에는 향후 프로젝트에 도움이 되거나
창의적 영감을 형성할 수 있는 조각들을 수집하는 데 집중하라.
그것들을 당신이 자주 볼 수 있는 곳에 두고,
가능한 한 자주 갖고 놀아라.

더 효과적인 브레인스토밍 방법

팀에서 브레인스토밍을 어떻게 했는지 떠올려보라. 대부분은 누군가 칠판에 문제(혹은 프로젝트)를 적고 "자, 누구 아이디어 있습니까?"라고 질문한 뒤 돌아가면서 자신의 의견을 말하는 방식으로 진행한다.

브레인스토밍은 어떨 때는 효과가 정말 좋고, 어떨 때는 효과가 별로 없다. 어떤 사람들은 바로 그 자리에서 아이디어를 떠올리고 발전시키는 반면, 어떤 사람들은 혼자 아이디어를 창출할 충분한 시간과 공간이 주어졌을 때 훨씬 더 좋은 성과를 내기 때문이다. 다음번에 아이디어 개발 회의를 하게 된다면 이런 방법을 시도해보라.

▶ 회의 며칠 전에 팀원들에게 회의에서 논의할 문제를 알려주고 아이디어를 몇 개씩 가져오도록 하라.

▶ 회의에서는 특히 흥미로웠던 아이디어를 각자 공유하라.

▶ 모든 사람이 아이디어를 공유할 기회를 가진 뒤에는 무리의 동향을 살펴 어떤 아이디어가 가장 많이 호응을 불러일으키는지 확인하라.

이 방법은 혼자 아이디어를 창출할 때도 효과적이다. 아이디어를 한꺼번에 짜내려 애쓰지 말고 자신에게 며칠간의 시간을 주어 아이디어들이 천천히 스며들도록 하라. **브레인스토밍은 일회성 사건이 아니라 주기적으로 반복되는 과정이다.**

Today's Question

지금 충분히 생각해볼 여유가 필요한 프로젝트는 무엇인가?

"시간이 없다"라는 말의 속뜻

중요한 일을 왜 끝내지 못했냐는 질문에 대한 가장 흔한 변명은 "시간이 없어서"일 것이다. 보통 사람이 일주일 168시간으로 어떻게든 일을 처리할 때 몇몇 마법의 유니콘들은 그들만의 추가 시간을 갖고 지구 위를 유유히 배회하는 것만 같다. 그러나 우리가 존경하고 놀라워하는 사람들도 우리와 정확히 똑같은 양의 시간을 산다는 사실을 우리는 알고 있다.

정말 중요한 일이라면, 그 일을 위해 시간을 기필코 만들어낸다. "시간이 없다."라는 말이 실제로 의미하는 바는 "이 일은 내게 별로 중요하지 않다." 또는 "그 일의 불확실성을 다루고 싶지 않다."라는 것이다. 응급상황이 발생하면, 예를 들어 다리가 부러진다면 그 일에 대처할 시간을 찾아낼 것이다. 어디에서 시간이 나왔는가? 응급 치료를 받을 수 있는 시간을 갑자기 선물 받았는가? 아니다. 다른 모든 일을 제치고 그것을 우선순위에 뒀을 뿐이다.

오늘은 "시간이 없다."라는 표현에서 "그것은 지금 당장 중요하지 않다."라는 표현으로 바꿔보기를 권한다. 작고 미묘한 차이지만, 주요한 사고방식의 전환이다. 실제로 보다 솔직한 표현이며, 당신의 창의적 추진력을 갉아먹을 수 있는 변명을 막아줄 것이다.

정말 중요한 일이라면, 그 일을 위해 시간을 만든다.

Today's Question

당신은 정말 시간이 부족한가, 아니면 단지 그 일들이 지금 당장 우선순위가 아닐 뿐인가?

핵심 그룹과 함께 걸어라

록 음악에서 권위는 저항해야 할 존재로 규정하지만, 신뢰할 수 있는 좋은 권위는 삶에 안정을 가져다준다. 평소에는 당신을 보호해주면서 필요할 때는 솔직하고 직접적으로 얘기하는 능력 있는 상사를 만난 적 있는가? 그것이 진정 좋은 권위의 모습이다.

우리 모두 이런 상사와 일할 수 있다면 얼마나 좋을까. 불행히도 어떤 사람들은 권위를 이용해 다른 사람을 학대하고, 본인의 방식을 고집하고, 자신이 이끄는 사람들을 희생시켜 저 혼자만 돋보이게 한다. 하지만 당신이 이런 상사와 일한다 해도, 더 나은 결정을 내리고, 배움을 얻고, 기술을 개발하는 데 도움을 줄 수 있는 좋은 권위를 찾기가 불가능한 것만은 아니다.

전작《나를 뛰어넘는 법》에서 나는 핵심 그룹의 중요성에 관해 썼다. 이 그룹은 당신에게 진실을 말하고 당신이 더 나은 결정을 내리도록 도와주는 소수로 구성된다. 그들은 당신보다 조금 앞서 그 길을 걸었고 당신의 삶과 커리어를 들여다볼 수 있는 사람들일 것이다. 그러나 가장 중요한 점은 그들이 당신을 아끼고 잘되기를 바란다는 것이다.

당신은 핵심 그룹을 가지고 있는가? 그렇지 않다면 누가 당신에게 그런 역할을 해줄 수 있을까?

우리는 현자와 함께 걸을 때 현명해진다.

Today's Question

당신의 핵심 그룹에는 누가 있는가?
혹은 누가 그 일원이 될 수 있는가?

이 작업은 당신을 위한 것이 아니다

다른 사람이 당신을 비판할 때, 부정적인 피드백이 당신의 생각을 지배할 수 있다. 게다가 그 비판이 당신이 전부터 자신 없어 하던 부분을 정확히 파고들면 당신은 이제 그들의 입맛에 놀아나게 된다. 당신의 일에 크게 관심도 없는 사람들의 입맛에 말이다. 그들은 자신의 의견이 다른 사람에게 영향력을 발휘하는 것에 관심 있을 뿐, 당신이나 당신의 일에 대해 진정한 관심은 없다.

베스트셀러 작가이자 기업가인 세스 고딘이 한 강연에서 이렇게 말했다. "당당하게 '이것은 당신을 위한 것이 아니다.'라고 말할 수 있을 때, 예술작품을 만들 수 있는 자유를 얻게 된다." 당신의 작품이 그것을 경험하는 모든 사람을 만족시키기 위해 탄생된 것은 아니라는 뜻이다. 누구를 위해 작품을 만들고 있는지 잘 생각할 필요가 있다. 특정한 대상을 염두에 두고 작품을 만드는 것을 부끄러워할 필요 없다. 당신의 작품이 그 외 사람에게 가닿지 못했다면 "이것은 당신을 위한 것이 아니다."라고 말하면 된다.

분명히 해두자면, 이렇게 작업하면 당신의 작품이 상업적 성공을 거두지 못할지도 모른다. 그러나 문화에 의미 있는 흔적을 남긴 작품 대부분이 처음엔 특정한 관점에서, 특정한 독자나 청중을 위해 만들어졌다.

당신이 만든 모든 작품이 모든 사람을 위한 것은 아니다. "이것은 당신을 위한 것이 아니다."라고 자신 있게 말하라.

Today's Question

별로 관심도 없는 사람들의 의견을 중심으로 당신의 작품을 구체화하고 있지는 않은가?

리더의 정신은 늘 건강해야 한다

"팀은 리더가 이끄는 대로 움직인다."라는 말이 있다. 당신이 스스로를 잘 보살피지 못하면 결과적으로 당신에게 의지하는 사람들을 위험에 빠뜨리게 된다는 의미다. 오늘 숙고해볼 몇 가지 내용을 소개하겠다.

▶ 당신의 삶에는 여백이 있는가? 사유하고, 흩어진 점들을 연결하고, 심오한 작업을 할 여유를 지켜내고 있는가?

▶ 당신의 정신은 어떤가? 영감의 우물이 마르지는 않았는가? 공부하고, 성찰하고, 생각을 꾸준히 기록하는 등, 결과가 금방 드러나지 않지만 필수적이고 효과적인 훈련에 시간과 공간을 할애하고 있는가?

▶ 당신의 열정은 어떤가? 당신은 여전히 생산적인 열정이 불타오르는가? 자신의 원칙을 제대로 살아내고 있는가?

오늘 하루 짬을 내어 다음의 세 가지 질문을 숙고해보라.

▶ 어떻게 해야 오직 나만의 심오한 작업을 위한 공간을 창출할 수 있을까?

▶ 어떻게 해야 정신과 직관을 예리하게 연마할 수 있을까?

▶ 어떻게 하면 생산적인 열정에 계속 연결될 수 있을까?

팀의 건강을 위해 당신이 먼저 건강해져야 한다.

Today's Question

오늘 어떻게 하면 당신이 함께 일하는 사람들에게 건강한 모범을 보일 수 있을까?

283

효율적으로 일하려면 명확하게 표현하라

창의적인 작업은 본래 불확실하다. 어떤 전략과 결정이 옳은지 단언할 수 없다. 그래서 많은 창의적 프로와 리더가 자신의 기대치와 아이디어에 대해 소통할 때 아주 애매하게 표현하곤 한다. 올바른 방향을 확신하지 못하기 때문에 한 가지에 전부 걸지 않고 여러 선택지를 벌려놓고 얼버무린다.

이런 부정확함이 그들의 팀, 동료와 의뢰인에게 흘러가면 문제가 발생한다. 정확성이 부족하면 거의 예외 없이 오해와 불안이 뒤따른다.

방향을 확신할 필요는 없지만 분명하게 소통해야 한다. 특히 다른 사람들이 당신에게 의지하고 있다면 더욱 그렇다. 당신이 명확하지 않으면 다른 사람들은 당신의 기대를 잘못 해석하고 경로에서 이탈할 가능성이 커진다.

오늘 자신의 작업을 살펴보며 올바른 방향에 대해 확신이 서지 않아 분명하게 표현하지 못한 부분은 없는지 찾아보라.

효율적으로 일하기 위해서는 자신의 전략과 방향에 대해 확신이 서지 않더라도 명확하게 말해야 한다.

Today's Question

당신의 일 또는 삶에서 의도와 기대에 대해 더 명확해야 하는 영역이 있는가?

당신이 생각하는 위대함을 규정하라

'위대함'이라는 단어는 당신에게 어떤 의미인가? 당신이 위대하다고 생각하는 누군가를 떠올려보라. 그들은 어떤 자질을 보이는가? 무엇이 그들을 진정 위대하게 만드는가? 그들의 업적인가? 다른 사람의 인정과 찬사인가? 그들이 남긴 작품인가? 형언할 수 없을 만큼 훌륭한 인격인가?

당신이 위대함을 규정하는 방식이 당신의 삶과 커리어의 방향을 상당 부분 결정한다. 사실 위대함을 정의하는 방식이 당신이라는 사람을 규정한다. 왜냐하면 그것을 기준으로 당신이 시간, 에너지, 집중력과 같은 한정된 자원을 어디에 사용할지 결정하기 때문이다.

당신은 위대함이 진정 무엇을 의미하는지 깊게 생각해본 적 있는가? 당신이 위대함을 성취했을 때 그것을 알 수 있는 증표는 무엇이겠는가?

위대함이 무슨 의미인지 제대로 정의하지 않으면 당신은 한평생 공허한 망상 또는 위대함에 대한 다른 누군가의 생각을 좇으며 살아갈지도 모른다.

당신이 위대함을 규정하는 방식이 당신을 규정한다.

Today's Question

당신은 사람과 작업의 위대함을 어떻게 정의하는가?
무엇이 당신이 위대함을 성취했다는 표지가 될 수 있는가?

신뢰와 책임을 부르는 질문

내성적인 사람들은(나처럼!) 이 사실을 외면하고 싶겠지만, 리더의 주요한 역할은 팀원들을 이해하고, 발전시키고, 잠재력을 개발해주는 것이다. 이는 전부 사람에 관한 것이다.

당신이 주변 사람들에게 물어봐야 할 필수적인 질문은 "제가 지금 바로 당신을 어떻게 도울 수 있습니까?"다. 이 질문은 두 가지 이유에서 효과적이다.

첫째, 이 질문은 팀원들에게 당신이 전혀 모를 수도 있는 그들의 어려움을 말해도 된다고 허용한다. 자원의 압박, 갈등 관계 또는 당신이 보지 못한 동료들 간의 역학에 대해 그들은 기탄없이 털어놓을 수 있다.

둘째, 이것은 관계 안에서 책임의 분위기를 형성한다. 만약 그 질문에도 팀원이 필요한 바를 답하지 않는다면, 이제 그들은 그것이 주어지지 않는다고 불평할 권리가 없다. 주기적으로 이런 대화를 나누면 팀 전체에 책임에 관한 리듬이 생긴다.

팀원과 이번 주에 이런 대화를 시도해보기를 권한다. '지금 바로'라는 문구가 핵심이다. 팀원이 너무 넓은 범위보다 현재의 프로젝트, 문제에 한정 지어 생각하도록 질문하라.

팀, 의뢰인, 협력자의 필요를 충족하기 위해 먼저 대화를 시도할 때 그들의 신뢰를 얻을 수 있으며 관계 안에서 책임의 분위기가 형성된다.

Today's Question

오늘 당신이 이런 대화를 나눌 대상은 누구인가?

다른 시각은 반드시 필요하다

많은 이가 곤란한 질문은 하지 않는다. 질문에 대한 대답이 불편할 수 있기 때문이다. 그들은 상황이 보이는 것처럼 장밋빛이 아닐 수 있다는 사실을 확인하기보다 모든 것이 훌륭하다는 환상 속에 살기를 원한다. 그러나 당신도 알다시피 창의적 프로라면 어려운 질문을 해야 한다.

동료나 협업자에게(당신이 리더라면 팀원 중 누군가에게) 물어봐야 할 가치 있는 질문은 이것이다. "내가 알아야 하지만 놓치고 있는 내용이 무엇이라고 생각합니까?"

때로는 다른 팀원이 당신보다 훨씬 먼저 잠재적 문제를 발견한다. 그들은 특정 동료들 간에 발생한 갈등을 알고, 누군가가 프로젝트에 어려움을 겪고 있다는 사실을 알며(그들 자신일지도 모른다!), 당신이 활용하지 않은 기회가 있다는 것을 안다. 이런 질문을 던질 때 당신은 깜짝 놀랄 만한 답변을 얻을 수 있다. 누가 상황을 명확하게 파악하는지, 누가 그냥 일하는 척하고 있는지 알게 될 수도 있다. 만약 누군가가 당신에게 지속적으로 의뢰인, 시장, 조직에 대해 훌륭한 통찰을 가져다준다면, 당신은 그들을 더 깊이 신뢰할 수 있다.

이런 대화는 일대일로 가지면 가장 좋지만, 그룹 형태로 진행할 수도 있다. 당신의 상황에 가장 적합한 형태로 실천하라.

어떤 대답을 듣게 될지 두려워도 질문하기를 꺼리지 마라. 그것이 현실을 있는 그대로 바라볼 수 있는 유일한 방법이다.

Today's Question

누가 오늘 작업에 꼭 필요한 새로운 관점을 제공할 수 있을까?

당신은 성공을 어떻게 측정하는가

당신은 아마도 조직의 목표에 대해 잘 알고 있을 것이다. 조직의 목표는 당신의 상사가 당신에게 하달했을 것이고, 당신은 그것에 관해 거의 발언권이 없을 것이다.

자기 자신이나 팀에도 목표와 그에 맞는 측정법이 있어야 한다. 만약 적절한 측정법이 없다면 당신은 팀이 계획에 따라 업무를 수행하고 있는지 알 수 없을 것이다.

이는 회의의 시기적절함, 갈등을 다루는 방법, 의사결정 방법 등 문화적 기대치에 대해 일정한 측정법이 있어야 한다는 의미다. 그래야 팀원들이 잘하고 있는지 명확히 이야기할 수 있다. 그 측정법이 무엇인지 팀원들에게 전달할 필요는 없지만(그 기준은 오직 당신에게만 해당할지도 모른다) 측정법을 갖고 있을 필요는 있다.

막연한 예상치는 있지만 구체적인 측정법이 정해지지 않은 부분이 있는가? 만약 그렇다면 오늘 약간의 시간을 투자해 팀이 당신의 기대에 부합하고 있는지 판정할 수 있는 기준을 고민해보라.

모든 중요한 노력에는 성공 여부를 판단할 수 있는 측정 기준이 있어야 한다.

Today's Question

당신이 하는 작업 중에서 명확한 측정 기준이 부족한 것이 있는가?

부정적인 피드백을 수용할 때의 균형

오늘 내 팟캐스트에 대한 부정적인 리뷰를 읽었다. 평소에는 리뷰에 별로 관심을 기울이지 않지만, 팟캐스트 앱에서 요구하는 조사를 실행하는 중에 그것이 눈에 띄었다. 나는 평소에 읽지 않던 리뷰를 이미 읽어버렸기 때문에 내친김에 작은 실험을 해보기로 했다. 리뷰 작성자의 아이디를 복사해 검색창에 붙여 넣고 리뷰라는 단어와 함께 검색해본 것이다. 내가 무엇을 발견했는지 예상이 가는가? 수많은 별 하나짜리 부정적인 리뷰들, 다양한 팟캐스트를 비하하는 발언들이었다. 긍정적인 것은 없었다.

어떤 작업이든 부정적인 피드백이 있기 마련이다. 우리는 그것을 겸허하고 균형감 있게 받아들여야 한다. 여기서 균형감이란 어떤 사람은 자기 일에 생산적인 힘을 쏟기보다 타인의 작품을 헐뜯는 데만 에너지를 소모한다는 사실을 인지하는 것이다. 그들의 피드백은 개인적인 실패에 기인한 것일 수도, 작품을 생산하는 사람들에 대한 무차별적 복수일 수도, 아니면 단지 어떤 의견이 적합한지 이해하지 못한 탓일 수도 있다.

부정적인 피드백을 받았을 때 잠시 멈춰 자문해보라. "이 피드백의 의도는 내가 더 나아지길 바람인가, 아니면 나를 헐뜯고 무너뜨리려는 생각인가?" 만약 전자라면 배움을 얻고, 적용하고, 계속 당신의 삶을 살아가라. 만약 후자라면 쓰레기통에 던져 넣은 후, 다시 당신의 삶을 살아가라.

피드백을 통해 배움을 얻고, 삶에 적용한 다음에는 자신의 삶을 살아가라. 거기에 연연하지 마라.

Today's Question

당신이 받은 부정적인 피드백 중에 필요 이상으로 당신을 괴롭히는 것이 있는가?

'덜'이 만드는 창조적 자유의 길

당신은 창의적인 자유를 무엇이라고 보는가? 원하는 작업을 선택해 원하는 대로 결정하고 원하는 때에 일할 수 있는 것인가? 어디서 살고 어디서 일할지 마음대로 정하는 것인가? 아니면 자신의 창의적 진정성을 전혀 타협하지 않아도 되는 것인가?

많은 경우 우리는 창의적 자유의 핵심이 '더'에 있다고 생각한다. 더 많은 수입과 더 많은 커리어 유연성에, 무엇이든 더 크고, 더 좋고, 더 방대해야 자유롭다고 생각한다. 그러나 우리는 자유에 대해 생각할 때 '덜'도 고려해야 한다. 더 적은 비용, 더 적은 책임, 더 적은 의존성 같은 것들 말이다. 삶에 더하는 모든 것은 어느 정도의 유지 관리가 필요한데, 이는 다른 말로 간접비라고 한다. 더 많은 것은 더 많은 책임을 유발하고, 더 많은 책임은 창의적 활동이 아닌 다른 일에 더 많은 시간을 써야 한다는 것을 의미한다. 만화가 린다 배리(Lynda Barry)는 이렇게 말한 바 있다. "영원한 행복의 열쇠는 낮은 간접비와 부채가 없는 상태다."

간접비를 줄이면 다른 책임들에 미치는 영향을 고려할 필요 없이 원하는 대로 선택할 수 있게 된다. 창조적 자유를 얻는 것이다.

창의적 프로로서 우리는 창조적 자유를 위협하는 간접비(문자 그대로든 은유적 의미로든)를 줄이는 데 힘써야 한다.

Today's Question

어떻게 하면 창조적 자유를 위해 간접비를 줄일 수 있을까?

창의적 작업의 성패를 좌우하는 세 가지

창의적 작업을 성공적으로 수행하는 데 도움이 되는 세 가지 요소가 있다.

▶ 집중(Focus): 한정된 집중력과 정신적 자원을 사용하는 목표 지점이다.

▶ 기능(Function): 문제를 해결해가는 과정을 가리킨다.

▶ 불꽃(Fire): 매일 하는 일들의 배후에 있는 근본적인 이유다. 당신을 앞으로 나아가게 만드는 근원적 동력과 핵심 동기를 말한다.

경로를 이탈했거나 일이 제대로 작동하지 않는 것처럼 느껴질 때는 주로 이 세 가지 요소(혹은 이들의 조합) 중 하나가 잘못 정렬됐기 때문이다. 예를 들어 당신은 잘못된 곳에 집중하고 있는지 모른다. 또는 과정이 너무 복잡해서 의미 있는 진전을 이루지 못하는 중일 수도 있다. 또는 근원적인 목적의식을 잃어버렸는지도 모른다.

오늘 자신의 작업을 떠올려보라. 당신이 실제로 성취하고자 하는 바와 세 가지 요소가 잘 정렬돼 있는가? 초점이 제대로 맞춰져 있는가? 적절한 시기에 적절한 문제를 효과적으로 해결하고 있는가? 자신이 그 작업을 하고 있는 이유를 이해하는가?

집중, 기능, 불꽃 이 세 가지 요소가 균형을 이룰 때 당신은 작업에 깊이 몰입하게 될 것이다.

Today's Question

당신의 집중, 기능, 불꽃이 얼마나 잘 정렬돼 있는가?

기록해 붙잡지 않으면 불씨는 꺼진다

인류는 이미 여러 번 암을 치료했을 가능성이 높지만, 아직까지 암을 정복하지 못한 것은 몇몇 과학자들이 펜을 가져오는 것을 잊어버려 치료법을 기록해두지 않았기 때문이다. 적어도 나는 그렇게 생각한다. 당신에게도 이런 일이 발생한 적 있는가? 놀라운 아이디어를 떠올렸지만 '내가 이것을 잊을 리 없어!'라고 생각한 지 10분이 지나지 않아 '그 아이디어가 뭐였더라?'라고 생각하는 것이다.

내게도 이런 일이 자주 일어났지만 이제는 해결책을 찾았다. 나는 모든 것을 적어둔다. 머릿속을 스치는 가장 일상적인 것들도 기록한다. 현재 작업하고 있는 일과 관련이 없는 영감의 불씨들이 내 공책 이곳저곳에 흩어져 있다. 희미한 통찰이나 그렇게 가치 있어 보이지 않는 아이디어들 역시 그곳에 있다. 모든 것을 기록하고 주기적으로 메모를 검토하면, 몇 주 전에 떠올랐던 아이디어가 현재 작업하는 일과 관련 있다는 사실을 깨닫곤 한다.

자신의 통찰, 직관, 아이디어를 기록하는 공책을 만들어라. 그리고 매일 단 몇 분만 짬을 내서 공책을 훑어보고 어떤 점들이 연결되는지 확인하라. **당장은 쓸 곳이 없어 보이는 아이디어들이 다음 주에 맞닥뜨린 문제에 완벽히 적용될지도 모른다.**

Today's Question

당신은 어디에 아이디어와 영감의 불씨를 보관하는가?
언제 그것들을 훑어보는가?

나만의 길을 개척해야 하는 이유

20대 초반에 음악가의 삶을 살았던 나는 경쟁이 치열한 음악 산업에서 자기 자리를 개척하는 데 성공한 많은 사람을 알고 있다. 그러나 그들 모두가 같은 길을 밟으며 영향력을 지속하는 것은 아니다.

　다른 사람의 곡을 연주하는 것(커버 밴드라고 한다)으로 자신의 커리어를 시작하는 음악가는 시작부터 큰 호응을 얻는 경우가 많다. 그들의 음악은 친숙하고, 언제나 본래 아티스트와 거의 비슷하게 들리기 때문이다. 그러나 또 다른 밴드가 나와 그 음악을 본래 아티스트와 조금 더 비슷하게 연주하는 순간, 그들의 인기는 사라진다.

　반면에 어떤 사람들은 고유한 곡을 연주하며 자신만의 길을 개척한다. 그들은 훨씬 적은 관객으로 시작하고, 연주할 기회를 달라고 관계자들을 설득해야 한다. 그러나 인지도가 쌓이면서 최초의 관객들은 충성스러운 팬이 된다. 그들의 연주뿐 아니라 음악을 사랑하기 때문이다.

　맞다. 비틀즈 역시 커버 밴드로 시작했지만 이후 아무도 그들을 따라 하지 못할 만큼 독창적인 음악을 창작하는 밴드로 탈바꿈했다. 이와 같은 도약을 시도하지 않았기 때문에 무명으로 사라진 수많은 커버 밴드들이 있을 것이라고 확신한다. 커버 밴드가 되는 일은 편한 선택이다. 한동안은 말이다.

커버 밴드는 세상을 바꾸지 못한다. 오직 당신만 할 수 있는 일로 도약을 이뤄내야 한다.

Today's Question

당신만이 세상에 제공할 수 있는 독특한 능력은 무엇인가?

익숙한 환경을 흔들어 변화시켜라

환경은 중요하다. 비참한 환경에서도 훌륭한 창작물이 많이 나온 것은 사실이지만, 그것은 대부분 예외에 해당한다. (그들의 주변 환경이 좀 더 우호적이었다면 얼마나 더 훌륭한 작품을 창조했을지 누가 알겠는가?)

우리는 창조적 틀에 갇히는 것만큼 '장소의 틀'에 갇히기 쉽다. 우리는 같은 책상에 앉아, 같은 도구를 사용하고, 같은 머그잔에 담긴 같은 음료를 마시며, 매일 같은 업무를 하고 있다. 그러면서 왜 쳇바퀴를 도는 기분이 드는지 의아해한다. 프로는 어떤 조건에서도 업무를 수행해야 하지만, 자신의 환경을 더 좋게 또는 더 다채롭게 만들 수 있다면 그렇게 해야 한다.

오늘은 뭔가 다른 것을 시도해보라. 노트북을 들고 나가 공원 벤치에서 일할 수도 있고, 그냥 건물 로비에 앉아 업무를 볼 수도 있다. 아니면 자리에 앉았을 때 보이는 시야가 달라지도록 사무실을 재정비할 수도 있다. 환경에 변화를 줘서 당신의 생각이 안주하고 있는 틀을 흔들고 새로운 영감을 자극하라.

장소의 틀에 갇히지 않도록 주의하라. 창의성을 새롭게 자극하기 위해 자신의 환경을 흔들어 놓아야 한다.

Today's Question

어떻게 하면 오늘 당신의 환경을 변화시킬 수 있을까?

당신보다 더 정확하게 당신의 작품을 보는 이들

자기 자신의 작업은 제대로 평가하지 못할 가능성이 크다. 작품에 대한 기대가 당신의 눈을 가려서 작품의 실체를 보기 어렵기 때문이다. 심지어 결과물이 잘 나왔을 때조차 기대가 지나치게 높았다면 작품에 대한 첫인상은 실망스러울지도 모른다.

스스로 자신이 없는 뭔가를 창작할 때, 의뢰인, 관리자 혹은 세상 앞에 내보이기 전에 미리 공유할 수 있는 사람들이 있는가? 당신이 신뢰할 만한 소수의 누군가가 있어야 한다. 당신이 듣고 싶어 하는 말이 아니라 솔직한 의견을 이야기해줄 사람들이어야 한다. 당신의 작품을 이해하고, 당신이 무엇을 할 수 있는지 알고, 당신의 소망과 불안에 대응해 말하는 방법을 아는 사람들이어야 한다.

내게는 지속적으로 내 신작을 미리 보여주는 소수의 신뢰하는 사람들이 있고 그들은 내 창의적 성장에 매우 소중한 역할을 해왔다.

당신을 거의 알지 못하는 사람들의 과한 칭찬이나 비판보다 당신과 가까운 몇몇 사람들의 진실된 의견을 신뢰하라.

Today's Question

당신이 신뢰하는 조언자들은 누구인가 혹은 누가 돼야 하는가?

과거가 아니라 미래 정체성에 주목하라

과거의 성공이 미래의 작업에 짐이 되고 가야 할 짐이 될 수 있다. 자신이 옳다고 생각하는 방향이 아닌, 과거의 성공에 영향을 받은 다른 사람이 기대하는 대로 작업을 하게 될 수 있기 때문이다.

원래 픽사는 영화를 만들 생각이 없었다. 픽사는 컴퓨터 테크놀로지 회사였다. 만약 그들이 최초의 발상을 고수했다면, 세상은 〈토이 스토리〉를 만나지 못했을 것이다.

이 세상에는 집단으로서, 개인으로서 과거의 정체성에 갇혀서 자신이 잘할 수 있는 일을 놓치는 잠재적인 픽사가 수없이 존재한다. 삶은 성장, 즉 변화에 관한 것이며, 과거의 나'였던' 모습을 내려놓고 미래에 내가 '될' 모습을 받아들이는 과정이다.

한 챕터를 끝내기로 마음먹어야만 다음 챕터를 시작할 수 있다. 그렇지 않으면 반복되는 똑같은 이야기의 굴레에 갇히고 만다.

그러므로 과거의 성공과 경험을 발전을 위해 활용하되, 그것이 당신을 규정하도록 허용하지 마라. "과거에 당신은 어떤 사람이었는가?"보다 "당신은 무엇이 돼가고 있는가?"가 훨씬 흥미로운 질문이다.

지속적으로 성장하려면 지금까지의 자신은 버리고 자신이 돼가는 모습을 포용해야 한다.

Today's Question

당신은 어떤 사람이 돼가고 있는가?
미래를 받아들이기 위해 내려놓아야 할 무언가가 있는가?

시간과 방식보다 가치에 집중하라

창의적인 일을 하다 보면 몇 가지 긴장 상태를 피할 수 없다. 시간과 가치 사이의 긴장은 그중에서도 주요하다. 우리는 매주 정해진 시간 동안 일하기를 요구받지만 실제로 보수가 책정되는 기준은 해당 시간 동안 우리가 만들어낸 가치다. 이것이 근본적인 모순을 불러일으키는데, 항상 정해진 곳에 앉아 있어야 하는 동시에 필요한 순간에 탁월함을 발휘해야 한다는 것이다.

그러나 어떤 사람은 특정 장소에서 보낸 시간의 양으로는 측정할 수 없는 방식으로 일해야 가장 능률이 오른다. 어떤 사람은 생각하는 데 많은 시간이 필요하고, 어떤 사람은 좋은 결과를 얻으려면 작업을 빠르게, 자주 반복해야 한다. 어떤 사람은 훌륭한 아이디어를 얻는 데 몇 시간을 할애하지만, 10분 만에 놀랄 만한 것을 창출하는 사람도 있다.

어떤 업무 방식이 당신에게 가장 적합한지 그리고 회사가 무엇을 측정하는지와 관계없이 당신은 작품을 만들어내는 데 소요된 시간이 아닌 창출해낸 가치에 대해 보수를 지급받는다는 사실을 이해해야 한다. 당신이 그 가치를 창출하는 데 필요한 것은 무엇이든 협상하라.

창의적 프로에게는 작업에 보낸 시간보다는 작품의 가치가 중요하다. 협상을 통해 최고의 작품을 생산하는 데 필요한 자유를 최대한 확보해야 한다.

Today's Question

당신은 언제, 어떻게 최고의 작품을 만드는가? 작업을 가장 효과적으로 수행할 수 있는 자유를 확보하기 위해 어떻게 협상해야 할까?

창작의 계절을 따라라

모든 것에는 때가 있다. 더 구체적으로 말하면, 심고, 경작하고, 수확하고, 휴식할 때가 있다.

심는 것은 믿음에 관한 일이다. 돌려받을 거라는 보장이 없어도 적절한 조건이 주어지면 몇몇이 자라나 결국 수확을 거둘 거라는 희망을 안고 씨앗을 땅에 묻는다.

경작할 때는 약해 보이는 묘목을 돌보고, 무엇이 필요한지 살피고, 비바람에 짓눌리지 않도록 보살핀다. 그것들을 보호하고 영양을 잘 공급하기 위해 애쓴다.

우리 모두 고대하는 시기는 수확할 때다. 노동의 결실을 경험하는 시기이자, 결국 그 모든 노력이 무엇을 위한 것이었는지 보게 되는 시기다.

마지막으로 휴식은 땅이 회복하고 재생하는 시기다. 좋은 농부는 땅을 비옥하게 유지하기 위해 윤작이 중요하다는 사실을 안다. 휴식의 리듬이 있어야 미래의 풍작이 보장된다.

당신은 지금 어디에 씨앗을 심고 있는가?

어떤 종자를 기르고 있는가?

어디에서 수확을 경험하고 있는가?

고갈되지 않기 위해 어떻게 휴식을 취하고 있는가?

효율적으로 일하는 창의적 프로들은 작업의 시기별 특성을 존중한다.

모든 것에는 때가 있다.

Today's Question

현재 어떤 계절 안에 있는가?
계절에 대응하기 위해 자신의 리듬을 어떻게 조정해야 할까?

눈에 보이지 않는 성장을 믿어라

대나무에 관한 흥미로운 기사를 읽은 적이 있다. 대나무는 제대로 자리를 잡기까지 3년 정도 걸린다고 한다. 그동안은 눈에 띄는 생장이 일어나지 않는다. 그러다 새순이 돋아나면 대나무는 하루에 90센티미터씩 빠르게 성장한다!

우리가 매일 하는 공부, 아이디어 발상, 전략적 리더십 대화, 그 외 여러 훈련은 우리가 갈망하는 보상을 주지 않는 듯이 보인다. 이 모든 노력이 아무것도 아닌 것만 같다. 그러나 대나무와 마찬가지로 대부분 성장은 보이지 않는 땅 밑에서 일어나고 있다. 당신이 정말로 오랜 시간 꾸준히 노력을 쏟는다면 어느 날 난데없이 굉장한 성장이 이루어질 것이다.

성공은 한번에 오지 않고 여러 단계를 통해 다가온다. 성공은 대단하고 중요한 노력만이 아닌 작고 사소해 보이는 수많은 노력의 결과인 경우가 많다. 성장은 땅 밑에서 일어난다. 그리고 때가 되면 깜짝 놀랄 만한 결과를 우리 앞에 보여줄 것이다.

자신의 노력에 즉각적인 결과가 따르지 않는다고 해서 포기하지 마라. 노력의 결과가 다른 사람의 눈에 가시적으로 드러나기 전까지 당신의 성장은 대부분 지면 아래에서 일어난다.

자신에게 성공이 찾아왔을 때 그 무게를 지탱할 수 있도록 계속 뿌리를 키워라.

Today's Question

원하는 결과가 보이지 않아서 포기하고 싶은 마음이 드는 영역은 어디인가?

발상과 현실의 간극이 보일 때는

아이디어는 언제나 우리 머릿속에 있을 때 실제보다 더 완벽해 보이고, 일단 세상에 내놓으면 온갖 허점이 보이기 시작한다. 작가이자 연설가인 스콧 버쿤(Scott Berkun)은 최근 인터뷰에서 이런 현상을 창의적 작업이 가지는 일련의 간극이라고 묘사했다.

▶ 노력의 간극: 어떤 사람은 아이디어를 실행에 옮긴다는 생각만으로 마비되고 만다. 머릿속에서는 완벽하게 느껴지지만, 어떤 실행도 결코 자신의 이상에 미치지 못할까봐 두려워한다.

▶ 기술의 간극: 대가의 완성작과 현재 진행 중인 자기 작품을 비교할 때 좌절에 빠지기 쉽다.

▶ 품질의 간극: 뛰어난 사람들도 여전히 작품에 대해 불안감을 떨치지 못한다. 아무리 열심히 해도 기대에 미치지 못할 것만 같다. 높은 기준을 가진 창의적 프로들이 어쩔 수 없이 겪는 현실이다.

버쿤은 "자신이 만든 작업 결과에 완벽하게 만족한다는 것은 그 과정에서 아무것도 배우지 못했다는 의미다. 나는 아무것도 배우지 않기보다는 차라리 프로젝트에 약간 실망하는 편을 택하겠다."라고 말했다. **창의적 작업은 끝내 확실한 답을 주지 않으면서 끈기, 집중력, 용기를 요구한다. 이런 간극에 무릎 꿇지 말고 당당히 아이디어를 세상에 내놓아라.**

Today's Question

세 가지 간극 중에 오늘 당신을 가로막고 있는 것이 있는가?

결정적 순간에 도움을 받으려면

2011년 6월 나는 첫 책을 출간하기 위해 뉴욕으로 떠날 준비를 하고 있었다. 이 행사는 출판계 유명인사를 포함해 맨해튼에 있는 200명의 사람이 참석하는 자리였다. 필라델피아에서 비행기에 타려고 준비하고 있을 때 폭풍우 때문에 뉴욕 라과디아 공항으로 가는 비행기가 이륙하지 못한다는 소식을 들었다. 나는 발이 묶여버렸고 출간 행사에서 연설하는 것이 사실상 불가능해졌다. 더 나쁜 소식은 다른 모든 비행기도 폭풍우 때문에 결항해 기차표도 렌터카도 모두 나간 상태라는 것이었다. 몇 달간 계획했던 출간 행사가 무산될 위기에 놓였다.

당황한 나는 허탈한 마음을 달래기 위해 트위터에 들어갔다. 그리고 놀라운 일이 벌어졌다. 필라델피아에 살고 있는 민디라는 이름의 여성이 마침 그때 트위터를 하고 있었다. 그녀는 내 작업을 팔로우하고 있었고, 내게 필라델피아 중앙역까지 오면 맨해튼까지 태워다 주겠다고 말했다. 나는 서둘러 중앙역으로 갔고 그녀를 만나 출간 행사 시작 20분을 남겨놓고 행사장에 도착할 수 있었다.

이 이야기를 공유하는 이유는, 당신이 오랜 기간 다른 사람에게 베풀며 관대하게 살면 가장 필요한 순간에 그 네트워크가 놀라운 힘을 발휘할 수 있다는 사실을 상기시켜주려는 것이다.

다른 사람에게 관대해져라. 그들이 필요한 결정적 순간이 오기 훨씬 전부터 차근차근 네트워크를 쌓아라.

Today's Question

오늘 다른 사람에게 관대해질 수 있는 일은 무엇이 있을까?

도망갈 문을 스스로 차단하라

자신의 아이디어에 믿음을 갖는다는 것은 어떤 의미일까? 프로젝트 초기에는 모든 것이 분명해 보이고 영감의 불꽃이 맹렬히 타올라 자신이 옳다고 믿는 것을 위해 의욕적으로 싸운다. 그 후, 프로젝트를 진행하면서 점점 상황은 혼란스러워지고 불확실해진다. 당신은 심지어 아이디어가 잘풀리지 않을 경우를 대비해 '탈출 경로'를 마련하기에 이른다. 상황이 좋지 않게 끝났을 때 잘 빠져나갈 방법을 찾기 시작하는 것이다. 이것은 당신이 그 아이디어에 반만 헌신한다는 의미다. 나머지 반은 부정적인 결과의 여파를 완화하는 데 쓰고 있다.

당신이 아이디어에 온전히 헌신하지 않으면 주변 사람들과의 의사소통이 모호해질 것이고, 그들의 헌신 역시 흔들릴지 모른다. 그들은 '당신이먼저 뛰어내리면 나도 뛰어내리겠다'는 식으로 태도를 정한다. 누구도 혼자 수영장에 남아 바보가 된 기분을 느끼고 싶지 않다.

탈출 경로를 만들지 마라. 아이디어를 명확하게 말하고, 온전히 헌신하든지 아예 포기하든지 둘 중 하나를 택하라. 확신이 없는 것은 괜찮다. 사실 우리 모두 불확실하다. 그러나 아이디어에 대한 태도는 명확해야 한다. **아이디어가 실패할까봐 두려운 나머지 너무 일찍 탈출 경로를 만들지 마라. 다른 방향으로 결정하는 순간까지 제대로 헌신하라.**

Today's Question

미리 탈출 경로를 만들고 있지는 않은가?

낙관주의와 주체 의식의 교차점

창의적 용기는 더 좋은 미래가 가능하다고 믿고, 자신이 그것을 실현할 능력이 있다고 믿을 때 생겨난다. 최고의 작품이 탄생하는 지점은 낙관주의와 주체 의식의 교차점이다. 낙관주의가 없으면 허무주의에 빠지기 쉽고, 자신이 가진 최고로 탁월한 아이디어조차 얼마나 귀중한지 깨닫지 못한다. 주체 의식 없이는 작품을 세상에 내놓는 데 필요한 노력을 절대 쏟지 않을 것이다. 자신에게 그럴 능력이 없다고 생각하기 때문이다.

낙관주의와 주체 의식의 교차점에서 일할 때 당신은 강력한 창의력을 발휘할 수 있다. 당신의 서사는 좌절과 무의미 대신 소망과 가능성으로 채워진다.

낙관주의가 부족할 때 나타나는 냉소주의는 창조적 과정을 좀먹는다. 당신의 심장을 냉소주의로부터 지켜내야만 한다.

오늘 자신의 마음가짐을 살펴볼 때, 낙관주의나 주체 의식이 부족한 곳은 어디인가? 더 나은 미래를 기대하지 않거나 또는 자신의 실현 능력을 믿지 못하는 영역이 있는가?

두 가지 강력한 힘의 교차점에 굳건히 서서 일할 때, 가장 훌륭하고 용감한 작품이 나타날 것이다.

Today's Question

이 순간 당신에게 낙관주의나 주체 의식이 부족한 부분은 어디인가? 어떻게 그것을 치료할 수 있을까?

당신의 역작이 당신과 함께 살아 숨 쉬도록

죽음이 임박한 사람에게 무엇을 가장 후회하는지 물어보면 그들은 붙잡지 못한 기회, 자신이 유예했던 도전 또는 너무 늦어버릴 때까지 화해를 시도하지 않았던 관계를 이야기할 것이다. 공격적으로 모험하다가 생긴 실수에 대해 말하는 사람은 거의 없다. 우리를 커다란 후회로 이끄는 것은 행동이 아니라 행동하지 않은 것이다.

많은 창의적 프로가 자기 최고의 작품을 끝내 발표하지 못한 채 무덤에 가지고 간다. 역작을 세상에 내놓기 위해 필요한 노력을 충분히 쏟아붓지 않았기 때문이다. 위험부담이 너무 크고, 너무 큰 노력이 필요하고, 극복하기 힘든 격차가 있다며 지레 포기한다. 그래서 결국 안일함을 선택하고, 삶의 마지막에 이를 때까지 수많은 날을 의미 없이 흘려보낸다. 결국 그들의 모든 아이디어, 탁월한 작품은 결코 우리가 발견할 수 없는 땅 깊은 곳에 묻히고 만다.

당신이 원하는 모든 것을 성취할 수는 없다. 내가 죽는 날, 나 역시 많은 아이디어와 야망을 아직 안에 품고 있을 것이다. 그러나 전부 성취할 수 없다고 해서 안락한 상태에 머물러서는 안 된다. 그냥 버텨도 된다고, 더 이상 노력하지 않아도 된다고 합리화하지 마라. 더 나은 미래에 기여하는 우리의 작품이 세상에는 필요하다.

당신 최고의 작품이 편안함과 안일함에 떠밀려 그냥 땅에 묻히게 하지 마라.

Today's Question

오늘 감수해야 할 위험을 피하고 있지 않은가? 어떤 위험인가?
그 모험으로 세상은 어떤 면에서 좋아질까?

결국엔 아이디어다

1958년경의 월트디즈니 사업 전략 사본을 우연히 본 적 있다. 많은 화살표가 지적재산권, 테마파크, 도서, 만화, 음악 등의 다양한 방향을 가리켰지만 궁극적으로 모든 화살표가 한 가지를 겨눴다. 바로 영화 스튜디오의 창의적 역량이었다.

디즈니는 기업이 유무형의 재산에서 가치를 쥐어짜는 능력이 아무리 탁월할지라도 결국 모든 것은 아이디어에 달려 있다는 사실을 알았다. 그렇기에 디즈니 사업 모델의 정중앙에는 '아이디어 공장'이 있었다.

수십억 달러 규모의 다국적 기업이 엔터테인먼트 산업을 지배하게 해준 바로 그 원칙이 당신의 창의적 삶에도 적용된다. 이 원칙을 견지하면 인생 최고의 작품을 만들 수 있다. 창의적 프로의 모든 것은 아이디어에 달렸다. 아이디어 공장의 창의적 역량이 가치를 생산하는 주체다.

당신의 공장을 잘 돌보고 있는가? 아이디어를 창출하기 위해 시간과 공간을 투자하고 있는가? 당신의 달력에는 매주 창의성 계발과 아이디어 창출을 위한 시간이 계획돼 있는가, 아니면 여전히 어제의 아이디어에서 묵은 가치를 짜내려고 애쓰고 있는가? 아이디어를 창출하고 고유한 가치를 생산하기 위한 시간을 매주 마련하라.

계속 탁월한 작품을 생산해내려면 반드시 아이디어 공장을 잘 보살펴야 한다.

Today's Question

아이디어 공장을 관리하기 위해 어떤 노력을 하고 있는가?

리추얼 자체에 힘이 있다

몇 년 전, 큰 업적을 이룬 사람들의 리추얼에 관한 책이 다수 출간됐다. 독자들은 버진그룹 회장 리처드 브랜슨(Richard Branson)이 아침으로 뭘 먹는지, 가수 아델이 영감을 포착할 때 어떤 노트북을 사용하는지 앞다퉈 알아내고자 했다. 선망하는 인물들이 삶을 어떻게 구축해나가는지 알고 싶은 열망은 이해하지만 우리는 종종 상관관계와 인과관계를 혼동한다. 그들이 실천하는 특정한 리추얼이 성공의 비밀은 아니다. 자신만의 리추얼을 갖고 있다는 사실 자체가 그들을 성공으로 이끌었다. 그들은 집중력과 에너지가 의미 있는 방식으로 흘러가도록 일상을 구축했다.

처음에는 우리가 리추얼을 만들지만, 그 후에는 리추얼이 우리를 만든다. 리추얼은 우리가 올바른 방향으로 나아가도록 도와주는 길잡이와 같다. 이 글을 쓰고 있는 시점에 우리는 이제 막 코로나19에서 벗어나고 있다. 상상도 할 수 없는 방식으로 다가온, 이전에 본 적 없는 무언가에 의해 우리 삶의 상당 부분이 뒤집혔다. 하지만 이 시기에 공부하고, 성찰하고, 글을 쓰는 등의 리추얼을 가진 사람들은 삶의 항상성과 안정성을 유지할 수 있었다.

다른 사람의 리추얼이 무엇인지 신경 쓰지 말고 자신이 어떤 리추얼을 가졌는지 확인하라. 그것이 혼란한 세상에서 당신을 굳건히 지켜줄 것이다. **창조적 에너지가 당신의 목표를 향해 흘러가도록 도와주는 당신만의 리추얼을 채택하라.**

Today's Question

당신에게 없어서는 안 될 리추얼은 무엇인가?
그것을 꾸준히 실행하고 있는가?

편집증을 생산적으로 관리하라

나는 종종 '신경질적인' 창의적 프로들을 만난다. 그들은 항상 자신의 인식, 위험, 조직의 위상에 대해 염려하고, 위험 요인을 끊임없이 탐색한다.

생산적 편집증이라는 단어는 짐 콜린스와 모르텐 한센(Morten T. Hansen)이 《위대한 기업의 선택》에서 소개한 단어다. 그들은 올바르고 건강한 편집증이 더 나은 결과를 만들어낸다고 주장한다. 편집증은 리더를 미리 준비하게 만들고, 사전 준비는 리더를 성공으로 이끈다는 것이다. "모든 일을 사전에 준비하고, 예비비를 구축하고, 위험 요소를 관리하고, 항상 자신을 연마하는 훈련을 반복하기에 혼란에 맞닥뜨렸을 때 힘 있고 유연하게 대처할 수 있다." 나는 이 주장에 동의한다. 그러나 생산적 편집증과 사람을 마비시키는 편집증 사이에는 큰 차이가 있다.

사람을 마비시키는 편집증은 언제나 아이디어가 가져다줄 이점보다 혹시 일어날지도 모를 잠재적 문제에 더 집중한다. 그래서 어떤 형태의 위험도 감수하지 못한다. 여기에 사로잡히면 새로운 아이디어를 소개하고, 어려운 대화를 시도하고, 잘 풀리지 않을지도 모를 어떤 문제에 몇 시간을 투자하는 일이 부담스럽게 느껴진다. 그러나 아무것도 하지 않는 것 역시 그 자체로 부담이 따른다. 결국 불안감을 떨쳐버릴 수 없다. 이것은 끝없는 악순환이다.

사람을 마비시키는 편집증은 행동을 가로막고 불안감을 가중할 뿐이다.

Today's Question

현재 어떤 부분에서 당신을 마비시키는 편집증을 경험하고 있는가?

아이디어를 떠올릴 작은 놀이

자기 생각에 갇히면 현재 시야 바깥에 존재하는 잠재된 아이디어를 보지 못한다. 문제를 해결하는 특정 방법이나 도구 등에 너무 몰입한 나머지, 같은 발상으로 계속 회귀할 때 종종 일어나는 상황이다.

창의성은 새롭고 독특한 방식으로 아이디어를 연결하는 과정이다. 그러나 어떨 때는 의도적으로 고리를 만들어야 이런 연결이 일어난다. 자유롭게 단어를 연상하는 방법으로 문제에 접근하면 도움이 될 수 있다. 종이 한 장을 꺼내 당신이 그 문제를 생각할 때 떠오르는 단어 하나를 적어라. 그런 다음, 당신이 그 단어를 생각하면 가장 먼저 떠오르는 명사를 적어라. 그다음, 그 새로운 단어로 같은 과정을 반복하라. 다시 반복하라.

예를 들어보자. 웹사이트(가 연상시키는 단어)→링크(가 연상시키는 단어)→골프(가 연상시키는 단어)→우스꽝스러운 바지(가 연상시키는 단어)→광대(가 연상시키는 단어)→소형차(가 연상시키는 단어)→기타 등등.

종이에 20~30개의 단어를 적었다면, 그 단어들을 결합해 당신이 해결해야 하는 문제에 적용해보라. (예를 들어, 링크와 소형차의 결합이 새로운 마케팅 캠페인에 어떤 도움이 될까?)

이 과정은 다소 시간이 걸릴 수 있지만, 당신이 생각해낼 수 없었던 아이디어를 발견하게 해줄 것이다.

자유 연상법을 사용하면 기존 방법으로는 상상하지 못했을 아이디어를 떠올리는 데 도움이 된다.

Today's Question

새로운 아이디어를 위해 오늘 자유 연상법을 적용해볼 프로젝트는 무엇인가?

10월

내 안의 숨은 가능성을
발견하는 시간

October

"용기가 있어야 한다. 비판 의식도 있어야 한다.
단, 경외심은 없어야 한다.
적어도 내 머릿속에서는
유머가 비평 안에 있기 때문이다.
훈련된 안목과 야성적인 정신이 있어야 한다."
– 도로시 파커(Dorothy Parker), 유머에 대한 글쓰기

우리는 야성적이고 창의적인 생각을
위험과 혼동하는 경향이 있다.
사실, 당신의 생각이 미친 것같이 특이한 아이디어 사이를
떠돌며 탐험하고, 가능성의 범위를 확장하는 일은 전혀 위험하지 않다.
불가능과 어려움의 차이를 인식하는 훈련된 안목을
야성적인 생각들에 더하라.
그 교차점에서 최고의 작품이 탄생한다.
이번 달에는 자신을 약간 불편하게 만드는
아이디어를 생각해내도록 노력하고,
그 뒤 훈련된 안목을 통해 아이디어를 실현하라.

때로 아이의 마음이 돼 놀아라

아이들이 어렸을 때 나는 바로 옆방에 앉아서 아이들이 노는 소리를 즐겨 듣곤 했다. 그들의 대화는 말 그대로 놀라웠다. 이야기를 정교하게 꾸며내고, 새로운 세계를 창조하고, 물리의 법칙을 가볍게 무시했다. 단지 놀이였기에 아이들의 창의성에는 한계도, 어떤 이해관계도 없었다.

마지막으로 당신이 일을 가지고 놀았던 때는 언제인가? 제대로 해내야 한다는 압박감 없이, 아무 외부 평가도 없이, 어떤 이해관계도 없이 말이다. 재미있게도 최고의 작품은 놀이 같은 장난스러운 순간에 우연히 발견되는 경우가 많다. 그러나 어느 순간부터 우리는 모든 요소를 매우 진지한 사업으로 바꾸고, 모든 것이 처음부터 완벽하기를 기대하며, 스스로 압박하고, 비효율성이나 오류의 여지를 두지 않는다. 그런데 그럴수록 우리가 갈망하는 새로운 돌파구는 요원해진다.

오늘은 단 15분만이라도 짬을 내 아이디어, 개념 또는 프로젝트를 갖고 놀아라. 뭔가를 그려보라. 단어들을 가지고 놀아라. 재미를 추구하고, 자제하려는 마음을 떨쳐버려라.

획기적인 아이디어는 당신이 자제력을 내려놓고 자유롭게 뭔가를 가지고 놀 때 나타난다.

Today's Question

오늘 어떻게 하면 일을 가지고 놀 수 있을까?

이유를 불문하고 일단 일하라

몇 년 전에 작가 스티븐 프레스필드(Steven Pressfield)로부터 도시락통을 받았다. 그는 《최고의 나를 꺼내라》와 《행동하라》를 비롯해 수많은 베스트셀러를 냈다. 스티븐은 창의적 프로의 일은 매일 아침 작업 현장으로 출근해 딱딱한 모자를 쓰고 업무를 시작하는 것이라고 말한다. 그것이 그가 내게 도시락통을 보낸 이유였다. 우리의 마음가짐이 매일 작업 현장으로 출근하는 사람들과 동일해야 한다는 사실을 상기시켜주려는 것이었다.

아마도 당신은 오늘까지 해야 하지만 미뤄둔 일이 있을 것이다. 그 일이 어려워 보여서 하고 싶지 않을 수도 있고, 문제를 해결할 최선책을 아직 알아내지 못했을 수도 있고, 아니면 단지 문제의 불확실성과 씨름할 에너지가 없을 수도 있다. 상관없다. 당신이 오늘 해야 할 일은 일을 해치우기 위해 작업 현장에 뛰어드는 것이다. 영감이 찾아올 때까지 기다리는 사치를 부릴 수 없다. 작업에 뛰어들면 일하는 도중에 필요한 영감을 발견할 것이다.

부담스럽고 불확실해 보이는 일에 지금 당장 뛰어들어라. 그러면 행동하는 도중에 영감을 찾게 될 것이다.

Today's Question

오늘 당신이 해야 하는 업무는 무엇인가?

한 번에 하나씩

미국에서 '대중의 작가'로 불리는 앤 라모트(Anne Lamott)는 글쓰기를 다룬 책 《쓰기의 감각》에서 자신의 오빠가 열 살 무렵 학교 과제 때문에 어쩔 줄 몰라 했던 일화를 소개했다. 오빠는 엄청나게 많은 새를 분류하는 보고서를 작성해야 했지만 마지막 순간까지 미뤘다. 단 한 줄도 쓰지 못한 오빠가 식탁에 앉아 울음을 터뜨리기 직전, 아버지가 오빠 옆에 앉아 팔로 감싸며 말했다. "얘야, 새 한 마리씩이야. 그냥 한 마리, 한 마리씩 하면 돼."

프로젝트를 끝내는 데 필요한 작업량에 압도당하기 쉽다. 작업을 잘 규정하지 못한 탓이기도 하고, 결코 그 일을 끝내지 못할 것 같다는 막연한 두려움 때문이기도 하다. 작업 완료까지의 과정을 명확하고 측정 가능하게 계획한다면 작업량에 대한 부담감을 없앨 수 있다.

작업을 다루기 쉬운 단위로 쪼개라. 분할한 작업 조각을 목록으로 만들어라. 조각 각각을 위한 시간을 마련하라. 그런 다음 하나씩 처리하라. 작은 진전이 생기기만 해도 당신의 영혼이 얼마나 밝아지고 추동력이 생기는지 놀랄 것이다. 당신이 중요한 프로젝트를 진전시키기 위해 다음으로 해결해야 할 '새 한 마리'는 무엇인가?

모든 창의적 작업은 하나씩 달성된다. 끝내지 못한 일의 무게로 절망하지 마라. 한 번에 하나씩 처리하면 된다.

당신이 완료해야 할 바로 다음 임무는 무엇인가?

실현 불가능한 아이디어를 떠올려라

처음부터 실용적인 아이디어만을 목표로 삼으면 결국 매우 예측 가능하고 진부한 프로젝트로 끝날 가능성이 크다. 지루할 만큼 안전한 아이디어가 작업 과정을 거치면서 신랄하고 막강한 프로젝트로 진화하는 경우는 매우 드물다. 그 반대로 주로 약간 무리한 아이디어들이 실용적으로 다듬어지는 경우가 많다.

그래서 프로젝트를 시작할 때는 실현 불가능한 것을 목표로 삼아야 한다. 야성적이고, 상상력이 풍부하고, 완전히 비실용적인 사람이 돼라. 절대 실제로 사용할 수 없을 것 같은 아이디어들을 떠올려라. 처음엔 비실용적이었던 아이디어가 훨씬 더 실용적이지만 여전히 참신함이 느껴지는 결과로 발전하게 될 것이다.

실용성을 목표로 삼으면 예측이 되고 진부한 프로젝트로 끝나고 만다. 불가능을 목표로 할 때, 실용적인 동시에 흥미로운 아이디어들이 나오곤 한다.

기억하라. 아이디어를 떠올리기는 쉽고 돈도 들지 않는다. 아이디어를 품는 것은 전혀 위험한 일이 아니다. 실현 가능성에 대한 두려움 때문에 야생마처럼 날뛰는 생각들을 외면하지 마라.

아이디어를 떠올릴 때는 실현 불가능한 것을 목표로 삼아라. 때때로 무엇이 가능한지 깜짝 놀랄 것이다.

Today's Question

> 당신의 아이디어가 지나치게 안전하지는 않은가?
> 현재 작업에서 어떤 야성적 아이디어를 생각해낼 수 있을까?

성공으로 달리게 해주는 모든 연료가 좋지는 않다

사람들은 때때로 "당신의 가능성을 부정했던 사람을 기억해두고, 그가 틀렸음을 증명하라!"라고 조언한다. 당신을 의심하는 사람을 적으로 두면 확실히 쉽게 동기부여가 이뤄진다. 그러나 이런 식의 동기부여는 임시방편에 불과하다. 그가 틀렸다는 걸 증명하고 나면 그다음엔 무엇을 위해 노력할 것인가? 당신이 해내지 못할 거라 생각한 모든 사람을 하나하나 떠올리며 계속 과거 속에 살 것인가?

일을 하는 덴 깨끗한 연료와 더러운 연료가 각각 있다. 분노와 원한 같은 더러운 연료는 잔여물을 남기고, 이는 당신의 낙관주의와 창의적 추진력에 악영향을 미친다. 만약 누군가가 틀렸다는 것을 증명하는 데서 일의 동기를 찾으면 당신은 가능성에 초점을 맞추기보다 당신이 옳다는 것을 남들에게 보여주는 데 몰두하게 된다. 당신은 좁은 시야에 갇힌다. 시야를 가리는 잔여물 때문이다.

그러나 당신의 일을 통해 다른 사람의 삶을 풍요롭게 만들거나 당신과 함께하는 사람들의 지위를 향상시키는 것과 같은, 타인을 위한 열망을 동기로 삼으면 당신은 깨끗한 연료로 움직인다. 깨끗한 연료는 잔여물을 남기지 않고, 오직 선명한 시야를 제공한다.

분노와 원한은 더러운 연료로, 창의적 추진력을 방해한다. 깨끗한 연료를 사용해 달리려고 노력하라.

Today's Question

당신의 작업 동기는 무엇인가? 그것이 동기가 되는 이유는 무엇인가?

가능한 한 많이 자동화하라

불필요한 복잡함은 작업 진행을 위해 불가피하게 따라야 하는 형식적인 어려운 절차만을 뜻하지 않는다. 관료적 형식주의도 창의적 효율성을 저해하지만 때때로 더 작은 것들이 창의적 효율성을 방해한다. 회의 일정 계획, 주고받는 이메일 릴레이, 그 외에 당신이 해결해야 할 핵심 가치와 직접적으로 연결되지 않지만 에너지를 소모하게 하는 여러 활동이 훌륭한 작업물을 만들어내는 데 필요한 추동력을 잡아먹을 수 있다.

그래서 나는 가능한 한 많은 작업을 자동화해야 한다고 굳게 믿는다. 이미 당신은 다양한 도구들을 활용할 수 있다. 그러므로 당신에게 주어진 귀중한 창조의 시간을 자동화할 수 있는 일들에 낭비하지 마라. 당신은 작업 과정에서 수많은 일을 해결해야 한다. 당신의 의사결정 능력이 필요하지 않은 작업들을 자동화해 불필요한 에너지 낭비를 막아라.

진짜 중요한 작업에 귀중한 창조적 에너지를 사용할 수 있도록 최대한 많은 부분을 자동화하라.

Today's Question

정신적 에너지를 여유롭게 만들기 위해 작업의 어떤 부분을 자동화해야 할까?

제출하지 않은 사직서

일하면서 갈등이 생기는 것은 피할 수 없다. 갈등이 한창일 때는 자연스럽게 이직을 꿈꾸게 된다. 하지만 후회하지 않으려면 퇴사를 생각하기 전에 당신이 느끼는 좌절감의 핵심이 무엇인지 분명히 알아야 한다. 이를 위해 제출하지 않을 사직서를 써보기를 권한다.

왜 이직을 해야 하는지, 무엇 때문에 좌절하는지 등 모든 상황을 적어보자. 누구도 읽지 않을 것이니 원한다면 개인적인 내용을 써도 좋다.

사직서를 다 쓰고 나면 몇 가지를 자문해보라.

▶ 사직서의 내용 중 내가 진정 원한다면 바꿀 수 있는 것이 있는가?

▶ 직업이 궁극적으로 제공할 수 없는 것들을 직업을 통해 얻으려는 건 아닌가? (정체성, 자존감 등)

▶ 사직서의 내용에서 최근에 겪은 좌절과 오래전에 겪은 치유되지 않은 상처 중 어느 쪽이 더 많은가?

▶ 다른 직장에서도 여기에 적은 것과 같은 경험을 한 적이 있는가?

직장을 떠나겠다고 마음먹기 전에 먼저 제출하지 않을 사직서를 써보자. 스스로 좌절을 가중하고 있다는 사실을 깨달을지도 모른다.

Today's Question

일 때문이든, 분쟁을 일으키는 다른 요인 때문이든 사직서에 당신이 겪은 좌절에 대해 적을 필요가 있는가?

분노의 에너지를 선한 작업에 쏟아부어라

내재된 창의적인 목소리를 꺼내는 비법 중 하나는 스스로에게 "무엇이 나를 분노하게 하는가?"라고 묻는 것이다. 교통 체증으로 인한 짜증이나 제일 좋아하는 드라마의 실망스러운 전개로 인한 화를 얘기하는 것이 아니다. 무엇이 당신을 선한 분노로 가득 채우는가에 대한 말이다.

선한 분노는 다른 사람을 대변한다. 주변에서 발생하는 의롭지 않은 사건이나 시정돼야 할 잘못이 있을 때 느끼는 분노다. 다른 사람이 약속을 지키지 않았을 때, 누군가에게 이용당하고 있는 선량한 고객이나 의뢰인을 볼 때 느끼는 분노다. 열등한 제품이 당신의 고객들에게 문제를 일으킬 때 느끼는 분노다.

예를 들어 나는 약자의 이야기에 마음이 움직인다. 누군가가 부당하게 이용당하거나, 엄청난 역경에 맞서는 모습을 보면 즉시 그들의 편에 서서 행동한다.

무엇이 당신을 선한 분노로 가득 채우는가? 그리고 무엇보다 중요한 것은, 어떻게 하면 분노의 에너지를 자신과 이 세상에 의미 있는 창조적인 에너지로 바꿀 수 있을까?

때때로 최고의 창의적인 작업은 당신이 뭔가에 저항해 작업할 때 또는 당신이 뭔가와 맞서 싸울 때 나타난다.

Today's Question

무엇이 당신을 선한 분노로 가득 채우는가?

궂은날에도 무조건 나아가라

복잡하고 거대한 프로젝트를 제대로 진척시키려면 꾸준하고 계획적으로 정진해야 한다. 짐 콜린스와 모르텐 한센은 《위대한 기업의 선택》에서 도보로 미대륙을 횡단하는 두 사람을 가상의 예로 들었다. 도보 첫날, 한 사람은 아름다운 날씨 속에 출발했고, 30킬로미터를 걷고 멈춘다. 다른 사람은 날씨가 아름답다며 60킬로미터를 걷는다. 다음 날 참기 힘들 만큼 더웠지만 첫 번째 사람은 다시 30킬로미터를 걸었다. 다른 사람은 첫날 힘을 쏟아 이미 지쳤다며 여행하기 좋은 조건을 기다리기로 한다. 좋거나 나쁜 조건 속에서 여러 날이 지났다. 누가 목적지에 먼저 도착했을까? 콜린스는 회사가 성공하려면(나는 인생도 마찬가지라고 생각한다) 최적의 조건이 아니라도, 그럴 기분이 아니라도 30킬로미터를 무조건 행진해야 한다고 주장한다.

프로젝트를 위해 매일 일정 시간 일하거나, 어떤 상황에 처해 있든 특정한 단어 수만큼 글을 쓰거나, 곤란한 상황 속에서도 업무 회의에 참여하는 등 당신의 일을 지속해야 한다. 꾸준하고 계획적인 노력을 쏟으면 의욕적일 때만 작업하는 것보다 목직지에 도달할 확률이 높다.

프로젝트를 진행할 때 꾸준하고, 계획적이고, 측정 가능하게 전진하라. 기분이 내키지 않을 때도 매일 작업하라.

Today's Question

지금 당신의 30킬로미터 행진은 무엇인가?

리더는 통제가 아니라 영향을 통해 일한다

커리어 초반에는 얼마나 효율적으로 작업을 통제하느냐로 보상을 받는다. 즉, 다른 사람의 결정을 잘 수행하는 것이 당신의 역할이고, 기대를 꾸준히 충족시키면 더 큰 책임을 맡는 리더의 자리에 오르게 될 것이다.

이때 많은 사람이 결정적인 실수를 한다. 리더의 자리에서 당신이 해야 할 일은 작업을 통제하는 게 아니라 작업에 영향을 미치는 것이다. 만약 당신이 재능 있는 팀원들의 작업을 통제하려 한다면, 그들은 점차 일에서 손을 놓고 당신의 지시만 기다리게 될 것이다. 그렇게 되면 당신은 그들에게서 최고의 성과를 끌어낼 수 없다. 왜냐하면 그들은 당신이 바꿀지도 모를 아이디어에 에너지를 쓰려 하지 않을 것이기 때문이다.

대상이 팀이든 동료들이든, 영향력을 발휘해 이끄는 사람은 일하는 방법을 알려주기보다 일에 대해 생각하는 방법을 가르치는 데 더 많은 시간을 써야 한다. 성공적인 작업에 대한 이해(당신이 무엇을 원하는지 추측하는 대신), 좋은 아이디어를 알아보는 방법(당신이 말하기를 기다리는 대신), 갈등에 대처하는 방법(항상 개입해 해결하는 대신) 그리고 그 외 훌륭한 결과를 내는 데 도움이 되는 리더십 철학을 수립해야 한다.

당신의 팀이 탁월하고 독특한 결과물을 만들 수 있도록 통제력이 아닌 영향력을 통해 팀을 이끌어야 한다.

Today's Question

당신이 영향을 미치기보다 통제하려고 애쓰는 작업은 무엇인가?

실망은 당연하지만 절망은 멈출 수 있다

당신은 성공을 확신할 수 없는 일에 엄청난 시간, 에너지, 감정을 투입하고 있다. 다른 사람들이 가치를 알아봐줄 뭔가를 창조하기 위해 최선을 다하겠지만, 결국에는 무엇을 해도 자신의 기대에 미치지 못하는 순간을 맞을 것이다.

그런 순간이 찾아오면 악마는 당신의 귀에 이렇게 속삭이기 시작한다. "내가 그럴 거라고 말했잖아.", "실패할 운명이었어.", "넌 절대 안돼." 이런 실망의 말들이 당신의 머릿속에서 영화 주제곡처럼 울려 퍼질지도 모른다. 스스로 능력에 대한 희망과 자신감을 잃어버릴지도 모른다.

실망이 절망으로 넘어가도록 허용하지 마라. "나는 실패를 경험했어."와 "나는 실패자야." 사이에는 큰 차이가 있는데, 전자의 상황에 놓였을 때 생각이 후자로 변질하기 쉽다.

인정하기 싫겠지만, 창의적인 작업을 선택했을 때 이미 당신은 불확실하고, 힘들고, 실패를 초래할 가능성이 큰 작업에 투신하기로 결심한 것이다. 실패로 인한 실망을 피하려고 안전한 선택지로만 가려는 경향을 경계하라. 도전하지 않는다면 결코 게임의 승자가 될 수 없다.

창의적 작업에는 실망이 따른다는 사실을 받아들여라. 대신 "나는 실패했다."가 "나는 실패자다."로 변질하지 않도록 하라.

Today's Question

지금 어떤 점에 실망하고 있는가?
그 실망이 악마의 서사로 변질되고 있지는 않은가?

안정과 도전을 모두 잡아라

몇 달 전에 언급했듯 창의적 프로로 성공하려면 반드시 안정성과 도전의 식을 갖춰야 한다. 안정성은 기대치가 명확하고, 시간과 집중력이 확보되고, 작업을 위한 활주로가 보호받고 있다는 의미다. 도전의식은 당신이 인지하고 있든 그렇지 않든 어느 정도의 긴장과 위험을 감수하는 모험, 새로운 시도가 필요하고, 때때로 자기 능력의 한계를 시험하기 원한다는 뜻이다.

그런데 안정성과 도전의식은 서로 긴장 관계에 있다. 도전 받을 때는 작업 환경의 안정성이 떨어지는 경우가 많다. 도전을 감행할 때는 작업의 명확성이 떨어지고 불확실성이 높아지기 때문이다. 반대로 안정성이 높아지면 상대적으로 예측이 용이해지기 때문에 도전을 받는다는 느낌이 줄어든다.

창의적 조직의 성공은 대부분 안정성과 도전의식이 적절히 균형을 이룰 때 나타난다. 작업 환경에 적정한 안정성을 제공하지 않고 과도한 도전 과제만 안겨준다면 그 팀은 좌절하고 분노한다. 반대로 안정성은 높지만 도전 정신이 거의 없다면 재능 있는 직원들은 지루함을 느끼고 더 나은 전망을 제공하는 곳을 찾아간다.

팀을 이끌고 있든 아니든 안정성과 도전의식, 이 둘 중에서 현재 당신에게 무엇이 더 필요한지 생각해봐야 한다.

수많은 창의적 팀의 성공은 안정성과 도전의식이 적절한 균형을 이루는 지점에서 일어난다.

Today's Question

안정성과 도전의식 중 지금 당신에게 부족한 것은 무엇인가?
그것을 보완하기 위해 무엇을 할 수 있는가?

적당한 순간에 손을 놓아라

브래키에이션(brachiation)이라고 하는 기술은 어린이의 신체 발달에서 중요한 지표다. 쉽게 말해 놀이터의 구름사다리에서 양팔을 번갈아 매달리며 앞으로 이동해가는 운동으로, 이 기술의 핵심은 한쪽 손이 다음 막대를 완전히 붙잡기 전에 다른 쪽 손을 놓는 것이다. 이때 아이들이 겁을 먹고는 적절한 순간에 손을 놓지 못하면 추진력을 잃어 두 막대 사이에 멈추거나, 떨어지고 만다.

아이들이 적절한 순간에 손을 놓지 못하는 이유는 추락에 대한 두려움 때문이다. 딱 적당한 순간에 손을 놓지 않으면 두려움은 현실이 돼 떨어지고 만다.

창의적 작업도 매우 비슷하다. 아이디어 하나를 내려놓고 다음으로 넘어가는 방법을 익혀야 한다. 만약 아이디어가 제 목적을 달성한 지 오래됐는데도 내려놓지 못하고 계속 붙잡고 있다면 당신은 결국 그저 그런 결과를 내놓을 가능성이 크다.

우리 대부분은 어린 시절에는 이 기술에 숙달했다. 하지만 성인이 된 후 감정적인 브래키에이션은 훨씬 더 어려울 수 있다. 우리의 아이디어나 프로젝트에는 자아가 너무 많이 녹아 있기 때문이다. 그러나 손을 놓고 앞으로 나아가는 훈련을 해야 한다.

적절한 시기에 지난 아이디어를 내려놓고 다음으로 넘어가지 못하면 당신의 창의성은 길을 잃는다.

Today's Question

다음 것을 붙잡기 위해 내려놓아야 할 오래된 아이디어 혹은 삶의 특정 요소가 있는가?

원칙이 단순함을 수호한다

복잡한 것이 저절로 단순한 것으로 바뀌지 않는다는 것은 정해진 사실이다. 복잡한 프로세스나 조직을 단순화하려면 외부 에너지가 필요하다. 문제 상황은 가만히 내버려두면 점점 더 큰 혼란에 빠질 뿐이다.

어떻게 하면 복잡한 상황을 단순하게 만들 수 있을까? 한 가지 방법은 당신의 결정과 행동에 원칙을 세우는 것이다. 만약 당신이 모든 프로젝트와 창의적 문제를 새로운 방식으로 접근하려 든다면, 당신의 세계는 말도 안 되게 복잡해질 것이다. 그러나 결정을 내리는 데 도움이 되는 일련의 원칙이 있다면 당신은 이미 유리한 출발선에 선 것이다. 자신의 작업 또는 리더십의 핵심 원칙을 깊이 생각해 가능한 한 많은 결정을 미리 내려둬라. 예를 들어, 당신이 좋은 아이디어인지 판단할 때 점검하는 구체적인 기준들은 무엇인가? 사람들이 당신의 의견에 동의하지 않을 때 어떻게 갈등을 다루는가? 어떤 상황에서도 타협하지 않는 가치는 무엇인가?

몇 가지 중심 원칙을 미리 세워두면 당신은 복잡함의 한가운데서도 단순함의 자리를 지킬 수 있다. 자신의 세계에 질서를 부여할 수 있다.

복잡한 것이 저절로 단순해지지는 않는다. 당신이 단순함의 유리한 고지에서 시작할 수 있도록 작업의 길잡이가 되는 원칙을 세워라.

Today's Question

당신의 작업을 지배하는 서너 가지 핵심 원칙은 무엇인가?

'바로 지금'이 보여주는 진심

팀이나 동료들에게 도움이 되는 가장 강력한 질문이 무엇일까? 나는 "바로 지금, 내가 당신을 위해 해줄 수 있는 일이 있을까?"라고 생각한다.

많은 관리자가 "내가 해줄 수 있는 일이 있으면 알려달라." 또는 "내가 어떻게 도우면 좋을지 알려달라."라고 말한다. 이런 문구는 일반적이고 막연하기에 진지하게 받아들여지지 않을 때가 많다. 이런 말은 아직 일어나지 않은 문제에 대해 미래의 정해지지 않은 시간에 막연한 뭔가를 해주겠다는 약속이기 때문에 결과적으로 아무런 의미가 없다.

그러나 '바로 지금'이라는 수식어를 추가하면 긴급하다는 인상을 준다. 그것은 "나는 지금 이 순간, 다른 모든 것을 뒤로 하고 당신의 문제를 처리해주겠다."라는 의미다. 그 말은 즉각적인 행동을 약속한다. 단순히 질문 앞에 수식어를 추가하기만 해도 질문의 내용이 완전히 바뀐다. 당신이 지금 소통하고 있는 사람에게 진심으로 말하고 있다는 것을 보여준다.

오늘 다른 사람과 이야기할 때 예측할 수 없고 별다른 의미도 없는 도움을 제안하지 않도록 주의하라. 그 대신 지금 당장 행동할 의지를 표현해 당신의 제안에 진정성과 정확성을 더하라.

"내가 바로 지금 당신을 위해 무엇을 해줄 수 있을까?"라고 묻는 것은 당신이 팀과 동료들에게 헌신하고 있음을 보여주는 강력한 방법이다.

Today's Question

오늘 누구에게 이 질문을 할 수 있을까?

치약과 칫솔을 따로 두지 마라

식료품점에는 손님들이 주로 함께 구매하는 상품들이 같은 곳에 진열되어 있다. 예를 들어 치약과 아스파라거스를 함께 진열하지는 않는다(사실 그렇게 나쁜 아이디어는 아니지만!). 치약은 칫솔 옆에서 찾을 수 있다. 칫솔을 찾는 사람들은 치약도 함께 찾을 가능성이 크기 때문이다. 이것은 '지적 인접성'이라고 불리는 개념인데 소비자들에게 쇼핑을 편리하게 해주는 동시에 충동구매를 촉진하기도 한다.

당신의 시간과 집중력에 적용되는 또 다른 지적 인접성이 있다. 이메일에 답장하는 데 10분을 쓰고, 회의에 30분을 쓰고, 실제로 창조적인 작업에 몰입하는 시간은 15분을 쓰고, 그다음에는 다시 이메일에 답장하느라 10분을 쓴다고 생각해보라. 이런 식으로 서로 다른 종류의 작업을 오가면 업무 전환 패널티를 지불할 수밖에 없어 업무 효율이 저하된다.

창의적인 작업과 행정 업무 사이에서 사고방식을 자주 전환하지 않도록 유사한 종류의 업무끼리 모을 방법을 생각해보라. 오늘은 업무를 종류별로 처리할 시간을 정립해보라. 작업의 몰입도가 높아질 것이다.

비슷한 종류의 작업끼리 묶어 시간을 분류하면 업무 전환 패널티를 최소화할 수 있다.

오늘은 어떻게 작업을 분류할 것인가?

당장 당신의 기타를 지하실에서 꺼내와라

나는 기타 연주를 좋아한다. 밴드에 소속돼 거의 매일 밤 기타를 연주하던 시절, 나는 음악으로 가득 차 있었다. 항상 기타를 손에 쥐고 있는 기분이었고, 틈만 나면 곡을 썼다. 나이가 들고 커리어를 리더십 쪽으로 전환하자, 음악으로 창의성을 표현하던 시간은 먼발치로 물러났다. 사실상 기타를 전혀 손에 들지 않는 시간이 이어졌다.

약 1년 반 전에 내 인생에 다시 음악을 들여놓고 싶은 마음이 생겼다. 작곡에 대한 열망은 있었지만, 곡을 쓰고 싶을 때면 지하실로 내려가 케이스에서 기타를 꺼내 서재로 가져오는 일은 너무 귀찮게 느껴졌다. 그래서 언제든 꺼낼 수 있도록 서재 벽에 기타를 걸었다(가족들이 아버지의 날에 만돌린을 선물해줬을 때도 똑같이 행동했다). 이제는 특별히 어려운 문제를 고민할 때면 어느덧 기타를 튕기고 있다. 그리고 기타를 서재에 걸어둔 그해, 나는 25~30곡을 썼다.

당신이 어떤 일이 좀 더 자주 일어나기를 바란다면 그 일이 언제든 일어날 수 있는 환경을 조성해야 한다. 당신에게 영감을 주는 도구가 있다면 접근하기 쉬운 곳에 둬서 그것이 시도 때도 없이 당신의 상상력에 불을 지피도록 하라.

창의적 표현을 가로막는 불필요한 장벽을 제거하라. 당신에게 필요한 도구들을 손에 닿기 편리한 위치에 배치해야 한다.

Today's Question

창의성에 보다 편리하게 접근하기 위해 당신은 어떤 환경을 조성할 것인가?

낭만은 치열한 현실의 반복 속에 찾아온다

젊은 시절에 책 쓰는 모습을 상상할 때는 시원한 산들바람이 부는 날 분주한 카페에 앉아 뭔가 심오한 생각을 하며 라떼를 홀짝이는 그림이 머릿속에 그려졌다. 여섯 권의 책을 출간한 지금의 나는 매우 중요한 사실 한 가지를 배웠다. 창의적 작업은 대부분 낭만적이지 않다는 것이다. 그런 낭만적인 상황보다는 빽빽한 회의 사이에 시간을 쪼개 오늘의 할당량만큼 글을 쓰려고 애쓰는 경우가 더 많다. '파리의 카페에서 즉흥적으로 만난 창작의 희열'보다는 '열심히 찾아다닌 끝에 얻은 약간의 진전'에 더 가깝다.

오해하지 말길 바란다. 실용적인 창작의 시간도 예상치 못한 통찰과 흥분, 획기적 돌파구로 양념이 돼 있다. 그것은 정말로 매우 귀중한 순간이다. 하지만 당신이 오직 낭만적인 순간들에 의존한다면 창작은 불가피하게 지연될 것이다.

프로가 되려면 매일 꾸준히, 체계적이고 점진적으로 작업에 매진해야 한다. 낭만은 잊어라. 좋은 결혼생활에서 일상이 다소 단조롭게 지속되다가 어느 날 문득 눈물 나게 낭만적인 순간이 찾아오듯, 당신의 작업에도 이따금 놀라운 낭만이 깃들 것이다.

창의적 작업이 낭만적이라는 착각은 내려놓아라. 작업에 꾸준히 전념하다 보면 낭만이 어느덧 찾아올 것이다.

Today's Question

오늘 당신은 꾸준히 현실적으로 작업하고 있는가?

번아웃에 대비하는 여섯 가지 실천법

내가 이 글을 쓸 무렵, 세상은 막 코로나 사태에서 벗어나기 시작했다. 기술 발달로 인해 많은 사람이 이전에는 불가능했던 방식으로 원격 근무를 지원했지만, 이는 창의적 번아웃과 같은 어려움을 수반했다. 온 세상이 뒤집히는 불확실성을 맞닥뜨리며 많은 사람이 일을 계속하기 위해 최선을 다했다. 그러나 매일 뭔가 해내야 한다는 부담은 결국 과부하에 이르렀다. 이런 번아웃에 대처하는 여섯 가지 방법을 소개한다.

▶ 멈춰서 정리하라. 때때로 번아웃은 아직 끝내지 못한 작업의 무게 때문에 발생한다. 남은 일이 무엇인지 분명하게 파악하라.

▶ 일터를 정리하라. 삶에서 불필요한 임무들을 가지치기하라.

▶ 우선순위를 재정립하라. 남은 업무들을 우선순위에 따라 줄 세우고, 가장 긴급하고 중요한 일부터 처리하라.

▶ 시간을 조각내라. 우선순위들을 처리하기 위해 계획을 짜고 시간을 할당하라.

▶ 몸을 관리하라. 바쁠 때일수록 충분히 휴식하고 운동하라.

▶ 생산적인 열정에 뿌리를 두고 작업의 근본적 '이유'를 되새겨라.

번아웃이 찾아왔을 때 어떻게 대처할지 계획이 있어야 한다.

Today's Question

당신의 삶 또는 일에서 번아웃을 느끼는 부분이 있는가?

함부로 약속하지 마라

신뢰는 모든 창의적 작업의 근본이다. 신뢰 없이는 위험을 무릅쓰고 미지의 세계에 발을 담그거나, 다른 사람에게 환영받지 못할 아이디어를 언급하기 어렵다. 노력 끝에 얻게 될 탁월한 결과의 가능성을 믿어야만 하고, 동료들이 당신 편이며 당신의 목표 달성을 도우리라고 믿어야만 한다.

그러나 우리는 종종 조금만 노력하면 충분히 피할 수 있는 어리석은 실수로 신뢰를 깨뜨리고 만다. 예를 들어 우리는 지킬 자신이 없는 약속을 하곤 한다. 나는 이것을 '장담 불가를 장담하기'라고 부른다. 우리는 진심으로 이행할 생각으로 "이 프로젝트는 무조건 당신의 아이디어로 진행할 것입니다."라거나 "화요일 오후 1시에 반드시 당신을 만나겠습니다."라고 확언하지만 상황은 변하고 말을 어기는 순간들이 속출한다. 당시에는 사소하게 보일 수 있지만 시간이 흐르면서 신뢰에 실금이 가는 일들이 쌓이면 우리가 창의적 위험을 감수하기 위해 서로에게 의지해야 하는 중대한 순간에 팀의 신뢰를 이끌어내지 못할 수 있다.

장담할 수 없는 일들을 장담하지 마라. 약속하기 전에 자신이 그 약속을 정말 지킬 수 있는지 확인해야 한다.

Today's Question

장담할 수 없는 일을 약속해 신뢰를 깨뜨린 적이 있는가?
손상된 신뢰를 어떻게 회복할 수 있을까?

그 거절은 당신의 '작품'을 향해 있다

창의적 작업은 주관적이다. 당신이 몇 주 동안 프로젝트 하나에 전념해서 꽤 괜찮다고 생각되는 결과를 제출한다 해도 이해관계자들이 막연하고 불분명한 이유로 그 작업을 거절할 수도 있다. 이때 당신은 거절을 개인적으로 받아들이고 상처받기 쉽다. 그러나 그것은 결국 당신의 아이디어였고, 당신의 작업이었으며, 당신의 위험부담이었다. 거절은 아프지만, 마땅히 받아들여야 한다.

거절의 고통을 느끼는 것은 당연하지만, 그 다음에 어떻게 할지 염두에 두는 것이 중요하다. 때때로 거절 한 번이 거부받았다는 좌절감에 침몰하는 침체기로 확장될 수 있기 때문이다. '거절'이라고 적힌 꼬리표를 스스로 붙이고 아예 길을 잘못 들었다고, 다시 예전처럼 잘할 수 없다고 자신을 의심할 수 있다.

당신의 작업이 거절당했다고 당신의 가치가 부인당한 것은 아니다. 당신의 작업이 선택받지 못할 때 아픈 것은 자연스러운 일이지만, 그것은 당신이 인간으로서 갖는 본질적인 가치에 관한 문제는 아니며, 당신의 능력에 관한 문제도 아니다. 특정한 시기와 특정한 상황에 일어난 프로젝트 하나와 이해관계자 한 무리의 문제다.

당신의 작업이 거절당했다고 당신의 가치가 부인당한 것은 아니다. 거절을 극복하는 최고의 방법은 다음 프로젝트에 투신하는 것이다.

Today's Question

작업에 대한 거절이 자신을 규정하도록 허용하고 있지는 않은가?

항상 곁에 두면 불현듯 열쇠가 발견된다

당신은 아마 스스로 처리할 수 있는 적정한 정도보다 더 많은 일을 처리해야 할 것이다. 해야 할 일이 많아지면 아이디어 구상은 더 어려워진다. 온종일 주어진 업무를 해내느라 정신없는 가운데 아이디어는 어디서 찾을 수 있을까?

여기, 내가 '빅 쓰리'라고 부르는 효과적인 기술을 소개한다. 포스트잇, 인덱스카드, 화이트보드 어디든 당신의 눈길이 자주 가는 곳에 가장 긴급하게 해결해야 할 문제 세 가지를 적어둬라. 하루를 보내면서 이 세 가지 문제를 늘 눈앞에 둬라.

왜 해결해야 할 문제를 늘 눈앞에 두는 걸까? 일과를 보내면서 문득문득 떠오르는 유용한 아이디어와 정보를 놓치지 않기 위해서다. 문제를 마음 한구석에 늘 품고 있으면, 그냥 얼버무리고 넘어갔던 아이디어가 보다 명확한 열쇠가 돼 우리 앞에 나타난다. 때때로 최고의 아이디어는 우리 눈앞에 있지만, 단지 우리가 주의를 기울이지 않아서 발견하지 못한다.

일상을 스치는 돌파구의 순간을 놓치지 않도록 당신에게 가장 중요한 창의적 문제들을 늘 눈앞에 둬라.

Today's Question

지금 당신에게 가장 중요한 창의적 문제 세 가지는 무엇인가?
오늘은 그것들을 적어서 눈앞에 둬라.

고독한 천재는 없다

고독한 창조자에 관한 신화는 강렬하다. 우리는 고독한 천재가 작업실에 앉아 언젠가 세상에 자신의 놀라운 재능을 드러내는 화려한 등장의 순간까지 프로젝트를 주무르는 모습을 상상한다. 그러나 이 이미지는 탁월한 작품이 나오는 과정을 제대로 반영하지 못한다. 내가 만난 유능한 창의적 프로 대부분은 경로를 이탈하지 않게 잡아주고 영감을 공급해주는 동료, 친구, 멘토와 탄탄한 네트워크를 갖고 있다.

삶 속에서 끈끈한 인간관계를 맺어라. 한 달에 한 번 정도 만나 서로에게 다음과 같은 질문을 던지는 사람들 말이다.

- ▶ 현재 어떤 작업을 하고 있는가?
- ▶ 지금 문제해결에 필요한 도움은 무엇인가?
- ▶ 지금 무엇에 영감받고 있는가?

이 질문들은 생산적인 대화를 끌어내고 새로운 창의적 생각을 자극한다. 인간관계는 창조적 영감의 강력한 원천이며, 사각지대에 있던 새로운 성장의 기회와 창의적 표현을 발견하게 도와준다.

인간관계는 창의적 성장에 중요한 공헌을 한다. 반드시 당신에게 영감과 도전을 주는 사람들과 교류하는 시간을 마련하라.

Today's Question

당신은 누구와 교류할 것인가?

당신만의 '소화기'를 마련하라

공공건물에 들어가면 '화재 시 유리를 깨시오'라는 문구와 함께 소화기가 들어 있는 유리 상자를 볼 수 있다. 화재는 자주는 아니지만 분명 일어날 수 있는 일이다. 눈에 잘 띄는 곳에 소화기를 비치해놓으면 소방대가 출동하기 전에 작은 불길과 시끄러운 경고음 정도에서 불을 멈출 수 있다. 일어나지 않을지도 모르지만, 만일의 사태에 대비하는 것은 매우 중요하고 심지어 결정적일 수도 있다.

우리의 삶과 일에서도 다양한 '화재'가 발생할 수 있다. 갑자기 야근하거나 주말 내내 일해야 하는 비상사태 말이다. 아니면 팀원 중 누군가가 아프거나 갑자기 일을 그만둬서 나머지 사람이 그가 남긴 일들을 처리해야 하는 상황이 올지도 모른다. 일을 하다 보면 이런 일들은 불가피하다. 이때 당신은 '유리를 깨는' 전략을 갖고 있는가?

우리는 이런 상황이 닥쳤을 때 전략적으로 대응하기보다 즉흥적으로 반응한다. 비상사태가 발생했을 때 어떻게 대처할지 계획을 세워놓지 않았기 때문이다. 다가오는 몇 주 안에 일어날 수 있는 '비상사태'는 무엇인가? 어떻게 그 사태에 필요한 자원을 조달하고, 투여된 인력에 대해 적절한 보상책을 마련하고, 다른 사람들과 소통할지 계획이 있는가? 즉흥적으로 반응하지 마라. 계획을 갖고 대응하라.

위기의 순간에 본능적으로 반응하지 않고 신중하게 대응할 수 있도록 '유리를 깨는' 전략을 미리 세워둬라.

Today's Question

당신이 대비해야 할 만일의 사태들은 무엇인가?

방해 금지 시간을 사수하라

우선순위가 높은 일정에 대해 미리 계획을 세워두는 것은 창의적 작업을 하는 데 필수적이다. 해당 작업에 필요한 시간을 확보해두지 않는다면 스트레스를 받거나 불안감에 빠지기 쉽고 당신의 창조적 에너지가 제한될 수 있다.

내 고객은 이를 방지하기 위해 '방해 금지 시간'을 정해뒀다. 그는 이 시간을 월요일부터 금요일, 오전 11시에서 오후 1시까지로 설정해놓고, 해당 시간에는 회의나 전화 또는 회신해야 하는 이메일에 대해 전혀 생각하지 않는다. 그 두 시간 동안 조직의 모든 사람은 각자의 창의적 작업에 집중할 수 있고, 안정적이고 예측 가능하게 일할 수 있다. 즉 일주일에 적어도 10시간은 외부와 단절된 채 온전히 몰입해 일할 수 있는 것이다.

이 전략을 당신의 삶에는 어떻게 적용할 수 있는가? 언제를 '방해 금지 시간'으로 정할 것인가? 매일 아침 7시에서 9시, 하루를 시작하는 시간이 될 수도 있다. 아니면 매일 오후 3시에서 5시로 설정해 중요한 일에 진척을 보였다는 보람을 느끼며 퇴근할 수 있다.

매주 혹은 매일 가장 중요한 작업을 하기 위해 외부와 완벽히 차단하는 시간을 만들라.

Today's Question

당신의 '방해 금지 시간'은 언제인가?

호감의 덫은 일을 망친다

누구나 타인의 호감을 원한다. 그 욕구에는 아무 문제가 없다. 하지만 내가 '호감의 덫'이라 부르는 함정이 있다. 일부 창의적 프로, 특히 리더들은 팀에게 호감을 사야 존경받을 수 있다고 믿곤 한다. 그래서 그들은 다른 사람이 자신을 좋아하게 만들기 위해 할 수 있는 모든 일을 다 한다. 하지만 잘 알다시피 때로는 인기를 얻는 길과 올바른 길이 일치하지 않을 수 있다.

나는 호감의 길과 유능한 길을 동시에 좇을 수는 없다고 생각한다. 당신은 사람들이 좋아하는 유능한 인물일 수는 있지만 양쪽 길을 사수할 수는 없다. 어느 순간 둘 중 하나를 선택해야만 한다. 다시 말하지만, 호감을 얻는 것에는 아무런 문제가 없다. 다만 인기를 얻고자 하는 욕망이 현명한 결정을 내리는 데 방해되지 않도록 주의하라.

효율을 높이려다 보면 가끔은 팀이 좋아하지 않는 일을 해야 할 때가 있다. 하지만 원칙에 따라 현명한 선택을 한다면 존경받게 될 것이다. (그리고 호감도 얻을 것이다.)

호감과 유능함을 동시에 추구할 수는 없다.

Today's Question

호감을 얻기 위해 일의 효율을 떨어뜨린 적이 있는가?

당신의 자극 리스트를 만들어라

새로운 자극만큼 창의적 과정에 큰 영향을 미치는 요소가 있을까. 더 새롭고 다양한 자극들이 마구 들어와 당신의 머릿속을 헤집어놓을 때 당신은 격상된 아이디어를 창출해낼 수 있다.

그런데 어떤 사람은 새로운 자극의 입력을 오로지 운의 영역에 맡긴다. 평소에는 그냥 시야에 들어오는 모든 것을 읽거나 웹이나 인스타그램, 트위터를 아무 생각 없이 돌아다니며 시간을 보낸다.

창의적 프로라면 영감의 원천이 되는 자극을 운에 맡겨선 안 된다. '자극 리스트'를 만들어보길 추천한다. 이는 앞으로 어떤 대상을 읽고 경험하고 또 눈에 담을지 계획을 적은 목록이다. 도구(인터넷 게시물을 편리하게 정리해주는 수많은 앱이 있다)를 사용하거나, 노트 뒤 페이지를 활용하거나, 아니면 단순히 책상 위에 책을 쌓아둘 수도 있다(내가 사용하는 방법인데 내 책더미는 점점 더 높아지고 있다). 어떤 방법이든 당신은 흥미로운 자극들을 수집하고 일정한 방식으로 소화할 수 있으면 된다.

신선한 자극을 운에 맡기지 마라. 경험하거나 읽거나 보고 싶은 것들의 리스트와 자극이 되는 것들을 잘 정리해놓고 꾸준히 그 리스트를 수행하라.

Today's Question

당신의 자극 리스트는 어떤 식으로 만들 것인가?

337

목표는 크게, 실행은 작게

전작에서 나는 창조적 야망을 성취하는 데 도움을 주는 세 가지 목표에 관해 썼다.

그중 '스트레치 목표'는 가장 크고 도전적이다. 이 목표는 성취하는 데 오랜 시간이 걸리고 당신이 가능하다고 생각하는 범위보다 더 높이 있다. 이 목표는 당신의 일에 새로운 희망과 가능성의 기운을 가져다준다.

스트레치 목표를 설정했다면 그것을 일련의 '스프린트 목표'로 나눌 수 있다. 이것들은 스트레치 목표를 이루기 위한 계획을 세울 때 유용한 단기 목표(보통은 한 번에 몇 주씩)다. 예를 들어 스트레치 목표가 1년 동안 책을 쓰는 거라면 스프린트 목표는 2주마다 한 장을 쓰는 게 된다. 2주간의 스프린트를 꾸준히 쌓으면 곧 책을 완성할 수 있다.

실질적으로 진전을 실현하는 것은 '스텝 목표'다. 이는 앞으로 나아갈 수 있도록 매일매일 정기적으로 하는 활동이다. 가령 이 책과 관련한 내 스트레치 목표는 9월 말까지 전체 원고를 쓰는 것이었다. 즉 매달 이 책의 3개월치 내용을 써야 했다는 뜻이다. 당시 나는 일주일에 5일을 글쓰기에 투자했다. 계획대로 책을 쓰려면 하루에 5개 정도의 항목을 작성해야 했다(그러면 다행히 며칠이 남았다). 이것이 이 프로젝트를 위한 내 첫 번째 목표였고, 결국 예정된 목표를 성취할 수 있었다.

무언가 큰 것을 성취하기 위해서는 스트레치 목표를 세운 다음 그것을 스프린트와 스텝 목표로 나눠라.

Today's Question

당신은 어떤 스트레치 목표를 추구하고 있는가?
또 스프린트 및 스텝 목표에 해당하는 것은 무엇인가?

올바로 가고 있는지 수시로 확인하라

나와 아내는 신혼여행으로 2주 동안 차를 운전해 프랑스를 횡단했다. 부푼 기대를 안고 출발했지만, 프랑스 시골에 도로 표지판이 적다는 것을 금방 알아차리게 됐다. 하지만 우리는 곧 해결책을 찾았다. 드물게 로터리에는 각 도로가 향하는 도시를 알려주는 표지판들이 있었던 것이다. 만일 주의를 기울이지 않아 그 표지판 중 하나만 놓쳤더라면, 우리 부부는 가려던 목적지에서 수 킬로미터 떨어진 곳으로 가버렸을지 모른다.

당신의 창의적 과정도 이와 매우 유사하다. 가야 할 방향을 알고 있다고 생각해서 고개를 숙인 채 표지판을 보지 않고 일하며 그 흐름에 빠져 있을 수 있다. 하지만 이렇게 일하면 주변 환경이 변하는 신호를 놓칠 수 있다. 그 결과 당신은 의도한 곳에서 아주 멀리 떨어지게 될지 모른다. 매주, 매월, 분기별로 고개를 들어 표지판을 확인해야 한다.

여전히 그 문제를 풀어야 하는 것이 맞는가? 삶에 새로운 종류의 자극을 줄 필요는 없는가? 자기 시간을 활용하는 법을 바꿀 필요가 있는가? 간간이 확인하고 점검하라. 점검 지점을 잘 만들어놓으면 가던 길에서 벗어나지 않는다.

목표를 향하는 여정에서 길을 잃지 않도록 정기적으로 점검하라.

Today's Question

작업 과정 언제 표지판을 확인할 것인가?
점검 지점은 얼마 만에 한 번씩 있어야 하는가?

높이 쏜 슛은 기술이 부족해도 골대에 들어간다

내 아버지는 40년 넘게 농구 코치로 일했다. 골 넣는 슛을 가르치는 게 아버지의 특기라 오하이오 전역의 사람들이 아버지에게 슛을 가르쳐달라고 요청했다.

어렸을 적 아버지는 더 큰 포물선을 그리듯 공을 던지면 슛을 성공할 가능성이 커진다고 내게 가르치셨다. 크게 포물선을 그린 슛은 높은 각도에서 골대에 접근해, 공이 들어갈 원의 크기가 커지므로 골로 이어질 가능성이 크다. 포물선을 키우면 다른 기술이 좀 부족해도 된다. 만약 슈팅이 평평해 포물선의 궤적이 완만해진다면 기술이 완벽해야만 공이 골대에 들어간다.

창의적 과정에도 같은 원칙이 적용된다. 여유가 거의 없는 아주 빡빡한 마감 시간에 모든 걸 해내려는 건 슛을 직선으로 쏘는 것과 같다. 성공하기 위해서는 모든 게 완벽하게 진행돼야 한다. 하지만 융통성 있는 일정에서는 깊게 생각하고 여유 있게 처리하며 수정할 수 있는 시간이 주어져, 작은 차질이 있어도 일을 제대로 해낼 수 있다. 높은 각도에서 골대에 접근하는 것이다.

최종적으로 성공할 가능성을 높이기 위해 생각하고 처리하고 실험할 여유를 일정에 포함하라.

현재 진행 중인 작업에서 성공 가능성을 높이는 포물선은 무엇인가?
어떻게 포물선을 크게 만들 수 있는가?

실패의 결과를 확대 해석하지 마라

작가 닐 피오레(Neil Fiore)는 그의 책《미루는 습관 지금 바꾸지 않으면 평생 똑같다》에서 실험 하나를 소개했다. 누군가에게 바닥 위에 놓인 나무판자를 보여주며 "판자 위로 걸어갈 수 있는가?"라고 묻는다. 물론 상대는 그렇다고 대답한다. "그럼 두 건물 사이의 30미터 상공에 이 판자가 놓여 있다고 상상해보라. 그래도 판자 위를 걸어갈 수 있는가?" 이 물음에 상대는 "말도 안돼!"라고 대답한다.

이 대화에서 흥미로운 건 판자 위를 걷는 데 필요한 기술에는 변한 게 없다는 점이다. 지상에서 할 수 있다면 공중에서도 할 수 있어야 한다. 차이점은 실패 시 예상되는 결과뿐이다. (이 경우 자칫하면 땅으로 곤두박질칠 수 있으니 그 마음은 어느 정도 이해한다!)

우리도 종종 이와 유사하게 행동한다. 우리는 실패의 결과를 인위적으로 확대해 아예 아무 행동도 하지 않는 지점까지 이른다. 작은 위험도 감수하지 않는다. 그 상황들은 너무 무섭게 느껴지고 두려움은 우리를 얼어붙게 만든다.

분명 어떤 경우에든 실패할 가능성은 있다. 그러나 실패의 결과를 과하게 부풀려 창의성을 저해하도록 둬선 안된다.

두려움이 당신을 마비시키게 두지 마라. 실패의 결과를 과도하게 확대하지 않도록 노력하라.

Today's Question

삶, 일, 리더십 등 어떤 분야에서든 나무판자의 높이를 실제보다 높게 생각하고 있지는 않은가?

11월

시간과 에너지를 건강하게
규정하는 시간

November

"최고의 창조성은 규칙적인 습관에 의해 만들어진다."

– 트와일라 타프(Twyla Tharp)

누군가는 창의적으로 일하려면
그 어떤 제약도 있어서는 안된다고 믿는다.
하지만 이는 사실이 아니다.
반복적인 습관, 스스로 설정한 한계 그리고 건강한 경계는
오히려 우리가 가진 창의적 에너지를 가장 효과적으로
사용할 수 있도록 돕는다.
이번 달은 한정된 에너지와 시간을
현명하게 쓸 수 있도록 돕고,
연말로 향하는 추진력을 만들어낼
건강한 습관과 경계를 확립해보자.

한계 없는 자유를 경계하라

영화감독이자 배우인 오슨 웰스(Orson Welles)는 "예술의 적은 한계의 부재다."라고 비꼬듯 말했다. 아무 제한이 없는 상황에서는 집중력, 에너지, 시간에 대한 우선순위를 결정할 수 없다. 창의적 프로로 성장하려면 '제한된 자율성'을 추구해야 한다. 바꿔 말해 '한계가 있는 자유'다.

유한한 자원을 두고 중요한 결정을 내려야 할 때 효과적인 제한은 도움이 된다. 우리가 종종 벽에 부딪히는 이유는 자율성이 너무 많거나, 반대로 제한이 너무 많기 때문이다. 결과적으로는 두 상황 모두 앞으로 나아갈 길을 볼 수 없게 하는 요인이 된다.

자율과 제한, 이 두 요소가 균형을 이룰 때 살면서 종종 맞닥뜨리는 고착 상황을 현명하게 해결할 수 있다. 어디에서 아이디어를 찾을지 다시 규정하기 위해 더 나은 제한이 필요한가? 아니면 문제 자체에 대해 새로운 정의가 필요한가? 그것도 아니면 제한에 지나치게 얽매인 나머지 탐험의 자유가 더 필요한 건 아닌가?

완전한 자유는 이롭지 않다. 창의적인 과정은 제한된 자율성의 맥락에서 효과적으로 발현된다.

Today's Question

당신이 마주한 문제는 더 많은 자율성이 필요한가, 아니면 더 나은 제한이 필요한가?

첫걸음을 떼게 해줄 방아쇠가 필요하다

현대무용가 트와일라 타프(Twyla Tharp)는 《천재들의 창조적 습관》에서 습관 형성과 관련한 흥미로운 통찰을 보여준다.

그녀는 매일 이른 새벽에 일어나 운동을 하기 위해 스튜디오에 간다. 별로 가고 싶지 않은 날도 많지만 어쨌든 간다. 그러나 스튜디오에 가는 건 습관이 아니다. 그녀의 진짜 습관은 자기를 스튜디오로 데려다줄 택시를 부르는 행동이다. 일단 택시만 타면 나머지 과정은 자동으로 굴러간다는 걸 알지만, 택시를 부르기 위해 길가로 나가기까지가 너무 어렵다는 것이다. 그래서 그녀는 매일 아침 택시를 부르는 데 집중한다.

습관과 의식을 지나치게 복잡하게 만들지 마라. 조금만 노력하면, 중요한 수많은 일을 수행하게 해줄 첫 방아쇠(trigger)를 찾을 수 있다. 그것이 바로 당신을 움직이게 할 것이다.

나는 글을 쓸 때마다 촛불을 켠다. 그냥 초가 아니라 하바나 시가 향이 나는 초로, 나는 매해 여러 개를 소비한다. 이는 내 뇌에 '글을 쓰기 시작할 때'라는 신호를 주기 때문에 내 집필 습관에서 가장 중요한 부분이라 할 수 있다. 일단 불을 붙이면 이미 나는 글을 쓰기 시작한 셈이다. 참고로 나는 글을 쓸 때만 그 초를 켠다.

방아쇠를 당기는 건 특히 고난도의 창조적인 일을 할 때 유용하다.

오늘 당신이 원하는 삶의 방아쇠가 될 만한 습관을 시작할 수 있는가?

사소한 일탈이 자리 잡으면 재앙이 온다

우주왕복선 컬럼비아호 참사 이후, '일탈의 일상화'라는 말이 생겼다. 임무를 마친 컬럼비아호가 대기권에 재진입하면서 폭발하기 전에는, 우주선의 외부 연료 탱크에서 거품이 떨어져 나오는 현상은 일상적인 일로 여겨졌다. 너무 흔한 나머지 관계자들은 '거품 흘리기'라는 말로 이 현상을 설명하기도 했다.

처음에는 우려의 말이 오갔지만 관계자들은 결국 별 이상이 없을 거라 판단했다. 하지만 결국 이 문제 때문에 컬럼비아호는 귀환 중 공중에서 폭발하고 말았다. 거품이 우주선을 보호하는 열 차단막을 훼손한 것이다.

비정상적이고 일탈적인 사건은 처음에는 받아들이기 어렵지만 바로잡지 않고 시간이 지나면 일상으로 자리 잡는다. 이는 많은 조직에서 일어나는 일이다. 마감일을 지키지 않거나 회의에 늦거나 상대의 의견을 비난하는 모습 등이 그렇다. 그러나 이런 행동들이 결국엔 심각한 재앙을 불러온다. 개인이든 조직이든 비정상적인 행동이 일상화되는 것을 허용하면 안 된다.

일탈의 일상화는 집단의 창의성을 빠르게 잠식할 수 있다.

Today's Question

당신의 일에서 일탈이 일상화되고 있지 않은가?
만약 그렇다면 그 일탈을 고치기 위해 당신은 무엇을 할 수 있는가?

당신이 가진 여러 능력을 융합하라

위대한 공헌은 특정한 분야나 기술에만 집중하기보다 두세 가지 분야가 교차하는 지점에서 작업할 때 이루어진다.

레오나르도 다 빈치는 그림에 천부적인 재능을 가졌을 뿐 아니라 해부학과 식물학, 과학에도 끊임없는 호기심을 가졌기 때문에 뛰어난 예술가로 거듭날 수 있었다. 여러 학문의 융합이 없었다면 그의 작품은 그토록 큰 반향을 불러일으킬 수 없었을 것이다.

스티브 잡스도 마찬가지다. 그는 기업은 물론 음악가, 예술가, 학생 모두에게 직관적이고 유용한 컴퓨터 장치를 만들기 위해 기술과 예술을 결합했다. 진정한 창조적 가치를 갖는 작품은 이렇듯 여러 학문의 교차점에서 탄생한다.

당신은 어떤 교차점에서 활동하는가? 독특한 결합을 만들어낼 당신만의 특별한 자질들은 무엇인가? 그것은 남을 가르치는 능력이나 세부 사항에 관한 남다른 관심일 수 있다. 소비자로서의 직감이나 디자인 감각도 해당된다. 당신이 당신의 조직이나 고객, 나아가 세상에 선보일 위대한 가치는 다양한 적성의 교차점에 숨어 있다.

가장 고유한 가치는 여러 능력의 교차점에 존재한다.

Today's Question

교집합을 이룰 수 있는 당신만의 능력은 무엇인가?
그 능력을 어떻게 더 많이 활용할 수 있는가?

명사보다 동사에 집중해야 하는 이유

작가이자 예술가 오스틴 클레온(Austin Kleon)은 "많은 사람이 '동사'를 실천하지 않고 '명사'가 되기만 원한다."라고 지적했다. 목표를 이루는 데 필요한 힘든 일은 하지 않으면서 작가, 화가, 음악가, 편집자 등 특정한 타이틀만 원한다는 것이다.

그들에게는 지금 내가 어떤 일을 실행하느냐보다 특정 유형의 사람이 되는 게 더 중요하다. 자신이 원하는 직함을 얻고 싶다면 그 사람들이 하는 일을 해야 한다. 작가가 되고 싶다면 꾸준히 글을 써야 하고 음악가가 되고 싶다면 직접 곡을 만들어야 한다. 리더가 되고 싶다면 주변 사람들을 계속해서 이끌어야 한다.

만일 더 많은 사람이 명사가 아닌 동사에 집중한다면 세상은 분명 매력적이고 설득력 있는 일들로 가득 찰 것이다. 또한 당신이 동사에 더 집중하면, 목표에 가까운 모습으로 계속해서 발전할 것이다.

현재의 당신 모습이 되고 싶은 그 사람과 다르다면, 지금 바로 그 사람이 하는 일을 시작하라. 매일 글을 써라. 음악을 만들어라. 당신의 비즈니스를 구축하라.

'명사'가 되고 싶다면 '동사'에 집중하라.

Today's Question

당신이 그 '명사'가 되려면 어떤 '동사'에 집중해야 하는가?

가능하지만 어려운 것에 정답이 있다

어떤 아이디어가 세상에 나올 준비를 마쳤는지 어떻게 알 수 있을까? 메모 앱 에버노트의 창업자인 필 리빈(Phil Libin)에 따르면 최고의 아이디어란 "기술적으로는 역사상 최초로 가능해졌지만, 여전히 완성하기 어려운 아이디어"를 말한다.

여기서 최초로 가능해졌다는 건 남들이 아직 생각해보지 않은 영역에 발을 들여놓을 수 있다는 뜻이고, 완성하기 어렵다는 건 많은 사람이 이를 시도하지 않을 거라는 뜻이다. '가능하다'와 '어렵다'의 융합은 미처 예상하지 못한 엄청난 가치를 창출해낸다.

당신은 이 설명에 맞는 일을 하고 있는가? 어쩌면 이미 계속 탐구해온 아이디어가 있지만 그것을 구현할 최적의 타이밍은 아니라고 느낄지 모른다. 그 아이디어를 어떻게 바꾸면 최근에야 가능해졌지만 여전히 사람들이 잘 시도하지 않는 일이 될 수 있을까? 당신이 이런 종류의 아이디어를 내놓고 발전시키는 데 집중적으로 노력하면 다른 사람이 찾지 못한 가치를 발견할 수 있다. 그리고 자신이 성취한 것에 대해 스스로 놀랄지도 모른다.

최고의 작품은 이제 막 가능해진 것과 아직 시도되지 않은 것의 교집합에 존재한다.

Today's Question

당신의 작업에서 가능하긴 하지만 남이 시도하지 않은 일은 무엇인가?

새로운 가지에 발을 내딛어라

세계적인 디제이 지-트립(Z-Trip)에게 아티스트로서 고유한 자기 목소리를 어떻게 발견했는지 물어본 적이 있다. 그는 그 과정을 나무 오르기에 비유했다. 처음에 그는 다른 사람들처럼 안정적으로 나무 몸통을 기어올랐다고 한다. 하지만 경력이 조금씩 쌓이면서 몸통으로부터 멀리 뻗어나가 있는 나뭇가지에 발을 내딛기 시작했다. 지켜보던 동료들은 그를 걱정했다. 동료들의 눈엔 그가 무리에서 떨어져 나가거나 업계로부터 거절당할지 모르는 위험을 무릅쓰는 것처럼 보였기 때문이다. 하지만 지-트립은 새로운 나뭇가지에 올라타기 시작하면서 다른 디제이과 확연히 구별되는 개성을 찾았고, 자신만의 독특한 목소리로 하나의 장르를 개척했다. 이후 사람들은 오직 지-트립만에게만 있는 특별함에 매료돼 그를 계속 찾았다.

　당신의 고유한 가치를 발견하려면 나뭇가지에 발을 내딛기로 결정해야 한다. 자신을 나무 몸통의 예측 가능한 안정성에서 약간 떼어놓자. 시간이 지나면 곧 길게 뻗은 가지 끝에 고고하게 홀로 앉아 있는 자신을 발견하게 될 것이다. 한번에 큰 결심이 아니라, 작지만 의미 있는 발걸음을 지속적으로 내딛는 게 좋다.

고유한 목소리를 내려면 안전함에서 벗어나야 한다.

Today's Question

당신은 안정성을 벗어나기 위해 어떤 나뭇가지에 발을 내디딜 것인가?

누구에게나 버텨야 할 시간은 있는 법이다

미국의 라디오 채널 NPR의 진행자 아이라 글래스(Ira Glass)는 위대한 예술을 만드는 투쟁에 대해 이렇게 말했다.

"아무도 초심자에게 말해주지 않는 것(누군가 내게 이것에 대해 말해줬더라면 정말 좋았을 것이다)이 있다. 창의적인 일을 하는 사람이라면 누구든 그 일에 진입할 만한 훌륭한 취향이 있지만, 간극을 맞닥뜨리게 된다. 잘하고 싶은 열망도 크고 노력도 많이 기울이지만, 처음 몇 년간 만들어내는 것들은 하나같이 하찮다는 점이다."

그리고 글래스는 우리 스스로 자부심을 가질 만큼 자랑스러운 작품을 만드는 결정적인 열쇠는 창의적인 본능을 따르면서 꾸준히 기술을 발전시키는 것이라고 했다.

"많은 사람이 그 단계를 넘어서지 못하고 포기해버린다. 내 지인 중 흥미로운 창작 작업을 하는 사람들은 대부분 수년에 걸쳐 그 과정을 겪었다. 실제로 많은 양의 작업을 해내야만 비로소 그 격차를 따라잡을 수 있다. 결국 당신의 작업은 당신의 야망만큼 좋아질 것이다. 시간이 좀 걸릴지 모른다. 그게 정상이다. 그동안 당신은 당신만의 방식으로 싸우며 나아가야 한다."

자기 작품에 실망하는 건 당연하다. 당신의 일이 당신의 열망을 따라잡을 때까지 계속 나아가라.

Today's Question

현재 하는 일에서 당신의 열망에 부응하지 못해
실망한 부분은 무엇인가?

등대 말고 레이저가 돼라

많은 사람(특히 리더들)이 가능한 것에 대한 설득력 있는 비전보다는 잘못될 수도 있는 모든 위험성에 집중한다. "이곳은 안돼요. 그곳에 가지 마세요." 마치 등대처럼 모든 잠재적 문제와 위험한 영역을 밝히고 있지만, 정작 다른 사람들이 나아갈 길에 대해서는 논하지 않는다.

당신은 레이저가 돼야 한다. 레이저는 명확한 방향을 가리키고 안개를 통과한다. 그리고 쉽게 따라갈 수 있다. 업무에 관해 소통할 때 비전, 방향, 전략과 우선순위를 정확하게 구체적으로 말하라. 하지 말아야 할 것, 조심해야 할 것에 집중한 나머지 정작 행동으로 옮겨야 할 일을 얼버무리고 넘어가고 있지는 않은가? 당신의 그런 태도 때문에 다른 사람은 필요한 위험도 감수하지 못하거나 아이디어 공유를 망설이게 될 수도 있다.

등대가 아니라 레이저의 역할을 하라. 다른 사람들과 소통하는 방법은 명확하고 정확하며 직접적이어야 한다.

Today's Question

조직에서 당신이 레이저가 아닌 등대 역할을 하는 부분은 없는가?

삶에 대한 당신만의 선언문을 작성하라

영화 〈제리 맥과이어〉에서 주인공 제리는 작은 사건을 계기로 이윤 창출에만 집중하는 회사의 잘못을 깨닫고, 돈보다 사람에 집중해야 한다는 내용의 선언문을 썼다. 그는 자신의 선언문이 회사가 변하는 시작점이 되기를 바라며 회사 전체에 사본을 뿌렸다. 하지만 바람과 달리 그는 해고되었다.

제리의 선택은 옳았을까? 일부는 확실히 그렇다. 안정과 평화를 유지하기 위해 잘못된 상황을 그냥 따르는 건 나중에라도 부끄러운 일로 남는다. 하지만 모두에게 돌릴 사본을 만든 건 판단 착오였을 수 있다.

그렇지만 일을 하는 데 있어 당신의 가치와 원칙을 명확히 하는 것은 무척 중요하다. 당신만의 선언문을 써라. 수십 장일 필요는 없다. 매일 내 삶과 일에 어떻게 임할 것인지 정의하는 원칙을 5~10가지 정도 나열하면된다. 간단해도 된다. 남이 보기에 어떤지는 상관없다. 그저 당신에게 의미 있으면 된다. 하지만 그 안에는 당신이 매일 어떤 기준으로 결정을 내릴지, 어떻게 생활하고 일할지에 대한 원칙이 담겨 있어야 한다(방식은 제리 맥과이어한테 배우고 선언문은 당신 혼자만 간직하라).

나만의 선언문을 작성하면 중요한 결정을 내릴 때 옳은 판단을 내릴 수 있다.

Today's Question

당신의 선언문에 담긴 원칙은 무엇인가?
아직 쓰지 않았다면 오늘 당장 써라!

현명한 사람은 반응 대신 응답한다

우리가 가진 본능은 우리를 안전한 길로 이끌어주고 적절한 관계를 탐색하게 하며 좋은 생각과 나쁜 생각을 구별하도록 도와준다. 하지만 때로 본능은 우리를 잘못된 길로 유인하기도 한다.

일하면서 우리는 종종 의미 있고 합리적인 지혜를 기반으로 '응답'하는 대신 생각 없이 순간적으로 '반응'한다. 반응은 순전히 본능에 따르는 즉각적인 행동이고, 응답은 잠시 멈춰 지혜와 경험으로 판단한 다음 신중하게 보이는 행동이다.

응답하는 대신 반응할 때 우리는 좋지 않은 결정을 내리게 된다. 그 때문에 우리는 몇 달 혹은 그 이상 괴로움을 감수해야 할 수도 있다. 반응하지 않고 응답할 때 현명한 선택을 할 가능성이 훨씬 커지고 반대로 문제가 일어날 가능성은 줄어든다.

한번 생각해보자. 인생과 일, 인간관계에서 즉각적인 반응이 우리를 곤경에 빠트렸던 때와 좀 더 신중한 응답이 이로웠을 때가 있을 것이다. 본능에 따라 반응하지 마라.

뛰어난 창의적 작업은 지혜와 경험을 기반으로 응답할 때 탄생한다.

Today's Question

당신은 주로 응답하는가, 반응하는가?
어떻게 하면 즉각적인 반응 대신 신중한 응답을 할 수 있을까?

가장 중요한 목표에 집중하라

현재 당신에게는 달성해야 할 여러 가지 목표가 있을 것이다. 하지만 당신이 하는 모든 일에 의미를 부여할 만한 아주 중요한 목표는 소수일 것이다. 크리스 맥체스니(Chris McChesney)는 자신의 책《성과를 내고 싶으면 실행하라》에서 이런 중대한 목표를 'WIGs(Widely Important Goals)'라 명명했다. 이는 한 시즌 동안 당신이 집중해야 하는 가장 중요한 목표라 할 수 있다.

예를 들어 지난 1년간 내 WIGs는 품질 개선, 인식 확장, 수익 다양화였다. 품질 개선은 내가 생산하는 작업물과 콘텐츠 그리고 내 강연과 교육의 질을 향상시키겠다는 것이다. 인식 확장은 일에 대한 내 인식을 확장해 더 큰 규모로 발전시키겠다는 뜻이다. 마지막으로 수익 다양화는 내가 한 분야에 매몰되지 않고 새롭고 다양한 수익원을 찾겠다는 뜻이다.

나는 이 세 가지 중요한 목표를 세운 덕분에 이것들을 이루기 위한 더 작은 단위의 목표를 세울 수 있었고, 그 결과 전체 목표와 상관없는 다른 프로젝트에 에너지를 빼앗기지 않고 중요한 일에 집중할 수 있었다. 이번 시즌에서 당신이 꼭 이루어야 할 WIGs는 무엇인가?

원대한 목표는 작은 목표와 매일의 실천이 모두 의미 있어지도록 이끈다.

Today's Question

지금 당신에게 정말 중요한 목표는 무엇인가?

함부로 사과하지 마라

"당신의 존재에 대해 사과하지 마십시오."

이 문구는 우리 팀원들이 대담한 견해를 내놓을 때 사과하지 않게 하려고 내가 직접 만든 것이다. 나를 포함해 창의적인 작업에 종사하는 사람 중 상당수가 자기 의견을 말할 때마다 사과해야 하지 않을까 고민하곤 한다. 사실 많은 창작자가 자기 작품이 정말 괜찮은지, 그것이 타인의 기대치에 미치지 못하지는 않을지 두려워한다. 그 두려움이 사과로 드러나는 것이다. 그래서 "죄송합니다."는 "괜히 말했어요.", "말하지 않는 편이 나았어요."의 다른 표현이라 할 수 있다.

하지만 사실 당신은 말해야 한다. 올바른 아이디어를 찾으려면 다양한 관점이 필요하다. 사물을 명확하게 보기 위해서도 서로의 관점이 필요하다. 또한 주변 사람들이 자신의 생각을 당신 앞에서 기꺼이 말하도록 해야 한다. 당신이 하듯 말이다.

사과는 누군가에게 정말로 잘못했을 때 하는 것이다. 만일 그런 상황이 되면 큰 소리로 사과하라. 하지만 당신의 관점을 공유한 것에 관해 사과할 필요는 없다. 관점을 공유하는 것은 프로로서 당신이 해야 할 당연한 일이며, 그에 대해 사과하는 것은 당신 자신뿐 아니라 당신의 말을 듣는 사람, 당신을 고용한 사람 그리고 당신이 차지하고 있는 그 공간을 폄하하는 행위다.

당신의 존재에 대해 사과해서는 안 된다.

Today's Question

당신은 어떤 상황일 때 지나치게 사과하는가?
왜 그렇게 하는가?

획기적인 깨달음은 언제 찾아오는가

불과 몇 분 전만 해도 모호했던 일이 갑자기 이해될 때의 기분을 아는가? 사물이 더 선명하게 보이고 흩어져 있던 모든 점이 한꺼번에 연결되는 순간이 있었는가? 알고는 있었지만 자각하지 못했던 무언가를 명료하게 발견할 때가 있다. 당신은 숨겨진 세계를 발견했고, 결국 문제의 핵심을 꿰뚫어 보게 된 것이다.

그 순간들은 신성하므로 특별히 관심을 가져라. 영적인 의미가 아니다. 신성하다는 말은 본래 '구별된다'라는 의미를 내포하고 있다. 무엇이 이런 돌파구를 만들었는지, 바로 조금 전에 어떤 행동을 했는지, 최근에 읽었거나 들었던 건 무엇인지, 어떤 주제로 대화했는지를 살펴라. 그 순간을 조작해서 만들어낼 수는 없지만 그런 깨달음이 발생하기 좋은 환경을 조성할 수는 있다.

당신이 겪은 획기적인 순간에 관해 생각해보라. 공통점은 무엇인가? 그 직전에 당신은 무엇을 하고 있었는가? 돌파구를 찾을 수 있었던 계기는 무엇이었는가? 그때 당신은 어떤 질문을 던졌는가?

돌파구를 찾은 순간, 이전에는 보지 못했던 현실 이면의 현실을 엿보게 된다. 그런 돌파구를 만날 수 있는 환경을 만들어야 한다.

Today's Question

당신이 맞이한 획기적인 순간들의 공통점은 무엇인가?

감각이 예전 같지 않다고 말하는 당신에게

필연적으로 모든 창의적 프로는 자신의 감각이 예전 같지 않다고 생각하는 순간을 맞는다. 불과 몇 년 전만 해도 쉽다고 생각했던 일이 어렵게 느껴지거나 한때는 직관적으로 파악할 수 있었던 일도 이제는 이해하는 데 시간이 걸린다.

괜찮다. 경험이 부족할 때 누릴 수 있는 축복 중 하나는 단순함이다. 그때는 스스로 모른다는 사실을 모른다. 모든 일이 직관적이고 명확하며 흑백으로 보인다. 그 뒤 경험이 쌓이면서 눈앞의 상황이 회색으로 보이기 시작한다. 이는 나쁜 것이 아니다. 이미 모든 상황을 겪었기 때문에 지금의 판단이 잘못될 수 있는 여러 가능성을 보게 됐다는 뜻이다.

신입사원이 "좋아요!"라고 외칠 때 당신은 순식간에 그 아이디어가 문제를 일으킬 수 있는 10가지 상황을 떠올린다. 당신은 감각을 잃어버린 게 아니라 단지 상황을 정확하게 보기 시작한 것이다. 사물을 있는 그대로(회색의 시각으로) 본다. 당신은 인생이 확률의 집합일 뿐 명확한 방정식이 아니라는 것을 깨달았다. 당신의 망설임은 가치가 있다. 당장은 맥이 빠질 수 있지만 예상치 못한 일로 눈이 휘둥그레지는 상황을 빈번하게 맞게 될 신출내기의 무분별한 낙관론보다 훨씬 더 가치 있다.

경험은 지혜를 선사한다. 그 지혜는 삶이 명확한 방정식이 아니라 확률의 집합임을 아는 것이다.

Today's Question

당신의 경험이 신입 사원에게 지혜로운 방향타가 된 적이 있는가?

무한 긍정과 비관주의 사이

전작 《호랑이 몰기(Herding Tigers)》에서 나는 조직에서 만나볼 수 있는 두 가지 유형의 사람들에 관해 썼다.

첫 번째는 '불꽃' 유형이다. 이 사람들은 자신이 내는 모든 아이디어가 무척 훌륭하다고 생각한다. 이런 유형은 삶 자체가 끊임없는 아이디어 생성의 과정이며, 30분간 회의하면서 아이디어를 100개 발표한다. 모든 곳에서 가능성을 보는 것이다. 하지만 당신이 아이디어 하나를 선택하고 발전시켜야 할 때 이런 사람들과 함께하는 것은 문제가 될 수 있다.

두 번째는 '전갈' 유형이다. 그들은 모든 아이디어를 싫어하며 새로운 생각이라면 일단 무시하고 본다. 어떤 아이디어라도 가장 먼저 비판하고 나서기 때문에 회의 분위기를 곧잘 저하시키곤 한다. 따라서 사람들은 아이디어를 공유할 때 이들의 눈치를 계속 보게 된다.

두 가지 유형 모두 유용할 수 있다. 아이디어가 많을수록 가능성도 높아진다. 아이디어를 개선하기 위해 비판적인 시각을 가질 필요도 있다. 하지만 가장 중요한 것은 상반된 두 유형의 균형이다. 어느 한쪽에 치중될 경우 팀의 흐름이 깨지게 마련이다.

가능성 추구와 의미 있는 비판의 균형을 유지하라.

Today's Question

당신은 불꽃 유형인가, 전갈 유형인가?
두 유형의 균형을 유지하려면 어떻게 해야 하는가?

자신만의 최고 창의성 시간을 찾아라

당신은 언제 가장 효과적으로 사고하는가? 어떤 사람들은 하루가 본격적으로 시작되기도 전에 침대에서 벌떡 일어나 일에 몰두하는 반면 어떤 사람들은 저녁 늦게 심지어 퇴근 후에 창의적인 작업에 몰두하기도 한다.

안타깝게도 우리 대부분은 원하는 시간에 일할 수 있는 신택권이 없다. 정해진 근무 시간에 맞춰 일하고 휴식해야 한다. 하지만 꼭 근무 시간에만 창의적인 사고를 할 수 있는 건 아니다.

능력 있는 프로 중 일부는 출근 전에 창의적인 사고를 한다. 업무와 개인 생활을 분리해야 한다는 걸 이해하지만, 누군가에게는 이른 새벽이나 한밤의 몇 시간이 가장 효율적이고 창조적으로 사고하는 시간대일 수 있다. 그 시간을 잘 이용하면 낮에 들여야 하는 엄청난 수고를 대폭 줄일 수 있다. 아침이나 저녁의 한 시간이 한낮의 다섯 시간보다 나을지 모른다.

당신은 언제 가장 창의적으로 생각하는가? 이번 주에는 아이디어 작업을 위한 별도의 시간을 갖고, 최대한 그 시간에 집중해보라.

아침이든 저녁이든 스스로가 가장 창의적이 되는 시간을 아이디어 창출에 할애하라.

Today's Question

당신의 가장 좋은 아이디어는 보통 언제 나오는가?

기적을 이루는 법

헌신은 강력한 힘이 있다. 간절히 바라는 일을 위해 기꺼이 헌신하겠느냐는 물음에 당신이 "네"라고 대답한 순간 마법 같은 일이 일어난다.

간절한 마음으로 바람을 실현하기 위해 헌신할 때, 우리의 삶 전체가 그 방향으로 나아가기 시작한다. 우리의 무의식은 이전까지 볼 수 없었던 지점들을 연결하기 시작하고, 주변 사람들은 적절한 순간 우리 삶에 들어와 기회를 제공한다. 사실 그들은 이미 그곳에 있었다. 단지 우리가 그들을 찾지 않았을 뿐이다.

헌신은 우리의 집중력과 에너지를 하나의 목적에 쏟게 한다. 하지만 많은 사람은 실패에 대한 두려움 때문에 단 하나에 온전히 헌신하지 못한다. 대신 '선택지를 열어두고' 싶어 하지만, 결국 그로 인해 그들은 자신도 모르는 새 최선의 결과를 놓치게 된다. 에너지가 너무 많이 분산돼 있기 때문이다. 한 번에 많은 것을 하려고 들면 결국 원하는 결과를 얻지 못한다.

간절히 원하는 것을 실현하려면 모든 에너지와 시간을 집중해야 한다.

Today's Question

당신은 지금 무엇에 헌신해야 하는가?

성공한 사람들은 "아니오"라고 말한다

기업가이자 작가인 데릭 시버스(Derek Sivers)는 흔쾌히 "네"라고 말할 수 없다면 단호하게 "아니오"라고 말하라고 한다.

내 시간을 쓰고 싶지 않은 일을 억지로 하기에는 인생이 너무 짧다. 우리는 때로 죄책감이나 의무감 때문에 원하지 않는 일에 헌신하지만, 정말로 그 일에 몰두하지 않는다면 그 행위는 진정한 의미에서 헌신이 아니다. 이는 일뿐 아니라 인간관계, 개인적인 의무 등 삶의 모든 부분에 적용된다.

많은 면에서 창의적 작업은 당신이 무엇을 거절할지 선택하는 일이다. 창작 과정에서 어떤 부분이 잘렸는지 다른 사람들은 모르겠지만, 그것은 최종 결과물에 포함된 부분만큼 중요하다. 작업물을 둘러싼 빈 공간이 작업물에 존재감을 부여하는 것이다. 뛰어난 음악가는 연주하지 말아야 할 음을 잘 안다.

당신의 삶에 지금 당장 거절해야 할 게 있는가? "아니오"라는 거절의 말은 정말 중요한 일에 당신의 유한한 에너지가 집중되도록 도와준다.

죄책감이나 의무감 때문에 원하지 않는 일에 힘을 쏟지 마라.

Today's Question

당신의 삶에서 단호하게 거절해야 할 일은 무엇인가?

가족 같은 회사는 없다

가족 같은 직장 문화를 자랑하는 회사들을 가끔 본다. 하지만 절대 아니다. 회사는 결코 가족이 아니다.

가족 구성원은 조건 없이 받아들여지며 실적에 따라 입지가 좌우되지 않는다. 하지만 회사에서 당신은 기대에 부응해야 하고, 적절히 행동해야 하며, 맡겨진 일을 제대로 처리해야 하고, 윗사람의 기대를 어길 경우 고용은 얼마든지 취소될 수 있다.

회사가 가족 같은 유대감을 슬로건으로 내세울 때 사람들은 실제로 가져선 안 될 잘못된 안정감을 느낀다. 물론 심리적인 안정감은 중요하다. 하지만 직장 동료들을 마치 피를 나눈 형제처럼 생각해서는 안 된다. 이것이 왜 중요할까? 당신이 팀을 이끌든 팀에 소속돼 있든 어떤 불안감이 닥쳐오면 이런 가족주의적인 사고방식에 빠져들기 쉽기 때문이다.

상사나 동료, 당신이 이끄는 사람들과 관련해 당신의 위치를 명확히 이해하고, 지킬 수 없는 약속을 하거나 비현실적인 대우를 기대해서는 안 된다.

함께 일하는 팀을 가족과 혼동하지 마라. 팀은 가족이 아니다.

Today's Question

당신은 혹시 함께 일하는 팀을 가족이라 생각하는가?
그런 인식을 정확히 조정하기 위해 무엇을 해야 하는가?

아이디어를 객관적으로 평가받고 싶다면

자신이 낸 아이디어가 괜찮은지 어떻게 알 수 있을까? 나는 아이디어의 세 가지 측면에 각각 1에서 10까지 등급을 매긴 다음 팀과 논의하도록 했다. (이는 혼자 진행하는 프로젝트에서도 적용할 수 있다.)

- ▶ 효과: 이 아이디어가 당신의 문제를 얼마나 효과적으로 해결하는가?
- ▶ 실용성: 현재의 자원(시간, 예산 등)을 감안할 때 이 아이디어를 실행하는 것이 얼마나 실용적인가?
- ▶ 흥미: 이 아이디어가 당신을 흥분시키는가? 아니면 그다지 흥미롭지 않은가? 당신과 팀은 이 아이디어를 실행할 충분한 에너지가 있는가?

일단 1에서 10까지 척도를 평가하면 아이디어를 더 멋지게 만들기 위해 보다 생산적인 대화를 시작할 수 있다.

- ▶ 어떻게 하면 더 효과적으로 만들 수 있을까?
- ▶ 실용성을 높이기 위해 규모를 축소할 수 없을까?
- ▶ 어떻게 하면 좀 더 흥미롭게 만들 수 있을까?

특정한 틀을 사용하면 보다 객관적으로 아이디어를 선택할 수 있다.

Today's Question

위의 평가 방법으로 도움 받을 수 있는 아이디어가 있는가?

한 번은 남을 위해, 한 번은 나를 위해 일하라

작가 스티븐 프레스필드는 할리우드의 시나리오 작가들이 창작 일을 할 때 공통적으로 다음의 원칙을 지키고 있다고 말했다.

"한 번은 스튜디오를 위해 일하고, 한 번은 나를 위해 일하라."

'한 번은 스튜디오를 위해'는 당신에게 비용을 지불하는 사람들의 기대에 부합하는 일을 해야 한다는 것을 의미한다. 이 경우 일하는 과정에서 당신의 창의성이 제대로 발휘되고 있는지는 크게 걱정하지 않아도 된다. 여름에 개봉할 SF 액션 영화의 시나리오를 쓰는 것 등이 해당된다.

하지만 '한 번은 나를 위해'는 상업적인 면에서는 큰 수확이 없어도 창의적인 면에서 스스로 만족하는 일 역시 할 필요가 있다는 뜻이다. 의뢰받은 작업 때문에 뒤로 밀렸지만 언젠가는 하고 싶은, 자신을 마음껏 표현하는 작업을 말한다. '스튜디오를 위한 일 여섯 개, 나를 위한 일 하나'의 비중으로 일을 하다 보면 당신은 창의적인 의욕을 잃게 될 것이다. 다른 사람의 입맛에 맞춰 머리를 쥐어짜내면서 정작 자신의 창의적인 갈증은 해소하지 못하는 것이다.

'한 번은 스튜디오를 위해, 한 번은 나를 위해'의 원칙으로 창조적인 불씨를 계속해서 지펴라.

Today's Question

당신은 지금 창의성의 불씨를 살려줄 개인적인 프로젝트를 개발하고 있는가?

우리가 소명을 찾지 못하는 이유

한 동료로부터 작가이자 교육자인 파커 파머(Parker J. Palmer)가 쓴《삶이 내게 말을 걸어올 때》를 선물받았다. 책을 읽고 나는 우리가 인생을 살면서 진정으로 무엇을 하고 무엇이 돼야 하는지를 성찰할 수 있었다. 파머는 이 책에서 자신의 소명, 자신만이 할 수 있는 일을 발견하려면 자기 삶에 귀를 기울이고 삶이 무엇을 말하고 있는지 들어야 한다고 조언한다.

우리는 바깥으로 눈을 돌려 소명을 찾으려고 하지만, 사실은 바로 우리 눈앞에 있는 경우가 많다. 다음의 질문들은 소명을 찾고 나만의 창의적인 목소리를 발전시키는 데 도움이 된다.

▶ 타인의 삶에 뚜렷한 가치를 더해주는 당신만의 방식은 무엇인가?
▶ 어떤 활동이 당신을 활기차게 만드는가?
▶ 다른 사람들이 당신을 계속 찾는 이유는 무엇인가?
▶ 주변 사람들이 약간 미쳤다고 생각하는 당신만의 관점은 무엇인가?

소명을 찾으려면 먼저 삶이 하는 말에 귀를 기울여야 한다.

Today's Question

삶에서 반복되는 패턴을 관찰했을 때 찾게 되는 당신만의 고유한 소명은 무엇인가?

감사한 만큼 인생은 좋아진다

흔히 우리는 방금 일어난 좋은 일에 대해 제대로 감사를 표현하지 않고 다음 일, 다음 프로젝트, 다음 회의로 황급히 넘어가곤 한다. 중요한 문제를 해결해줄 아이디어가 갑자기 나타났는가? 누군가와의 갈등이 해소됐는가? 골치 아픈 주제를 새롭게 이해하는 데 도움이 될 만한 기사를 읽었는가? 좋은 일이 생기면 하던 일을 잠시 멈추고, 감사함으로 충만해지는 시간을 느껴보라.

가만히 시간을 갖고 방금 당신에게 행운이 찾아오지 않았다면 어떤 상황이 벌어졌을지 따져보자. 훨씬 더 나쁜 상황으로 치달을 수도 있었다. 그리고 감사한 그 순간을 기록하라. 무엇에 감사한가? 그 이유는 무엇인가? 그것이 내게는 어떤 의미인가?

훈련을 통해 감사하는 마음이 삶의 일부가 되면, 당신은 새로운 기회와 가능성, 새로운 관계를 만들 수 있을 것이다(사람들은 감사한 마음으로 가득한 사람을 좋아한다).

개인 생활에서든 업무에서든 좋은 일이 생기면 잠시 멈추고 감사한 마음을 표현하라.

Today's Question

몇 분 동안 잠시 멈춰 생각해보라. 당신은 무엇에 감사해야 하는가?

지킬 수 있을 만큼만 말하라

수련이라는 단어는 종종 불편하게 들린다. 누군가에게 이 말은 땀과 노력, 희생을 동반하는 고된 일을 암시한다. 그런가 하면 누군가에게는 해야 하지만 하고 싶지 않은 일, 즉 원치 않은 의무를 뜻한다. 이럴 때 이 말은 죄책감을 유발한다.

나는 우리 모두를 위해 수련이라는 단어를 조금 가볍고 단순하게 재정의하고 싶다. 간단히 말해 자신과 합의한 것, 스스로 정한 약속 같은 것을 수련이라고 규정하는 것이다. 이를 통해 우리는 큰 힘을 들이지 않고 성실히 수련하는 삶을 살 수 있다. 2분 동안 뛰는 것에 동의하고 실제로 그만큼 뛰면 당신은 수련을 한 것이다. 굳이 5킬로미터를 뛸 필요가 없다. 그냥 하겠다고 말한 만큼 하면 된다. 하루에 50단어, 200단어, 1000단어를 쓰겠다고 정하고 그대로 실행한다면 당신은 훌륭하게 수련하는 것이다.

지킬 수 없거나 지킬 의도가 없는 약속을 했을 때 문제가 발생한다. "화요일에 2500단어를 쓸 거야."라고 말하고서 다른 일이 생겨 겨우 몇백 단어밖에 쓰지 못했다면 마음은 온통 죄책감으로 가득할 것이다. 진짜 문제는 애초에 비현실적인 목표를 설정한 데 있는데도 말이다. 수련법을 잘 지키려면 스스로에게 현실적인 기대치를 설정한 다음 그대로 이행하면 된다. 스스로 지킬 수 있을 만큼 말하라.

수련은 스스로 지키겠다고 합의한 사항일 뿐이다. 지킬 생각이 없거나 지키기 어려운 합의는 하지 마라.

Today's Question

> 당신은 지금 자신과 어떤 합의를 하고 있는가?
> 당신의 삶에서 수련은 어떤 형태를 띠고 있는가?

바닥을 쳐야 더 높이 뛰어오를 수 있다

때때로 당신은 열정에 불타오르고 에너지가 충분하며 영원히 현재 속도로 계속 나아갈 수 있을 거라고 느낀다. 그러다 뚜렷한 이유 없이 어느 날 당신은 벽에 부딪혀 더 이상 나아갈 수 없게 되고 작업량은 갑자기 줄어든다. 당신은 왜 그런지 명확한 설명을 할 수도 없는 상태에 놓인다.

스스로 기대치가 높을 때 주목할 만한 생산성을 계속 유지하려면, 떨어질 수 있는 저점을 아예 제거해야 한다고 생각할 수 있다. 하지만 최저점으로 떨어지질 수 있다는 사실을 인정하지 않으면 최고점마저 제한하는 실수를 저지를지 모른다. 즉, 안정적이지만 진부한 매우 좁은 범위의 생산성에 자신을 가두게 되는 것이다.

보다 멋진 결과를 내려면 당신이 가진 창의성의 리듬을 이해하고 받아들여야 한다. 저점들은 고점들과 연결돼 있다. 당신에게는 정신없는 가동 시간과 한가한 시간이 모두 주어진다. 언덕을 오르고 나면 골짜기를 만나는 것이 당연하다. 저점을 너무 심각하게 받아들일 필요는 없다. 잠시 주춤할 뿐이다. 저점의 순간을 배움과 새로운 기회, 휴식으로 채워라.

모든 창의적 과정에는 고점과 저점이 있다. 저점에 있다고 침체될 이유는 없다. 저점에서 새로 배우고 이를 활용해 새로운 기회를 찾아라.

Today's Question

당신의 창의력은 지금 고점에 있는가, 저점에 있는가?
당신에게는 그것이 어떤 의미인가?

바쁘면서 지루한 상황을 경계하라

내가 '바쁜 지루함'이라고 부르는 상황이 있다. 내 주변의 능력 있는 많은 이들이 이 문제 때문에 고통받고 있다. 그들은 매우 바쁘다. 할 일이 너무 많고 꼭 참석해야 하는 회의가 줄지어 기다리고 있다. 하지만 이 바쁜 와중에 그들은 지루함을 느낀다. 일정과 업무 리스트는 꽉 차 있지만 지루해하고 있는 것이다. 더 이상 호기심을 느끼지 않으며 질문도 하지 않는다. 그들은 새로운 아이디어와 남다른 통찰력을 얻을 수 있는 신선한 자극을 받지 못하고 있다. 다음 몇 가지 질문에 답해보자.

- ▶ 이번 주에 재미있는 것을 배웠는가?
- ▶ 활력을 불러일으키고 조금 두렵기까지 한 프로젝트를 하고 있는가?
- ▶ 지금 실패의 위험이 있는 일을 하고 있는가?
- ▶ 최근 회의에서 무언가 이유를 물어본 적이 있는가?
- ▶ 쉴 때마다 휴대폰 화면을 스크롤하고 있지는 않은가?

바쁜 지루함의 치료법은 호기심을 갖는 것이다. 질문을 하라. 활기를 가져라. 새로운 것을 시도해보라. 당신의 시각과 일치하지 않는 책을 읽어라. 새로운 관점에 몰입하라. 당신의 창조적 상상력의 불씨에 다시 불을 지피는 무언가를 하라.

바쁘면서 동시에 지루할 수 있다. 바쁜 지루함이라는 함정을 경계하라.

Today's Question

바쁘면서 지루해본 적이 있는가?
당신은 이런 모순된 상황을 어떻게 극복할 수 있는가?

내가 없으면 성공도 없다

글로벌 광고대행사 사치앤사치의 전 부회장 리처드 하이트너(Richard Hytner)와 인상 깊은 대화를 나눈 적이 있다. 그는 조직에서 인정받기 위해 오랜 시간 열심히 일했고, 최종적으로 CEO가 되길 원했다. 이인자로 만족하면 절대 안된다고 거듭 들어왔기 때문이다.

문제는 그가 CEO보다는 이인자의 일에 출중했다는 것이다. 사람들의 의견을 모으고 전략을 개발했으며 CEO의 비전을 실현하는 데 도움을 주었지만, 단지 CEO의 자리에는 적절한 인물이 아니었다. 결국 그는 세상이 인정하는 성공을 이루기보다 자신이 정말 잘하는 일에서 성공하는 게 더 낫다는 것을 깨달았다.

세상에는 '마땅히' 가져야 할 열망에 대해 많은 이야기가 떠돈다. 대부분의 조직에는 '승진 아니면 퇴출(up or out)'이라는 불문율이 있다. 당연히 정상을 원해야만 하고 그런 노력을 기울이지 않는 사람은 야망이 없는 것으로 폄하된다. 하지만 사람들이 '마땅히 이런 모습이어야 한다'고 규정하는 것에 따르지 않고 스스로 어떤 사람인지 생각하고 결정을 내린다면 당신의 삶과 일은 훨씬 더 생산적이고 즐거울 것이다.

자신의 진정한 모습을 파악하라. 다른 사람이 당신을 어떻게 보는지 개의치 말고 원하는 길을 가라.

Today's Question

다른 사람이 말하는 성공을 이루기 위해 자신이 진정 무엇을 원하는지 생각하지 않고 무조건 달려가고 있는 것은 아닌가?

자아를 앞세워 피해자 행세를 하지 마라

나는 '자존심'이라는 단어를 들으면 문을 벌컥 열고 큰소리로 명령하면서 모두를 굴복시키려 드는 파괴적인 관리자의 모습이 떠오른다. 이는 확실히 자존심의 일면이다.

하지만 조직 생활에서는 종종 더 미묘한 형태로 자존심이 드러나는데, 이 역시 똑같이 파괴적일 수 있다. 바로 다음과 같은 모습으로 드러난다. "내 생각이 마음에 안 든다는 거지? 그래, 괜찮아. 내가 얼마나 대단한지 당신이 알아차릴 때까지 여기 구석에 조용히 앉아 있을 거니까."

여기에서 피해자 행세를 하는 것은 일종의 이기심이다. 당신이 생산적인 열정보다 자존심을 더 우선시한다는 걸 의미하기 때문이다. 무시당하고 있다고 생각한 당신은 상대방에게 인정받을 때까지 한발 물러나기로 결심한다.

하지만 피해자 행세를 할 때 당신은 창의적 작업에 참여하지 못하게 된다. 대화는 끊기고, 당신의 업적은 더 이상 언급되지 않을 것이다. 치러야 하는 대가는 이렇게 비싸다.

멍든 자존심 때문에 당신의 업적을 저버려선 안 된다. 피해자 행세를 하지 마라.

Today's Question

일이나 삶의 어디에선가 피해자 행세를 하는 부분이 있는가?
무시당한다는 생각에 작업에 대한 헌신을 보류하고 있지 않은가?

짧고 굵게 집중하라

창의적인 생각은 몰입과 휴식을 규칙적으로 병행할 때 가장 잘 떠오른다. 당신이 돌파구를 찾을 수 있는 이유는 마음이 종종 기어를 바꾸기 때문이다. 그런 리듬을 탈 때 비로소 예상치 못한 새로운 통찰력을 얻을 수 있다.

이를 위해 나는 포모도로 기법의 도움을 받는다. 포모도로 기법은 25분간 심층적으로 작업하고 5분간 휴식하는 시간관리 도구로, 토마토 모양의 요리용 타이머 '포모도로'를 사용해 이 기법을 실행한 데서 그 이름이 유래됐다. 타이머를 맞추고 25분간 쉬지 않고 작업한 다음 알람이 울리면 5분 동안 휴식을 취하면 된다.

휴식 시간이 되면 일어나 이리저리 걸어라. 커피를 조금 마시고 스트레칭을 하라. 몇 분간 당신에게 신선한 공기를 불어넣어줄 무언가를 하라. 그런 다음 타이머를 재설정하고 다시 한번 집중 모드로 들어가라. 이 방법을 자주 활용하는 인재들은 매일 아침 하루 동안 달성할 '포모도로 목표'를 세운다. "오전에 포모도로를 세 번 할 거야.", "퇴근 전까지 포모도로를 다섯 번 해야겠어."라고 말이다. 짧고 집중적인 작업 시간을 미리 계획하는 것만으로 일상의 생산성과 전반적인 에너지 감각이 획기적으로 향상된다.

창의적인 생산은 깊이 몰입하는 시간을 짧게 자주 가질 때 가장 잘 이루어진다. 바쁜 일상에 쫓기지 않도록 미리 이런 일정을 잡아라.

Today's Question

오늘 언제 포모도로 기법을 사용할 것인가?

12월

더 나은 곳으로 나아가기 위해
준비하는 시간

December

"작년의 말은 작년의 언어에 속한다.
그리고 내년의 말은 또 다른 목소리를 기다린다.
끝맺음은 또다른 시작이다."
– T. S. 엘리엇(T. S. Eliot)

연말은 우리에게 과거를 돌아보고
미래를 계획할 수 있는 기회를 준다.
이번 달에는 지난 한 해를 돌아보며,
다가올 한 해에 다듬거나 없애고 또 조정하거나 계속하고 싶은
모든 작은 일들에 관해 깊이 성찰하는 시간을 가져라.
씩씩하게 마무리하고 새해를 여는 힘을 구축하라.

인생에는 고쳐 쓸 수 없는 것들이 있다

코카콜라의 전 CEO인 브라이언 다이슨(Brian G. Dyson)은 1991년 9월 조지아공과대학교의 졸업식에서 이렇게 연설했다.

"인생은 공중에서 다섯 개의 공을 돌리는 저글링 게임이다. 각각의 공에 일, 가족, 건강, 친구, 영혼이라고 이름을 붙여보자. 당신은 이 모든 공을 떨어뜨리지 않으려고 애쓰고 있다. 이 중 일은 고무공이다. 이 공은 떨어뜨리면 다시 튀어 오른다. 하지만 나머지 네 개는 유리공이라 실수로라도 떨어뜨리면 흠집이 생기거나 깨져버린다. 다시는 전과 같을 수 없다는 뜻이다. 이 사실을 이해하고 삶의 균형을 잃지 않기 위해 노력해야 한다."

삶에는 예상외로 유연한 것들이 있다. 실수로 고객을 잃으면 다른 고객을 찾을 수 있다. 일을 잘 해내지 못해도 내일 새로운 기회를 얻을 수 있다. 반대로 별로 탄력적이지 않은 것들이 있다. 관계, 건강, 우정, 영적인 삶이 그렇다. 이런 것은 작은 자극에도 깨지기 쉬우므로 조심스럽게 다루어야 한다. 당신의 삶에서 한번 망가지면 회복하기 어려운 것이 무엇인지를 정확히 알아야 한다.

깨지기 쉬운 삶의 요소들을 주의해 다루자. 일 때문에 그것들을 소홀히 해서는 안 된다.

Today's Question

당신 삶에서 깨지기 쉬운 것들은 무엇인가?
그것들을 확실히 보호하기 위해 어떤 노력을 하는가?

압박감으로부터 창의적으로 탈출하는 법

허버트 벤슨(Herbert Benson)과 윌리엄 프록터(William Proctor)는 《나를 깨라! 그래야 산다》에서 뛰어난 통찰력은 문제에 깊게 몰입하다가 잠깐 짬을 내 뜨개질이나 걷기, 콧노래처럼 머리 쓸 필요가 없는 활동을 할 때 빈번하게 생겨난다고 썼다. 정확하게는, 생각 없이 놀다가 다시 일을 시작할 때 문제의 핵심을 파악하게 된다는 것이다. 이는 두뇌가 잠시 다른 곳으로 떠나 있는 동안 당신의 마음이 계속해서 문제를 처리하고 있었기 때문이다.

벤슨과 프록터는 이 방법을 일상에서 전략적으로 활용하면 압박감을 느끼는 상황에서 창의적인 돌파구를 찾을 수 있다고 말한다. 만일 당신이 공들이고 있는 중요한 문제가 있다면 시간을 정해놓고 모든 각도에서 공격적으로 깊이 파고들어라. 그다음 그 일에서 벗어나 생각을 깊이 하지 않아도 되는 활동을 하자. 걸어도 좋고, 노래를 불러도 좋고, 간단한 쇼핑을 해도 좋다. 그리고 시간이 흐른 뒤 다시 문제로 돌아오라. 해당 사안에 대해 새로운 시각을 갖게 되는 것은 물론, 어쩌면 당신이 애타게 찾아 헤매던 돌파구를 찾을 수 있을지도 모른다.

돌파구를 마련하기 위해 우리는 때때로 문제에서 벗어나 일과 전혀 관계가 없는 활동을 할 필요가 있다.

Today's Question

하던 일에서 잠시 손을 떼고 무엇을 하면 좋을까?
딱히 머리를 쓸 필요가 없으면서 기분을 좋게 하는 일은 무엇인가?

일단 결정하면 뒤돌아보지 마라

영국의 작가이자 철학자 알랭 드 보통(Alain de Botton)은 "허락을 구해야 하는 사람이 많아질수록 프로젝트는 더 위험해진다."라고 말했다.

창의적인 업무를 진행할 때 저지르는 가장 큰 실수는 자신이 내린 결정을 끊임없이 재검토하는 것이다. 이때 우리는 나아갈 방향을 확신하지 못한 채 오랫동안 미적거리면서 선택 가능한 다른 아이디어들을 끝없이 곱씹는다.

이런 행동은 특히 다른 사람과 함께 일할 때 피해를 준다. 협력자들은 결국 당신이 결정을 내릴 때까지 일에서 손을 놓고 기다려야 한다. 당신에게 확신이 서지 않는 한 프로젝트가 답보 상태에 놓이게 된다는 뜻이다.

프로젝트는 긴 복도와 같다. 일단 결정이 내려지면 당신의 뒤로는 두꺼운 철문이 내려지고, 당신은 앞으로 나아갈 수밖에 없다. 물론 되돌아 갈 수도 있지만 그러려면 엄청난 시간과 자원이 필요하다. 그러니 일단 결심했다면 앞으로 나아가는 것이 좋다. 특히 긴 시간이 소요되는 창의적인 업무를 진행할 때는 반드시 그래야 한다. 획기적으로 방향을 뒤집어야 하는 새로운 사실이 나오지 않는 한 애초에 결정한 대로 묵묵히 앞으로 나아가자.

진행 과정에 대해 끊임없이 의문을 제기하거나 전에 내린 결정을 다시 논하지 마라. 그런 행동은 일의 진행을 지체시킬 뿐이다.

Today's Question

이미 결정된 일을 자주 뒤집는가? 지금 당신이 의심하는 것 중 굳이 그러지 않아도 되는 것은 무엇인가?

379

처음 하는 것처럼 그 일을 대하라

싱어송라이터이자 밴드 윌코의 창립 멤버인 제프 트위디(Jeff Tweedy)는 최근 《노래 한 곡을 쓰는 법(How to Write One Song)》이라는 책을 출간 했다. 나는 이 제목에 깊이 끌렸다. 제목 자체가 창조적 과정에 대해 논하고 때문이다.

지금 당장 눈앞에 있는 바로 그것을 해내라. 전에 무엇을 몇 번을 했는지는 중요하지 않다. 중요한 것은 이번뿐이다. 바로 지금 주어진 일을 하라.

프로의 경우 정해진 마감일 안에 모든 작업을 해내야 한다. 트위디는 책에서 이렇게 말한다. "대부분의 사람은 아니겠지만, 공교롭게도 나는 마감일을 사랑한다. 예술은 절대 완전해질 수 없다고 믿기 때문이다. '어떤 예술 작품도 절대 완성되지 않는다. 오직 흥미로운 지점에서 중단될 뿐이다'라는 말도 있지 않은가."

무엇이 됐든 오늘 그 일을 마치 처음 하는 것처럼 흥미를 갖고 바라보자. 만일 당신이 초보자라면 그 일을 해결하기 위해 어떤 질문을 던질 것인가? 마감일이 닥치면 어느 지점에서 그 일을 마칠 것인가?

주어진 업무를 이전에 단 한 번도 해본 적이 없던 것처럼 대하라.

오늘 당신의 일에 초보자처럼 접근하려면 어떻게 해야 할까?

함부로 손가락질하지 마라

창의적인 작업을 주로 하는 팀들 중 일부는 시간이 흐르면서 서로 비난하는 문화가 자리 잡곤 한다. 이미 그런 분위기가 만연하다는 것을 보여주는 몇 가지 징후가 있다.

▶ 책임감 부족: 프로젝트를 수행하는 과정에서 문제가 발생했는데 누가 책임져야 할지 식별하기 어렵거나, 해결책을 모색하는 데 소극적이다.

▶ 잦은 은폐: 실수를 인정하길 주저하고, 잘못을 고치려들기보다 은폐하려는 시도가 빈번하다. (실수는 누구나 하며, 노력을 많이 기울일수록 착오도 많은 법이다.)

▶ 헌신하지 않는 마음: 팀이 직면한 문제가 사용자나 의뢰인의 탓이라고 간주하고, 마음을 다해 일하지 않는다.

▶ 만연한 입소문: 회사 복도에서 오가는 말이 많아지거나 근거 없는 온갖 소문이 떠돈다.

비난하는 문화에 동조하지 마라. 남탓을 하기보다 자기 행동에 책임을 져라. 다른 사람들을 곤경에 빠뜨릴 만한 일을 삼가라.

오가는 비난은 신뢰를 무너뜨리며 창의적 과정을 짓밟는다.

Today's Question

스스로 책임을 지기보다 다른 사람을 탓하고 있지 않은가?

아는 것에서 출발하라

우리 가족은 퍼즐 맞추기를 즐긴다. 식탁 위에 퍼즐 조각들을 잔뜩 늘어놓고는 머리를 맞대고 그림을 완성하곤 한다. 당신도 한번쯤은 퍼즐을 맞춰본 적이 있을 것이다. 그때 어떤 식으로 조각들을 맞췄는가? 그냥 아무 조각이나 무작위로 맞춰갔는가? 아니면 조각들을 한없이 쳐다보면서 머릿속으로 알맞은 위치를 유추하려 애썼는가?

아마 당신은 가장자리 조각부터 맞춰나갔을 것이다. 적어도 어떤 조각이 가장자리에 위치하는지는 분명히 알았을 테니 말이다. 가장자리 조각들을 맞춰놓으면, 그에 맞는 나머지 조각들을 맞춰갈 수 있다. 일도 마찬가지다. 당신은 아는 것에서 시작해 모르는 것으로 한걸음씩 전진한다. 모든 창의적 작업이 그런 과정을 거친다. 이제 자문해보자.

▶ 이 문제에 관해 무엇을 확실히 알고 있는가?

▶ 과거에 어떤 방법이 효과를 발휘했는가?

▶ 이미 알고 있는 금기 사항은 무엇인가?

▶ 시간, 돈, 에너지 등 여러 자원 중 무엇을 사용할 수 있나?

가장자리 조각부터 시작하라. 알려진 것부터 시작해 알려지지 않은 것을 향해 나아가라.

Today's Question

지금 고민하는 문제가 있는가? 그 일에 있어 가장 확실하게 먼저 맞출 수 있는 가장자리 조각은 무엇인가?

까다로운 관리자를 상대하는 법

모든 사람, 심지어 회사의 CEO도 누군가에게 보고한다. 당신과 팀이 성공하는 데 필요한 것을 얻기 위해서는 관리자를 대하는 능력을 길러야 한다.

언젠간 까다로운 관리자를 만나게 될 것이다. 당신의 삶을 더 어렵게 만들 뿐 그 이상도 그 이하도 아닌 듯한 그 사람과 어떻게 대화해나가야 할까?

우선 각각의 대화에 정중하게 접근해야 한다. 모든 사람이 같은 편이라는 마음으로, 최고의 상황을 가정하며 상호작용에 들어가라.

그다음, 무언가 주장하기 전에 당신의 보고에 근거가 될 만한 사실을 순서대로 정리해 설명하자. 당신의 예측이 실제로 증명될 만한지 데이터로 확인하라. 당신의 주장을 빈틈없이 만들기 위해 노력하라.

마지막으로, 작은 승리를 목표로 거기서부터 만들어 나가도록 하자. 원하는 것을 모두 얻기 힘들 것 같다면 작은 발전을 목표로 하라. 그것을 시작으로 가속도를 붙여나가는 것이다.

당신의 관리자에게 전략적으로 접근하라. 작은 승리를 목표로 삼고, 그 위에 조금씩 쌓아가라.

Today's Question

관리자와 까다로운 대화를 해야 하는가?
어떻게 하면 전략적으로 그 대화에 성공할 수 있을까?

늘 일하느라 바쁘다고 말하는 당신에게

당신이 일하는 모습을 떠올려보자. 정말 일을 하고 있는가? 발명왕 에디슨은 이렇게 말했다. "바빠 보인다고 해서 항상 진짜로 일하는 건 아니다. 모든 일의 목적은 생산 또는 성취다. 그 목적을 달성하려면 땀뿐 아니라 사전의 숙고, 시스템, 계획, 지능 그리고 정직한 지향점이 있어야 한다. 이런 것이 없다면 일하는 것처럼 보여도 실제로 일하는 건 아니다."

우리가 매일 하는 많은 활동이 일이라는 이름 아래 이루어지지만, 그 모든 활동이 가치로 환산되는 건 아니다. 즉 우리는 매우 바쁘지만 모든 바쁜 활동이 진정한 의미의 일은 아니다.

우리에겐 매일 해야 하는 정말 중요한 일이 있다. 내게 그 일은 글을 쓰고, 생각하고, 고객의 문제를 해결하거나 다른 사람이 자기 일을 더 잘할 수 있게 교육을 하는 것이다. 이 일들을 계속 진행시키기 위해 해야 하는 여러 활동이 있는데, 그 활동들은 정말 일적인 가치를 지닌 것일 수도 있고 아닐 수도 있다.

그렇다면 당신의 진짜 일은 무엇인가? 어떤 활동이 당신이 실제 제공해야 하는 가치를 창출하는가? 어떻게 하면 '진짜 일'을 처리하는데 더 많은 시간과 에너지를 쏟을 수 있을까?

모든 활동이 진정한 일은 아니다. 실제 당신이 하는 활동 중 정말 가치 있는 것을 찾고 이를 실행하는 데 필요한 시간을 정하라.

Today's Question

당신은 일할 때 실제로 무엇을 하는가?

진실은 절대 복잡하지 않다

누군가에게 던질 수 있는 가장 큰 모욕은 그에게 순진하다고 말하는 것이다. 이는 그가 상황을 제대로 이해할 만큼 충분히 성숙하거나 현명하지 않고 또 세상을 모른다는 뜻이다.

우리는 순진해 보이지 않으려고 실제보다 상황을 복잡하세 부풀리길 좋아한다. 복잡한 대답은 우리를 세련되고 경험이 많은 것처럼 보이게 하기 때문이다. 간단하게 대답하는 것은 자존심이 허락지 않는다.

하지만 현실에서는 종종 간단한 대답이 진리일 때가 있다. 아인슈타인이 $E=mc^2$의 진리에 도달했을 때 답이 너무 간단하다고 실망했을까? 절대 그렇지 않다.

어떻게 하면 지금 하는 일을 최대한 간단하게 만들 수 있을까? 어떻게 하면 불필요하게 복잡한 부분을 걷어내고 단순하게 말할 수 있는가?

일에서 단순함을 추구하는 건 순진한 게 아니다. 오히려 성숙한 행동이다. 당신의 문제를 가능한 한 간단하게 정리하라.

일을 지나치게 복잡하게 만드는 면이 있는가?

누구의 말을 들을지 선택하라

당신은 누구의 목소리를 듣는가? 우리는 매일 많은 사람들로부터 이야기를 듣지만, 사실 그들 중 상당수는 당신의 삶과 전혀 관계가 없다. 어느 때는 잔인한 말을 하거나 당신에 대해 회의적으로 이야기하는 선생님이나 코치들의 말을 듣기도 한다. 또는 당신의 진로 선택에 실망감을 드러낸 부모님의 말을 듣는다. 당신의 목표를 이루는 데 아무 도움도 주지 않으면서 자기 이익을 위해 당신을 이용하기만 하는 관리자의 말에 귀를 기울이기도 한다. 어느 순간 그들이 했던 말은 우리 마음속에서 메아리처럼 계속 울린다.

미국의 시인이자 사상가인 랄프 왈도 에머슨(Ralph Waldo Emerson)은 이렇게 말했다. "당신이 어떤 방침을 정하든 항상 누군가가 와서 틀렸다고 말한다. 때로 그런 비판자들이 옳다고 느껴질 것이다. 자신만의 원칙을 세우고 그걸 끝까지 고수하려면 상당한 용기가 필요하다."

당신 주변에는 항상 당신이 하는 일에 관해 자기 생각을 말하는 사람들이 있다. 당신은 누구의 말을 들을지 선택해야 한다. 정말로 당신에게 관심이 있는 사람들, 당신에게 가장 좋은 것을 이야기하는 사람들의 말을 들어라.

당신을 억누르려고 하는 이들의 말을 듣지 마라. 당신에게 가장 좋은 것을 진심으로 이야기하는 사람들의 말에 귀를 기울여라.

Today's Question

당신이 잘할 수 없을 거라고 말하는 사람이 주변에 있는가?

다른 사람의 서커스에 말려들지 마라

함께 일하기 두려운 상대가 있는가? 그 사람이나 조직과 일하면 프로젝트 전체가 혼란스러워지고, 일 자체의 복잡성뿐 아니라 그들의 복잡성까지 신경 쓰게 된다면 협업을 기피하게 된다. 그러나 협력이 많이 필요한 업무에서 꽤 자주 발생하는 상황이다. 사람이나 팀마다 일하는 방식과 서로에 대한 기대치가 다르다. 여기서 중요한 것은 다음과 같다.

고객이나 공동 작업자의 혼란에 말려들어서는 안 된다. 흔들리지 않는 자신만의 기준을 가져야 하며, 다른 사람의 업무 능력이나 컨디션에 휘둘리지 않아야 한다.

나는 "나와 아무 상관없는 일이다(Not my circus, not my monkeys)."라는 폴란드 속담을 좋아한다. 주변의 모든 사람이 만들어내는 혼란을 책임지길 거부한다는 뜻이다. 당신이 할 일은 오직 하나, 자기 일에 집중하는 것이다.

함께 일하는 사람의 혼란에 말려들지 마라. 잘 정돈된 상태와 명확한 기대치를 유지하며 당신의 일을 밀고 나가라.

Today's Question

남의 서커스에 휘말리고 있지 않은가?
그러지 않기 위해 당신은 무엇을 할 수 있는가?

살아 있는 유산을 남겨라

"자신의 묘비에 어떤 말을 남기고 싶은가?"

몇 년 전 팀 워크숍에서 이 질문의 답을 찾는 시간을 가졌다. 다들 죽은 뒤 어떻게 기억되길 원하는지 생각하며 몇 마디 말을 떠올리느라 애썼다.

돌덩어리에 새겨진 단순한 문장이 과연 한 사람의 평생을 표현할 수 있을까? 그때나 지금이나 나는 이 질문이 마음에 안 든다. 한 인간의 영향력을 드러내는 방법으로 적절하지 않다고 생각하기 때문이다. 차가운 화강암 덩어리인 묘비는 당신이 한때 이곳에 있었다는 사실을 증명한다는 명목하에 사람들이 잘 찾지 않는 외진 곳에 세워질 것이다.

하지만 기억은 생명을 지닌다. 당신은 지금 다른 사람을 도울 수 있고 그일은 굉장한 영향력을 지닌다. 묘비에 들어갈 몇 마디 말을 걱정하기보다 다른 사람의 삶에 좋은 변화를 가져올 수 있는 현재의 영향력에 집중하는 편이 훨씬 낫다.

결국엔 아무도 거들떠보지 않을 돌덩어리에 새겨질 글자 따위는 잊어라. 앞으로 몇 세대에 걸쳐 울려 퍼질 살아 있는 유산을 개발하는 데 집중하라.

당신의 이름이 어떻게 기록될지 걱정하지 마라. 생생하게 당신을 기억할 사람들에게 헌신하라.

Today's Question

당신은 오늘 다른 사람의 삶에 어떤 영향을 줄 것인가?
누구와 시간을 보내며 관계를 쌓아갈 것인가?

당신의 일은 온전히 당신의 책임이다

기꺼이 당신을 변호하고 당신의 편에서 옹호자의 역할을 맡을 사람이 있다는 건 멋진 일이다. 당신의 삶에 있어 그들은 신선한 공기나 하늘에서 내려준 선물 같은 존재들이다.

하지만 믿기 힘든 진실이 있다. 실제로는 아무도 당신처럼 당신의 일에 관심을 가지지 않는다는 것이다. 만약 다른 사람이 당신을 위해 결정적인 해결책을 제시해줄 거라 생각한다면 실망할 각오를 해야 한다. 누군가 당신을 위해 헌신하고 적극적으로 도와주길 바란다면 당신은 꽤 오래 기다려야 할지 모른다.

그렇다고 이런 일이 전혀 일어나지 않는 건 아니다. 때로 누군가는 우리를 꽤 적극적으로 도와줄 것이다. 하지만 그런 사람들조차 당신만큼 당신의 일에 대해 걱정하지는 않는다는 점을 알아야 한다.

당신이 굳이 투쟁할 의사가 없다면 다른 사람 또한 그럴 것이다. 당신이 자기 일을 위해 물러서지 않고 싸운다면 다른 사람들도 이에 영감을 받아 함께할 것이다. 하지만 당신만큼 당신의 일을 위해 싸우는 사람은 없다.

아무리 훌륭한 트레이너가 있어도 모든 권투선수는 결국 혼자 링에 올라야 한다. 그리고 홀로 12라운드를 뛰어야 한다.

자신이 하는 일의 운명을 다른 사람의 손에 맡겨선 안 된다. 끈기 있게 자신의 운명을 위해 싸우고 그 책임을 전가하지 마라.

> 누군가 도와주고 있는 일 중에서 결국 당신이 해결해야 하는 일은 무엇인가?

무조건 이기기 위한 전략은 따로 있다

농구할 때 공을 던지지 않으면 골을 넣을 수 없다. 더 많이 공을 던질수록 점수를 더 많이 획득할 가능성이 커진다.

평생 몇 번의 공을 던지겠는가? 당신은 얼마나 자주 도전하고 있는가? 위험을 감수하고 실행하는 일이 있는가? 명심하라. 공을 더 많이 던져야 골대에 들어갈 공도 많아진다.

▶ 순수한 열정이나 호기심으로 일할 수 있는 프로젝트를 만들어보라.

▶ 리더로서 '야심차고 혁신이면서 장기적으로 조직에 엄청난 가치를 제공할 가능성이 있는 아이디어'를 모색하도록 팀을 격려하라.

▶ 첫 번째 아이디어에 만족하지 마라. 설사 그것이 받아들여지더라도 조금 불안해질 때까지 계속 새롭게 도전하라.

▶ 실패에 대한 두려움으로 움츠러들지 마라. 잘하고 싶을수록 실패할 것이다. 실패하지 않는다면 뻗어나갈 수 없다.

공을 많이 던질수록 득점할 가능성도 커진다는 사실을 잊지 마라. **승리는 종종 확률 게임이다. 최선을 다해 더 많은 공을 던져라.**

Today's Question

어떻게 하면 일할 때 공 던지는 횟수를 늘릴 수 있을까?

긴장하지 않으려 애쓰지 마라

과거에 나는 새로운 시작을 앞두고 긴장하는 건 나약해서거나, 자기 능력에 대해 자신감이 부족해서라고 생각했다. 하지만 지금은 다르게 생각한다. 새로운 일에 긴장한다는 건 그만큼 그 일에 신경을 쓴다는 뜻이다.

만약 당신이 일을 하며 전혀 긴장하지 않는다면 그건 그만큼 일을 중요하게 생각하지 않는다는 뜻이다. 일을 소중히 여긴다면 그것이 성공할 수 있을지, 당신이 기대하는 결과를 얻을 수 있을지 걱정하고 긴장하게 된다.

긴장은 당신이 여전히 나아질 수 있다는 신호다. 전혀 긴장하지 않는다면 그건 자신이 이미 최고의 기량을 갖고 있다고 믿고 있어 별다르게 노력할 의사가 없다는 뜻이다. 내가 무언가를 시작할 때 긴장하는 이유는 그 일을 더 잘해내기 위해 뭔가 더 할 수 있는 일이 있음을 알기 때문이다. 자신이 완벽하다고 믿는 사람은 위대해질 수 없다. 또한 긴장은 청중을 존중한다는 표시기도 하다. 만약 당신이 상대방을 존중한다면, 자신이 하는 일이 정말 그들에게 유용할지 고민하며 긴장할 것이다.

긴장을 나약함으로 착각하지 마라. 긴장은 당신이 자기 일에 깊이 신경 쓴다는 뜻이다.

Today's Question

당신은 어떤 일에 긴장하고 있는가?
이유는 무엇이며 그것은 무엇을 뜻하는가?

최고 위치에 있는 사람도 정답은 모른다

나는 특정 업계나 분야에서 최고의 위치에 있는 사람들과 대화를 나누곤 한다. 그들 중 몇몇은 누구나 아는 유명인이다. 그들을 만나 대화를 나눈 뒤 계속 머릿속을 맴돌던 인상 깊은 사실이 있다. 그들도 나처럼, 그리고 당신과 마찬가지로 여전히 계속 무언가 새로운 사실을 알아가고 있다는 사실이다.

많은 사람이 성공한 사람들은 모든 것을 알고 있으며 만일 그들이 아는 비밀을 알아낸다면 자신 역시 그들처럼 될 수 있을 거라고 믿는다. 그러나 그런 비밀은 존재하지 않는다. 그들은 대부분 다른 사람처럼 자신의 길을 걸어나가며 진리를 찾아가고 있다.

물론 경험을 통해서만 얻을 수 있는 지혜가 그들에게는 있다. 그들은 다른 사람들이 접근하지 못하는 몇 가지 지름길을 사용하거나 규모의 경제를 활용하기도 한다. 하지만 대부분의 경우 그들도 무엇이 맞는지 고민하며 나아가고 있다. 당신이 발견할 비밀 따위는 없다. 그들도 우리와 똑같이 매순간이 결정이고 불확실하다.

해당 분야의 최고 위치에 있는 사람들조차 모든 것을 알고 있지 않다. 대부분 지금도 한 걸음씩 정답을 찾아가며 나아가고 있다.

Today's Question

업계 일인자만이 갖고 있는 비밀을 알고 싶어 초조한 적이 있는가?

완벽한 완벽주의는 없다

한 리더가 자기 팀에게 가르친다는 신념을 공유해줬다. 그 신념은 다음과 같았다. "우리는 완벽함이 아니라 우수함을 중시합니다."

그는 이 리더십 원칙이 그의 팀에 굉장히 의미 있었다고 말한다. 그의 밑으로 모여드는 대부분의 사람이 완벽주의적인 성향을 보였기 때문이다. 그들은 모든 게 정확히 들어맞길 원했으며 이를 위해 몇 시간씩 더 일하기도 했다. 문제는 그 모든 추가 시간이 약간의 품질 향상을 가져오긴 하지만 팀에게 훨씬 더 많은 고통과 좌절감을 안겨줬다는 점이다. 그래서 그는 그들에게 말했다.

"괜찮습니다. 이미 우수해요."

이는 항상 무언가를 만들어내는 우리에게 중요한 포인트다. 완벽을 위해 노력하는 부분이 있는가? 완벽해지기 위해 시간을 들이는 대신 우리는 새로운 것에 도전할 수 있다. 완벽주의에 집착하고 있다는 사실을 보여주는 몇 가지 징후가 있다.

▶ 프로젝트가 끝난 뒤에도 잠을 자지 못한다.

▶ 관리자에게 승인받고 나서도 다른 사람들을 기다리게 한다.

▶ 자신이 원하는 것을 얻을 때까지 계속해서 다시 시작한다.

당신의 일에서 완벽함을 추구하지 마라. 우수함에 만족하라.

Today's Question

오늘 당신은 지나치게 완벽해지려고 애쓰고 있지 않은가?

동시에 여러 가지 일을 하려 들지 마라

축하한다! 당신은 능력자다. 당신은 꽤 많은 일을 동시에 해낸다. 그렇지 않은가? 글을 쓰고 이메일을 확인하며 넷플릭스 프로그램을 보는 동시에 휴대전화를 통해 들어오는 알림들을 확인할 수 있다. 대단한 일이다.

하지만 사실은 그렇지 않다. 실제로 당신은 멀티태스킹을 하고 있지 않다. 심리학자들이 말하는 '빠른 작업 전환(Rapid Task Switching)'을 하고 있을 뿐이다. 당신은 여러 작업들을 빠르게 전환해가며 일을 실행하고 있다. 이메일을 확인할 때마다 혹은 넷플릭스 영화 프로그램에 시선을 빼앗길 때마다 당신은 중요한 작업, 즉 진짜로 하고 있는 일을 내려놓게 된다. 더 심각한 것은 잠시 다른 일을 하다가 제자리로 돌아오면 주의력이 흐트러져 전에 작업하던 상태로 정확히 돌아가지 못한다는 점이다.

당신에게는 일에 제대로 빠져들어 창의적으로 작업에 몰입할 수 있는 시간이 필요하다. 다른 작업을 하다 돌아왔을 때, 겉으로 보기에 아무것도 변하지 않은 것 같지만 창의적인 흐름은 이미 깨져 있다. 사람은 한 번에 한 가지 일을 할 때 최고의 결과를 낼 수 있다. 단 한 가지 일을 할 때만 말이다. 이는 창의적 사고가 필요한 모든 일에 해당한다.

가능한 한 산만한 요소를 제거하고 해당 업무에만 전념하라. 몰입의 시간을 통해 당신은 의식의 표면 아래에 숨어 있는 통찰을 불러일으킬 수 있을 것이다.

여러 일을 한꺼번에 하지 마라. 한 번에 한 가지 일에 몰두해야 한다.

Today's Question

> 멀티태스킹을 시도하고 있는가? 한 번에 한 가지 일을 하도록
> 주변 환경을 어떻게 정리할 것인가?

리스크는 언제나 상대적이다

관리자라면 팀원에게 다음과 같이 질문해보길 권한다.

"일을 하면서 최근 어떤 리스크를 겪었고, 그에 대해 어떻게 느꼈는가?"

이 질문은 협업에 관한 중요한 사실을 드러낸다. 각 사람은 위험에 관해 서로 다른 저항력을 지녔다. 당신이 위험하다고 느끼는 일을 다른 사람은 어느 정도 안전하거나 예측 가능하다고 느낄 수 있으며 그 반대의 경우도 생길 수 있다. 거미에게 일상적인 일이 파리에게는 일생일대의 위협이 되기도 한다.

하지만 우리는 내가 느끼는 위기감을 다른 사람도 똑같이 느낀다고 생각한다. 그 생각은 틀렸다. 커리어 초반에는 자신의 잘못이 어떤 결과를 초래할지 몰라 업무상 실수를 하찮게 느낄 수 있다. 이는 한편으로 자신감을 줄 수 있지만 그건 미성숙함에서 우러나오는 과신에 불과하다. 커리어 후반에 속한다면 이미 해결책을 잘 알고 있어 그다지 위험하게 느끼지 않을 수도 있다. 이는 성숙한 자신감이다.

커리어를 쌓아가는 중간 과정에서는 상황이 좀 암울하다. 아마 우리 대부분이 이 시기에 속할 것이다. 내가 느끼는 위험에 대해 주변 사람들과 터놓고 이야기하기를 권한다. 모든 사람이 상황을 똑같이 받아들이지는 않는다.

위험은 상대적이다. 당신이 느끼는 위험요소에 대해 다른 사람과 대화하라.

Today's Question

현재 하고 있는 일에서 위험에 대해 다른 사람들과 다르게 생각하는 부분이 있는가?

내가 하는 일이 내가 누구인지 말해준다

일의 본질을 찾아주는 질문이 있다.

▶ 이 일은 어디로 향하고 있을까?

▶ 내가 정체된 상태는 아닐까?

▶ 어떻게 하면 상사와의 관계를 개선할 수 있을까?

▶ 껄끄러운 동료를 어떻게 대해야 할까?

　당신은 매일매일 크고 작은 일들을 처리하느라 일의 본질적인 의미를 규정하는 이 질문들을 무시할지 모른다. 하지만 이 질문들의 답을 제대로 구하지 않은 채 일을 계속하면 생각이 점점 흐려지고 다른 사람과 불협화음이 생길 수 있다. 또한 무언가 옳지 않다고 느끼면서도 그것이 정확히 무엇인지 파악할 수 없게 된다. 업무 리스트에 나열된 일정을 확인할 때조차 자신이 제대로 일을 하고 있다고 느끼기 어려울 것이다.

　하지만 조금 시간을 내서 위 질문들을 진지하게 생각해본다면 일, 인간관계, 야망, 소명 등 당신의 삶을 차지하는 많은 부분이 명쾌해질 것이다. **본질적인 질문은 무뎌진 업무 감각을 되찾아준다. 그 감각을 확인한 다음 당신만의 답을 찾아라.**

Today's Question

지금 당신이 해답을 찾아야 하는 '본질적인 의미를 규정하는 질문'이 무엇이라 생각하는가?

먼저 따를 가치가 있는 사람이 돼라

"사람들이 내 말을 듣거나 따라야 할 이유가 무엇인가?" 이 말은 모든 사람이 스스로에게 자주 던져야 할 질문이다. 다른 사람들이 따르길 바란다면 먼저 따를 가치가 있는 리더가 돼야 한다.

조직에 너무 많이 휘둘려 회사의 도구가 돼버린 것 같은 사람들이 있다. 그들은 마치 자신이 조직을 대변하는 것처럼 행동한다. 불행히도 그들이 가진 독특하고 훌륭한 관점은 조직 생활에 최적화되도록 깎여버렸다. 슬프지만 너무 흔한 일이다.

문제는 그로 인해 자신의 가치는 물론 팀의 능력도 훼손된다는 점이다. 사람들은 로봇 같은 사람을 믿지 않는다. 리더의 의사결정 과정에는 출세에 대한 욕망 외에 다른 사람들의 마음을 잡아끄는 무언가가 있어야 한다. 팀원들이 무엇을 소중하게 생각하는지 알아야 한다.

당신은 동료가 무엇을 소중하게 생각하는지 알고 있는가? 팀을 위해 자신의 이익에 반하는 결정을 내려본 적이 있는가? 그 과정을 다른 사람들이 봤는가?

다른 사람들이 따를 만한 가치가 있는 사람이 돼야 한다. 다른 사람의 눈에 타인을 위해서 행동하는 사람으로 자리 잡아라.

Today's Question

어떻게 하면 함께 일하는 사람들에게 당신의 가치관을 분명하게 보여줄 수 있을까?

절대 안락함에 굴복하지 마라

이 신념은 만연하고 사악하다. 내가 많은 일을 적당히 타협하게 만든 신념이기도 하다. 바로 인생의 궁극적인 목표가 안락함이라는 믿음이다. 이런 믿음을 가질 때 우리는 삶에서 이루고자 했던 위대한 목적도 저버리고 고통이나 어려움은 어떻게든 회피한다.

삶에 의미를 부여하는 것은 투쟁이며, 일시적인 휴식과 축복은 그 투쟁 속에서 더욱 아름답다. 때때로 자기 자신과 싸워야 하고 안락함만을 갈망하는 게으름을 극복해야 한다. 창의적 작업은 무관심의 교두보를 공격하는 과정이고, 안락함에 굴복하면 희생을 통해 얻을 수 있는 위대함을 포기하게 된다. 나는 안락함을 인생의 목표로 삼길 거부한다. 안락함은 위대함의 적이다.

안락함을 당신의 규범으로 세우고 나면 편안해지기 위해서 무엇이든 할 것이다. 창의적 이유로 위험을 감수하는 일은 없을 것이고 심지어 편안함을 위해 삶의 위대한 의미와 사명까지 희생시킬 것이다.

당신의 삶이 안락함을 숭배하는 신념에 제물로 바쳐지고 있지는 않은가? **안락함에 대한 사랑은 위대함의 적이다.**

Today's Question

당신의 삶이나 직장에서 창의성과 좋은 결과보다 편안함을 더 중요하게 여기는 부분이 있는가?

가진 것을 지켜야 한다는 착각

나는 전업 음악가였던 20대 초반에도 스스로 가난하다고 생각하지 않았다. 매달 공과금을 내고 나서 통장에 15달러가 남으면 뿌듯한 마음으로 자축하곤 했다. "오늘은 저녁 식사로 스테이크를 먹어야지! 음, 싸고 질긴 것밖에 못 먹겠지만 어쨌든 스테이크잖아!" 하며 말이다. 하지만 그렇게 자족하면서도 나는 한순간에 내가 가진 모든 것을 잃어버릴까봐 늘 전전긍긍해왔고 내가 성취할 수 있는 무언가를 추구하기보다는 이미 가지고 있는 걸 지키는 데 무게를 두며 살아왔다. 그리고 최근에서야 그 사실을 깨달았다.

결핍에 대한 두려움에 사로잡히면 눈앞의 기회를 알아보지 못하거나 포기해버릴지 모른다. 새로운 가능성에 도전하기보다 손에 쥔 걸 지키는 게 중요하다는 착각은 결국 당신의 발목을 잡는다. 그런 생각은 스스로에 대한 새로운 투자를 막고, 결과적으로 일의 장기적인 발전에 영향을 미친다. 결핍에 대한 두려움에 굴복하면 당신의 열정과 창의력은 그 자리에서 멈추고 만다.

가능성을 받아들여라. 지켜야 한다는 거짓말을 믿지 마라. 당신에게는 충분한 기회가 있다.

Today's Question

당신의 삶에서 가능성보다 상실에 대한 생각이 강한 부분은 어디인가?

당신의 업적이 당신의 가치를 말해주지 않는다

창의적 프로로서 당신이 하는 일은 당신의 직관, 선호도 그리고 영향력에 의해 정의된다. 그 결과 당신의 작업은 지극히 개인적인 영역이 된다. 동시에 일이 당신의 가치를 증명한다고 믿게 되는 순간이 오기도 한다.

하지만 당신의 일이 당신을 온전히 대변하지는 않으며, 특히 그 일에 대한 세상의 평가에 따라 당신이 정의되는 것은 절대 아니다. 당신의 게으름에 대해 변명거리를 주려는 게 아니다. 다른 사람들이 당신을 어떻게 정의하는지에 대해 너무 걱정하지 말고 완전하고 자유롭게 행동하라고 조언하는 것이다.

성과만 추구하는 권위적인 문화에서는 쉽게 받아들여지지 않는 이야기이긴 하다. 그래도 나는 눈에 보이는 업적과 당신이 진정으로 추구하는 일을 분리하라고 말하고 싶다. 당신은 일과 자신의 가치를 과도하게 동일시하고 있지는 않은가?

당신은 당신의 일이 아니며 특히 그것이 세상에 어떻게 받아들여지는지에 의해 정의되지 않는다.

Today's Question

일과 당신의 가치를 과도하게 동일시하고 있지는 않은가?

다른 사람에게 당신의 창의력을 선물하라

당신이 가진 창의력은 온전히 당신을 위한 것은 아니다. 그것은 당신의 손을 통해 다른 사람에게 전해지는 선물이다. 당신이 해야 할 일은 그 선물을 잘 관리해 더 좋게 만들고, 그것을 경험하는 사람들에게 축복이 되도록 사용하는 것이다. 광고를 개발하든, 마케팅 전략을 세우든, 작곡을 하거나 그림을 그리든, 사업을 시작하든 상관없다. 당신이 지닌 창의력은 그것에 영향을 받는 사람들이 즐기는 선물이다. 그렇다면 좋은 선물은 어떤 것인가?

좋은 선물에는 배려심이 있다. 선물을 준비할 때는 받는 사람을 염두에 두는 법이다. 일할 때 당신은 그 일에 영향을 받는 사람들을 생각하는가? 그 일이 그들에게 어떤 선물이 될지 생각하는가?

선물은 적당한 시기에 전달돼야 한다. 더 이상 쓸모가 없다면 선물이 될 수 없다. 어떻게 하면 시의적절하게 당신의 창의성을 전할 수 있을까?

선물은 담백하다. 복잡한 선물은 달갑기는커녕 짐처럼 취급받기 십상이다. 다른 사람들을 위해 당신의 일을 단순화하자. **당신의 창의력은 선물이지만 당신을 위한 것은 아니다. 그것은 당신의 일로 축복받을 수 있는 다른 사람들을 위한 것이다.**

Today's Question

> 다른 사람에게 선물이 되려면 어떻게 당신의 창의력을 사용해야 하는가?

정답은 내 안에만 있는 것이 아니다

당신의 인생에는 자신의 모습을 온전히 들여다볼 수 있도록 도와줄 사람들이 필요하다. 당신 주변에는 당신이 미처 발견하지 못한 성장과 발전의 기회를 볼 수 있게 도와줄 사람들이 있다. 하지만 그들이 먼저 당신을 찾아오지는 않는다. 그들의 말을 듣기 위해 당신이 먼저 적극적으로 움직여야 한다.

당신의 성장을 도와줄 거라 믿는 사람에게 던져야 할 세 가지 질문이 있다. 당신이 관리자라면 이 질문들은 당신은 물론 당신 팀의 성장도 도울 것이다. 또한 당신이 관리자로서 경직되고 있는 부분이나 과도하게 통제하고 있는 부분을 깨닫게 해줄 것이다.

▶ 지금 하고 있는 걸 그만해야 할까?

▶ 너무 당연한데도 내가 놓치고 있는 것은 무엇일까?

▶ 내가 주변 사람에게 어떤 도움을 줄 수 있을까?

이 세 가지 질문을 당신이 믿는 사람들에게 던진다면 놀랄 만한 대답을 듣게 될 것이다. 또한 그 대답으로부터 개인적으로나 직업적으로나 돌파구를 찾을 수 있을 것이다.

제대로 된 자아, 재능 그리고 성장 기회를 보다 완전하게 찾으려면 가까이에서 신뢰할 수 있는 사람이 필요하다.

Today's Question

이번 주 이 세 가지 질문을 누구에게 던질 것인가?

마침표를 찍어야 다음 문장을 쓸 수 있다

인간은 통과 의례의 관점으로 생각을 전개하기 마련이다. 생일, 특히 스무 번째나 서른 번째, 마흔 번째처럼 의미 있는 생일은 인생에 있어 새로운 변곡점이 된다. 비슷한 관점에서 한 해를 마무리 짓는 연말은 새로운 변화를 맞을 기회를 준다. 하지만 많은 사람이 뒤는 돌아보지 않고 앞으로 나아갈 생각만 한다. 걸어온 길을 제대로 살피지 않고 전진한다면 미래를 향해 맹목적으로 날아가는 셈이다.

　지난 한 해를 돌아보는 시간을 갖자. 여기 스스로에게 던지는 몇 가지 질문이 있다.

▶ 올해는 무엇이 잘 이루어졌는가? 기대했든 예상하지 못했든 어떤 성취를 거뒀는가?

▶ 올해 무엇을 이루지 못했나? 무엇이 부족했는가? 어떤 점을 더 노력해야 했을까?

▶ 나는 올해 과연 성장했는가? 1년 전과 어떻게 달라졌는가?

▶ 나는 올해 무엇을 배웠는가? 내 세계관을 형성한 새로운 가치관은 무엇인가?

지난 한 해에 대한 정직한 평가는 새해를 준비하면서 가장 먼저 해야 할 일이다.

Today's Question

네 가지 질문에 답해보라. 당신을 놀라게 하는 것이 있는가?

당신은 어떤 모습으로 변하길 원하는가

모든 위대한 성취는 조용한 열망에서 시작된다. 당신은 다음 해에 바뀔 것이다. 그건 확실하다. 문제는 변화의 방향이다. 당신은 무엇을 열망하는가? 여기 스스로에게 물어보면 좋을 몇 가지 질문이 있다. 이 질문들에 대해 깊이 사색하라.

▶ 내년 이맘때쯤 나는 어떻게 달라지고 싶은가? 일과 삶이 어떻게 변화하길 원하는가?

▶ 무엇을 경험하고 싶은가? 어디에서 누구와 무엇을 할 것인가?

▶ 생각의 폭을 넓히기 위해 무엇을 할 것인가? 무엇을 읽고, 보고, 공부할 것인가?

▶ 내년에 나는 다른 사람들을 어떻게 대할 것인가? 어떻게 하면 자기중심성에서 벗어나 다른 사람들을 도울 수 있을까?

이번 주에는 이 질문들과 함께하라. 당신이 원하는 모습을 명확하게 그리는 데 도움이 될 것이다.

다가오는 해를 구체적으로 준비하는 시간을 가지면 더 생산적이고 체계적으로 출발할 수 있다.

Today's Question

위의 네 가지 질문에 답하라. 가장 마음에 남는 질문은 무엇인가?

당신의 나비를 잘 묻어줘라

몇 년 전 산책 중에 나뭇잎 위에 가만히 앉아 있는 나비를 발견했다. 걸음을 멈추고 자세히 살펴보니 그 나비는 위장도, 휴식도 하고 있지 않았다. 나비는 죽어 있었다.

나는 나비를 잘 묻어주기로 마음먹었다. 아름다운 나비를 햇볕에 썩어버리게 그대로 두면 안 될 것 같았다. 나비를 묻은 뒤 다시 걸으며 나는 과거의 꿈과 야망을 떠올렸다. 젊고 푸른 시절, 나는 꿈을 이루기 위해 많은 날을 보냈다. 내게는 더없이 의미 있고 아름다운 시도였다. 하지만 이루어지지 않았다.

그 시간들을 놓아줄 생각이 없던 나는 지나간 꿈과 야망을 고이 묻는 대신 사방이 트인 곳에서 썩게 내버려뒀다. 결과적으로 나는 제대로 꽃피우지 못한 젊은 날의 열망과 이별하는 데 수년을 보냈다.

이미 지나버린 꿈은 제대로 매장될 자격이 있다. 지난 시간을 마음에 남기고 그 꿈과 격식을 갖추어 이별하라. 제대로 이별하지 않으면 완전하게 극복할 수 없다.

좋은 것, 아름다운 것들도 반드시 끝이 난다. 이미 죽어버린 꿈에 성대한 장례를 치러줘라.

Today's Question

아직도 실현되지 않은 과거의 꿈을 붙잡고 있는가?
이제 그 나비를 묻어줄 때다.

두려워도 속도를 내야 하는 순간이 있다

아들에게 운전을 가르쳐줄 때였다. 아들은 커브를 돌며 지나치게 조심하는 모습을 보였다. 갑작스럽게 속도를 늦추는 바람에 동승한 나는 물론 속도 변화를 예상하지 못한 뒤차도 위험해지는 상황이 발생하곤 했다.

커브 길에서는 속도를 늦추기보다 가속해야 차를 잘 제어할 수 있다고 설명했지만, 초보 운전자에게는 와닿지 않는 듯 보였다. 이 사실을 깨닫기까지 아들은 꽤나 시행착오를 겪었다.

삶에서도 이런 일이 종종 벌어진다. 많은 사람이 불확실한 일에 직면했을 때 속도를 늦춘다. 아니, 거의 기어간다. 이는 많은 경우에 역효과를 낼 뿐 아니라 실제로 위험하다. 창의성이 공황 상태에 빠지면 당신은 명확한 사고를 하지 못한다. 방어적으로 접근하게 되기 때문이다. 이는 당신이 답을 찾는 게 아니라 실수를 피하려 한다는 걸 뜻한다. 적극적으로 목표를 추구하지 않고 일을 망치는 상황만을 모면하려 애쓰는 셈이다. 새로운 해를 앞둔 지금, 새로운 변화의 조짐을 느껴진다면 무반응으로 얼어버릴 것이 아니라 커브 길에서처럼 가속 페달을 밟아보자.

훌륭한 드라이버는 커브 길에서 엑셀을 밟는다.

Today's Question

현재 너무 조심스럽게 행동하는 부분이 있는가?
어떻게 하면 가속할 수 있는가?

좋은 결말이 좋은 시작으로 이어진다

1년을 더 버텨냈다. 정말 축하할 일이다. 먼저 스스로를 축하해야 한다. 순간순간을 기리는 것은 정신건강에 정말 중요하다. 우리는 오늘 하루, 승리를 축하하며 지금까지 이룬 것들을 되돌아볼 필요가 있다.

오늘 당신의 삶에서 기념해야 할 것은 무엇인가? 어떤 좋은 일에 감사하는가? 올해 어떤 역경을 극복했는가? 자신이 계속해서 나아갈 수 있다는 것을 어떻게 스스로에게 증명했는가? 어떤 위험을 감수했으며 무엇에 깊은 만족감을 느꼈는가? 올해 어떤 방식으로 성장했는가? 통찰력인가, 기술인가 혹은 감정적인 면에서의 발전인가? 축하해야 할 새로운 관계는 무엇인가? 기념할 만한 오래된 관계가 있는가? 좋은 순간을 기억하라. 또한 감사해야 하는 이유를 기억하라. 내년을 맞이할 준비와 함께 한 해를 잘 마무리할 수 있는 시간을 가져라.

좋은 결말은 좋은 시작으로 이어진다. 좋은 것은 취하고 나쁜 것은 버려라.

Today's Question

당신은 오늘 이 순간을 어떻게 기록할 것인가?
지난 한 해가 가져다준 모든 것을 축하할 시간을 가져라.

1년간 이 책을 읽은 당신에게

우선 이 순간을 기념하자. 방금 당신은 이 책을 처음 다 읽었다. 훌륭하다! 지난 1년 동안 이 책과 함께한 매일의 실천이 당신의 일과 삶에 적지 않은 변화를 가져왔길 바란다.

그리고 방금 내가 처음 다 읽었다고 한 말을 기억하라. 대부분의 책은 일단 한 번 읽으면 책장 한구석을 차지하게 마련이지만, 이 책은 일평생 당신과 함께할 동반자가 되도록 쓰였다. 앞으로도 계속(몇 달이든 몇 년이든) 매일 5분씩 연습해보길 권한다. 비록 마법처럼 책에 쓰인 글이 바뀌지는 않겠지만 확실한 것은 당신은 달라질 것이다.

그리스의 철학자 헤라클레이토스(Heraclitus)는 이렇게 말했다. "같은 강에 두 번 발을 들여놓을 수 없다(You cannot step in the same river twice.)." 강은 항상 흐른다. 당신도 그렇다. 당신이 변했기에 이 책을 다시 읽을 때는 처음에 얻지 못한 통찰력과 성장을 위한 새로운 길을 찾게 될 것이다. 이 책은 당신이 발을 담글 새로운 강이고 당신도 새로운 발을 뻗는 것이다.

한 단계 더 나아가고 싶거나 누군가와 이 작업을 함께하고 싶다면 내가 만든 커뮤니티(DailyCreative.net)를 찾아오라. 다른 사람들과 교류하는 것은 물론 일일 오디오 버전, 워크시트나 밋업(meetup) 등을 통해 일상에서 보다 쉽게 활용할 수 있다.

이 책이 당신의 창조적 여정에 어떤 영향을 미쳤는지 듣고 싶다. 나는 당신의 연락을 기다릴 것이다. 무엇보다 당신과 이 여정을 함께하게 돼 정말 기쁘다.

당신이 계속해서 더욱 훌륭하고 건강한 모습으로 성장하길 진심으로 바란다!

옮긴이

지소강

글밥아카데미 수료 후 바른번역 소속 번역가로 활동하고 있다. 옮긴 책으로 《시처럼 쓰는 법》, 《아침 명상》, 《굿바이》, 《승자는 아무것도 얻지 못한다》, 《어떻게 그릴 것인가 1》, 《사랑, 집착, 매혹》(공역) 등이 있다.

양소하

언어가 좋아 대학에서 영문학과 일문학을 전공하고 도쿄일본어학교를 졸업했다. 서울중앙지방법원 소속 통번역지정인이자 바른번역 소속 번역가로 활동하고 있다. 옮긴 책으로 《책대로 해 봤습니다》, 《그게, 가스라이팅이야》, 《나의 하루를 지켜주는 말》, 《운의 시그널》, 《나는 더 이상 휘둘리지 않을 거야》, 《일본의 다섯 공주 이야기》 등이 있다.

데일리 크리에이티브

하루 한 장, 내 삶을 바꾸는 질문

초판 1쇄   2022년 12월 15일
초판 2쇄   2023년 1월 13일

지은이 | 토드 헨리
옮긴이 | 지소강, 양소하

발행인 | 문태진
본부장 | 서금선
책임편집 | 유진영   편집 1팀 | 한성수 송현경

기획편집팀 | 임은선 임선아 허문선 최지인 이준환 이보람 이은지 장서원 원지연
마케팅팀 | 김동준 이재성 문무현 김윤희 김혜민 김은지 이선호 조용환
디자인팀 | 김현철 손성규   저작권팀 | 정선주
경영지원팀 | 노강희 윤현성 정헌준 조샘 조회연 김기현 이하늘
강연팀 | 장진항 조은빛 강유정 신유리 김수연

펴낸곳 | ㈜인플루엔셜
출판신고 | 2012년 5월 18일 제300-2012-1043호
주소 | (06619) 서울특별시 서초구 서초대로 398 BnK디지털타워 11층
전화 | 02)720-1034(기획편집) 02)720-1024(마케팅) 02)720-1042(강연섭외)
팩스 | 02)720-1043   전자우편 | books@influential.co.kr
홈페이지 | www.influential.co.kr

한국어판 출판권 ⓒ㈜인플루엔셜, 2022

ISBN 979-11-6834-074-9   (03190)